Über dieses Buch »Hier bringt eine Frau die versteinerte Männerwelt um Jesus zum Tanzen: Judas (›Jehuda‹) will Politik machen, Johannes (›Jochanan‹) grübelt ewig, Jesus (›Jeschua‹) heilt, und Mirjam aus Magdala, die schöne Makkabäer-Tochter, sucht sich selber und den Sinn des Lebens. Sie ist Rebellin und Getreue, Begleiterin und oft Zweifelnde, eine starke, liebende Frau. Sie harrte aus unterm Kreuz und sah als erste Jesus nach seinem Tod. Eine Frau also von zweifelhaftem Ruf war zuerst vertraut mit dem größten Mysterium des christlichen Glaubens. ›Weibergeschwätz‹ war die erste Reaktion der Männer, als Mirjam von dem ›Auferstandenen‹ erzählte.
Luise Rinser kratzt Schicht um Schicht den Lack von einem zwanzig Jahrhunderte lang übertünchten, kultischen und verkitschten, deformierten und ständig neu gekreuzigten Jesus. Sie erweckt den Mann aus Nazareth zu neuem Leben. Mirjam erinnert abendländische Christen an ihre Jesus-Vergeßlichkeit.« Franz Alt in *Die Zeit*

Die Autorin Luise Rinser wurde 1911 in Pitzling/Oberbayern geboren. 1940 erschien ihr erster Roman ›Die gläsernen Ringe‹. Es folgten Berufsverbot und 1944 Verhaftung. Die Erlebnisse dieser Zeit schildert sie in ›Gefängnistagebuch‹ (1949); ihre Autobiographie, ›Den Wolf umarmen‹ erschien 1981. Luise Rinser lebt heute als freie Schriftstellerin in Rocca di Papa bei Rom. 1979 erhielt sie die Roswitha-Gedenkmedaille der Stadt Bad Gandersheim, 1987 den Heinrich-Mann-Preis der Akademie der Künste der DDR.
Im Fischer Taschenbuch Verlag sind erschienen: ›Abenteuer der Tugend‹ (Bd. 1027), ›Baustelle. Eine Art Tagebuch‹ (Bd. 1820), ›Ein Bündel weißer Narzissen‹ (Bd. 1612), ›Daniela‹ (Bd. 1116), ›Gefängnistagebuch‹ (Bd. 1327), ›Die gläsernen Ringe‹ (Bd. 393), ›Grenzübergänge. Tagebuch-Notizen‹ (Bd. 2043), ›Hochebene‹ (Bd. 532), ›Ich bin Tobias‹ (Bd. 1551), ›Jan Lobel aus Warschau‹ (Bd. 5134), ›Bruder Feuer‹ (Bd. 2124), ›Kriegsspielzeug. Tagebuch 1972–1978‹ (Bd. 2247), ›Mein Lesebuch‹ (Bd. 2207), ›Mit wem reden. Versuch einer Antwort auf Fragen junger Menschen‹ (Bd. 5379), ›Mitte des Lebens‹ (Bd. 256), ›Nordkoreanisches Reisetagebuch‹ (Bd. 4233), ›Der schwarze Esel‹ (Bd. 1741), ›Septembertag‹ (Bd. 1695), ›Der Sündenbock‹ (Bd. 469), ›Unterentwickeltes Land Frau‹ (Bd. 3799), ›Die vollkommene Freude‹ (Bd. 1235), ›Winterfrühling‹. Aufzeichnungen 1979–1982 (Bd. 5797), ›Im Dunkeln singen‹ 1982–1985 (Bd. 9251), ›Den Wolf umarmen‹ (Bd. 5866); *außerdem:* ›Luise Rinser. Materialien zu Leben und Werk‹, herausgegeben von Hans-Rüdiger Schwab (Bd. 5973).

Luise Rinser

Mirjam

Fischer Taschenbuch Verlag

161.–200. Tausend: Juli 1990

Ungekürzte Ausgabe
Veröffentlicht im Fischer Taschenbuch Verlag GmbH,
Frankfurt am Main, November 1987

Lizenzausgabe mit freundlicher Genehmigung der
S. Fischer Verlags GmbH, Frankfurt am Main

Umschlagabbildung: Fragment eines Fußbodenmosaiks
der Kirche des Brotvermehrungswunders
in Tabghs am See Genezareth
Druck und Bindung: Clausen & Bosse, Leck
Printed in Germany
ISBN 3-596-25180-X

»Ohne Gleichnisse redete er nicht zu ihnen;
waren sie aber unter sich allein,
erklärte er seinen Jüngern alles.«

Markus 4,34

Maria Magdalena nennt ihr mich. Ihr sollt mich bei meinem richtigen Namen nennen: Mirjam. In Aramäisch, meiner Muttersprache, bedeutet Mirjam: die Schöne und auch die Bittere. Auf mich trifft beides zu: schön war ich, und viel Bitterkeit war in mir von Jugend auf, bis ich Jeschua traf, und neue Bitterkeit wurde mir zugeteilt, als er getötet wurde. Magdala ist der Name der Stadt, aus der ich stamme. Ein Städtchen im Galil, eine Anhäufung weißgekalkter Steinwürfel, so weiß, daß sie in der Sonne blenden und im Mondschein leuchten. Eine Händlerstadt, eine Stadt der starken Gerüche, Gestank und Duft gemischt: Fischgeruch vom See Kineret her und vom Salzplatz, Duft nach Waren, mit denen mein Vater Großhandel trieb: Sandelholz, Myrrhe, Balsam, parfümiertes Olivenöl, dazu der Geruch nach Kamelmist und Eselsurin und der Schweißgeruch der Männer, der Händler und Karawanenführer, die aus der Wüste kamen. Wenn der Nordwind wehte, blies er die Luft rein, dann roch die Stadt für eine Weile nach Wüste und nach dem Schnee auf dem fernen Hermon. Meine Heimatstadt. Von den Fischen hat sie ihren alten Namen: Migdal Nunaja, Fischburg. Die Griechen, die in der östlichen Nachbarprovinz lebten, in der Dekapolis, nannten sie Tarichaia, und auch dieser Name hängt mit den Fischen zusammen.

Als ich, lange nach Jeschuas Tod, in meiner Höhle lebte in jenem Landstrich, den man die Provincia nannte, weit weg von meiner Heimat, weit weg vom Schauplatz des großen Leidens, kam mir bei Westwind der Geruch des Meeres zu, Salzgeruch, Fischgeruch, bekannter Geruch, gemischt freilich mit fremdem von totem Gewässer und Sumpf; allein schon die schwache Spur von Salz- und Fischgeruch erinnerte und tat weh. Nichts war überwunden. An solchen Tagen verkroch ich mich in den tiefsten Winkel der tiefen Höhle, schlug mit meinen Fäusten den nassen rauhen Fels und schrie nach Jeschua. Wider mein hohes Wissen schrie und schlug ich um mich. So sehr schrie ich, daß die Schafe, die vor meiner Höhle grasten, davonstoben samt den Hütehunden und samt dem Hirten, der mir täglich Brot und Milch brachte. Er war es, der mir die Höhle gezeigt hatte, als ich umherwanderte, heimatlos und ratlos. Damals war er ein Kind. Ich sah ihn aufwachsen. Er blieb in meiner Nähe und war sanft wie seine Lämmer. Doch wenn ich schrie, stürzte er davon, auch er schreiend. Jedoch, er wußte schon, warum ich schrie, und er verstand, denn ich erzählte ihm viel von Jeschua, für dessen Witwe er mich hielt, und ich ließ ihn in diesem Glauben.

Er hatte unsre Landung als erster gesehen, er stand am Meer dort, wo uns der Sturm an die Sandküste trieb und unser Schiff auflaufen ließ, das alte morsche, längst seeuntüchtige Segelschiff, in dem wir uns retteten vor den Verfolgungen des Saulus, ein Jahrzehnt nach Jeschuas Tod: Mirjam Schulamit, Mirjam Ja'akovi und ich, dazu Schoschana, Jochana und Sara, unsre treue Dienerin, mit uns die beiden Schwestern aus Bethania und ihr Bruder Lazarus, den sie Lazaire nannten und der bald mutig zu predigen begann. Auch hatten wir zwei phönizische Seeleute angeheuert, die uns für viel Geld hierherbrachten. Nach der Landung ließen sie sich taufen und wurden Lazarus' Gefährten.

Niemand war am Strand, als wir an Land geworfen wurden, nur das Kind, der Hirtenknabe, und er tat das Vernünftige: er brachte uns wortlos Wasser aus einer Quelle. Dann führte er uns, immer wortlos, in den kleinen Ort Aqua mortua. Dort nahm man uns freundlich auf, jedoch: die Gegend war besetzt von den Römern. Sie also auch hier. Rom überall. Und die verhaßte Sprache: Aqua mortua. Latein.

Doch hier waren die Römer faul, und sie wußten auch gar nichts von dem, was in Erez Jisrael geschah. Das war weit weg. Acht Wochen Seereise oder mehr. Hundert Jahre. Hier in der Provincia waren keine Juden. Außer uns. Doch wir waren keine Aufständischen. Wir waren Schiffbrüchige, stille Fremde. Aber wir zogen es vor, nicht als Gruppe zu erscheinen. Je zwei und zwei gingen wir tiefer ins Land hinein, ins Ungewisse. Noch hatten wir Geld, römische Münzen mit dem Cäsarkopf, die auch hier galt, und wir arbeiteten, wo wir Arbeit fanden: auf den Feldern, in den Weinbergen, und dabei versuchten wir, die fremde Sprache besser zu lernen, was nicht schwer war, da uns das Latein der Römer in den Ohren klang, und wir fingen an, Jeschuas Lehre zu verkünden, doch wußten wir nicht, ob man uns nicht verhaften und töten würde auch hier. Ich sagte: wir. So war es nicht. Nicht WIR. Ich ertrug es noch nicht, von Jeschua zu reden. Ich sonderte mich ab, ich war beim Aufteilen in Paare ohnehin überzählig. Der kleine Hirte führte mich in die Höhle. Nach all dem wilden Tumult

der letzten Jahre hatte ich kein anderes Bedürfnis als zu schlafen, unendlich lang, unendlich tief.
Die Höhle war der rechte Ort für mich: Sie reichte weit in den Berg hinein und bildete im hintersten Teil eine Art niedriger Kammer, in der ich liegen, aber nicht aufrecht stehen konnte. Der Hirt sammelte geduldig die Wollflocken seiner Schafe, die an den Dornhecken hängenblieben, und brachte sie mir, und weiches Heu, das nach Wiesenblumen roch. Ich verkroch mich. Jeden Morgen stand ein kleiner Krug Milch vor dem Höhleneingang, und daneben lag ein Stück Schafskäse und ein wenig Brot; der kleine Hirte teilte sein Essen mit mir.
Was tat ich in jener Höhle? Wer hat die Geschichte erfunden, ich habe dort ein heiliges Büßerleben geführt, einen blanken Totenschädel in Händen und meine Sünden beweinend? Törichtes Geschwätz. Wofür hätte ich büßen sollen, da ER mich freigesprochen hat? Weiter bereuen, das hieße, ich hätte nicht wirklich daran geglaubt, daß ich eine Neugeborene war in seinen Augen. Nein: wer den Fuß über jene Schwelle gesetzt hat, über welche ER SELBST einen führt, der blickt nicht mehr zurück. Was wißt ihr von mir? Ihr wißt, was ein paar Männer berichteten, die viel später aufschrieben, was sie hatten sagen hören über die Frau, die ich war. Eine Sünderin sei ich gewesen. So redete es einer dem andern nach. Was meinten sie damit? Was ihr damit meint, das ist klar. Redet ihr von einer Sünderin, so meint ihr eine Ehebrecherin oder eine Hure. Ich war nicht das eine nicht das andre. Wie denn kam dieses Bild in die Geschichte?
Zwei Quellen gab es; die eine war ich selbst, denn ich

war eine Einzelgängerin, nicht einzuordnen ins Bild von der jüdischen Frau. Als mein Vater starb, war ich sechzehn und nicht verlobt. Eine junge Frau in Jisrael, reich, schön und im Heiratsalter, die daheim sitzt und die Thora lernt wie ein Knabe, und keinen Mann will, das ist in sich schon ein Skandal. Stellte sie sich nicht mutwillig und sündhaft außerhalb des heiligen Gesetzes, wenn sie sich weigerte, Kinder zu gebären? Hieß das nicht, Jisraels Heil aufs Spiel setzen, indem sie ihren Schoß dem Messias verschloß, den jede Jisraelitin gebären konnte, die aus königlichem Stamme war? So eine war eine Sünderin. Eine Unheimliche war sie auf jeden Fall. Warum war sie unverheiratet? War ein geheimer Makel an ihr?

Es war anders, ganz anders. Ich hatte, zwölfjährig, beim Tode meiner Mutter geschworen, nie zu heiraten. Und warum das?

Ich hatte meine Mutter sehr geliebt, denn ich sah, daß sie litt. Sie war schön, und wenn Gäste kamen, dann zeigte mein Vater sie her voller Stolz, wie er sein bestes Pferd zeigte und den neuesten Alabasterkelch. Doch mitsprechen durfte sie nicht. Stehend hinter den Gästen mußte sie bei Tisch bedienen. Das war so Sitte. Wer dachte sich etwas dabei? Sicher hat ihr Mann sie geliebt, auf seine Weise, wie er sein Haus liebte und seinen Balsamwald und seinen ganzen Besitz. Manchmal tätschelte er seine Frau, wie er sein Pferd tätschelte. In Mutters Blick las ich nichts, weder Liebe noch Verachtung noch Auflehnung. Sie starb früh, sie starb an ihrer Schwermut, sie erstickte in der Geistlosigkeit. Als sie tot war, tat ich den Schwur, niemals so ein Leben zu führen wie sie. Und ich hielt den Schwur.

Ich war schön geworden wie meine Mutter. Die Männer verdrehten sich Hals und Kopf nach mir. Einmal sah ich, wie ein Gast meinem Vater ein Zeichen machte zu mir hin und wie beide nickten und lächelten. Nach Tisch musterte der Mann mich von oben bis unten. Schlechte Sitte. Ich aber hatte rasch begriffen: den sollte ich heiraten. Als er mir ins Gesicht schaute, bleckte ich ihm die Zähne. Was soll das? fragte er. Ich sagte: Schaut man nicht dem Pferd, das man kaufen will, ins Maul? Er lachte laut. Hiernach sah ich ihn lange mit meinem Vater verhandeln. Mich handelten sie aus. Meine Tante sagte: Du hast ein Glück, der Mann ist steinreich und sehr angesehen.
Ich rief: Der? Der wird mein Ehemann nicht, der nicht. Ich lasse mich nicht kaufen, auch nicht vom Meistbietenden.
Das rief ich in Aramäisch und Griechisch und Hebräisch, damit er es auch wirklich verstehe; wir im Grenzland waren alle dreisprachig. Der Mann hörte es und lachte, auch mein Vater lachte. Der Fremde sagte laut und auch in drei Sprachen: Die gefällt mir! Dieses wilde Fohlen werde ich zureiten, das gibt eine prächtige Zuchtstute.
Beim Abendessen stolperte ich mit Absicht, sodaß sich die heiße Brühe über seine bloßen Füße ergoß. Er schrie auf, er fluchte, ich lief davon, meine Tante verband ihm die Brandwunden, der Vater schenkte ihm wohlriechendes Öl. Der Fremde kam nie wieder. Er hatte den Mut verloren, mich zu zähmen. Es kamen andre, aber mein finsteres Gesicht erschreckte sie. Auch strich ich mir Asche auf die Wangen. Man hielt mich für krank und

ließ mich in Ruhe. Ich aber begann die Thora zu lernen, und mein Bruder half mir dabei, obgleich er nicht einsah, warum ich, ein Mädchen, lernte wie ein Knabe.
Warum willst du die Thora lernen, Mirjam?
Warum nicht?
Du bist ein Mädchen.
Nun, und?
Mädchen brauchen das nicht. Sie lernen anderes, das, was nützlich ist.
Wem nützlich? Den Männern, den Kindern.
Genügt das nicht?
Mir nicht.
Wohin willst du hinaus?
Wohin willst denn du hinaus?
Ich bin ein Mann und kann Lehrer werden. Aber du, ein Mädchen!
Verachtest du mich?
Dich doch nicht. Du bist eine Ausnahme.
Ich bin keine Ausnahme. Ich bin eine Jüdin und will lernen. Aber du, du bist auch einer von denen, die jeden Tag dem Höchsten danken, daß sie nicht arm, nicht krank und keine Frau sind, nicht wahr?
Nun ja, das ist eben so.
Das ist eben so. Das muß nicht so sein! Und ich will nicht unwissend bleiben. Ich lerne!
Er schüttelte den Kopf über mich.
Viele schüttelten den Kopf über mich. Auch mein Vater. Er wußte nicht, daß ich ihn haßte seit jener Geschichte mit dem Perser, dem Handelspartner, dem frechen Geschichtenerzähler. Es waren noch andre Gäste

bei Tisch, sie hatten viel getrunken und wurden geschwätzig. Der Perser erzählte eine Geschichte nach der andern. Eine habe ich behalten. Oh, ich habe sie behalten! Wißt ihr, so erzählte er, wie das war mit der Erschaffung der Eva? Adam langweilte sich im Paradies. Gott wollte ihm einen Zeitvertreib geben, und er dachte, ihm ein Weib zu machen, denn dazu sind Weiber gut: zum Zeitvertreib. Und er überlegte: Aus welchem Teil des Mannes mache ich das Weib? Aus dem Rücken? Nein, da richtet sie sich hoch auf und bückt sich nicht mehr vor dem Mann. Aus dem Kopf? Nein nein, da würde sie ja denken und dem Mann in allem dreinreden. Vom Ohr? Nein, da würde sie zu viel hören. Vom Arm? Da würde sie zu stark und womöglich nach dem Manne schlagen. Ich weiß was: ich nehme etwas vom dunkelsten, verborgensten Teil des Mannes, damit sie demütig bleibt.

Großes Gelächter. Ich verstand. Mein Vater wieherte. Dafür haßte ich ihn. So also dachte er von seiner Frau, so von seiner Tochter.

Meine Tante hatte zugehört: Sie sind Schweine, sagte sie.

Mein Vater starb plötzlich, ehe er mir einen Verlobten hatte bestimmen können. Auch mein Bruder bestimmte mir keinen: er nahm sein Erbe und ging zu den Essenern in die Wüste. Er wurde Mönch, und ich sah ihn nie wieder.

So war ich allein in dem großen Haus, das nun mir gehörte, jung und schön und reich und ohne Mann. Mit so einer stimmte etwas nicht. Sie ist eine Dämonin, sagte einer, der mich in einer Sackgasse bedrängte, bis ich ihn mit nichts als meinen Blicken in die Flucht schlug. Sie hat Schlangen statt Haare und glühende Kohlen statt Augen. Er meinte es so ernst nicht, doch sprach es sich herum, und einmal ausgesprochen, macht derlei die Runde. Die Dämonin.

Warum aber Sünderin? Warum Hure? Von einer Hure ist in den Schriften jener Männer, die über Jeschua und mich schrieben, keine Rede. Wie aber kam die Hure ins Bild?

Eine alte Geschichte, viel viel älter als ich. Die Griechen nannten solche Geschichten Mythen. Geschichten, die sich einmal so oder so ereignet hatten und sich von Zeit zu Zeit wiederholten, wie ein Webmuster sich wiederholt, immer ein wenig anders und doch immer das gleiche. So gab es in unserer Zeit einen Mann namens Schimon, er war ein Magier, ein Erzzauberer, und er behauptete, Gott habe ihm befohlen, seine Gefährtin in einem Bordell zu suchen. Das tat er, und mit ihr zog er fortan durchs Land. Das Urmuster aber war dies: einem der hohen Götter war die Braut geraubt worden, Sophia, die Weisheit, und er mußte sie suchen. Sie sei in der Unterwelt, bei den Schatten sei sie. Aus der Unterwelt wurde das Bordell. Der Gott suchte seine Sophia unter den Huren. Sie war selbst zur Hure geworden.

Der Gott und die Hure. Der Reinste und die Unreinste zusammen erst: das Hohe Paar.

Ich hatte die Geschichte von einem Griechen gehört. Ich ahnte nicht, daß man sie einst auf mich anwenden würde. Ich mußte eine Hure sein, damit ich ins mythische Bild paßte.

In der Tat fand man mich oft in den kleinen, verrufenen

Tavernen, in denen Zöllner, Fuhrleute und auch billige Mädchen verkehrten. Ich war mit Jeschua dort. Er hielt sich gern bei solchen Leuten auf. Von ihnen erfuhr er, wie das Volk lebte und was es dachte. Er hörte die Klagen und die Flüche gegen die Römer, die Priester, die Reichen, und aus den Klagen und Flüchen hörte er den Schrei nach dem Retter, dem Befreier, dem Verheißenen, dem Messias.

So also war ich zur Hure geworden. Wie aber zur Besessenen, der Jeschua »sieben Dämonen austrieb«? Ist etwas an dieser Geschichte?

Es ist etwas an ihr.

Ich war sechzehn und langweilte mich in meinem großen Haus, oder vielmehr: mich hatte Unruhe gepackt. Ein Wandertrieb, unwiderstehlich. Ich hatte Verwandte in Bethania bei Jeruschalajim. Warum nicht dorthin gehen.

Aber ich ging nicht dorthin. Was zog mich denn nach Nazareth? Warum gerade Nazareth, dieses Nest?

Der Fisch am Angelhaken: vier Jahre hing er fest, und ich wußte es nicht und fühlte es doch. Vier Jahre war es her, als ich ihm begegnete, dem, der später mein Lehrer wurde, der Mir-Bestimmte.

Eine seltsame Begegnung. Ich stand auf der Schwelle unseres Hauses. Auf der andern Straßenseite ging ein Knabe. Er trug den Kopf sehr hoch, und seine bloßen Füße berührten den Boden so leicht, daß kaum Staub aufstieg. Wer war dieser Knabe? Ein Fremder. Ich starrte ihn an. Er fühlte den Blick und schaute um sich, als habe ihn jemand gerufen. Da sah er mich. Wir schauten uns an, neugierig, nach Kinderart. Doch waren wir keine Kinder mehr. Er lächelte und tat etwas Ungehöriges: er bog seinen Zeigefinger. Komm! hieß das. Was für ein Ansinnen! Viel später begriff ich: der gebogene Finger war der Angelhaken, den er nach mir auswarf. Der Fisch nahm den Köder an. Nie mehr kam er davon los. Bis heute nicht. Und auch der Fischer: nie ließ er die Angel los; der Fisch gehörte ihm.

Da zog mich jemand über die Schwelle zurück. Meine Tante.

Fängt das jetzt schon an?

Was denn?

Daß du fremden jungen Männern nachgaffst. Wird Zeit, daß dir dein Vater einen Verlobten bestimmt.

Tante, wer ist dieser Knabe?

Was weiß ich. Nicht von hier.

Woher?

Woher wohl. Aus Nazareth, woher nie Gutes kommt. Was geht dich der an?

Was tut er hier, Tante?

Ach du lästige, ungezogene Fragerin!

Sag doch.

Sein Vater ist Zimmermann. Er arbeitet da drüben auf dem Bau. Und jetzt ist Schluß mit der Fragerei. Kein Wort mehr, sonst sag ichs deinem Vater.

Kein Wort mehr also, aber viele Gedanken. Die waren nicht zu verbieten. Die Erinnerung an jenen Knaben nistete sich ein in mir. Er war nicht wie andere. Was war denn Besonderes an ihm, daß ich ihn nicht vergaß?

Die große Frage, hundertmal gestellt, später, heute noch. Wer war er und was war an ihm, daß keiner, der ihm begegnete, ihn je vergaß? Man konnte ihn lieben,

man konnte ihn hassen, aber ihn übersehen, das nicht. Er war einfach DA, und er war ER. Und er war der, den ich liebte. Wie eine Quelle war diese Liebe, zu Tag getreten für einen Augenblick, und dann unterirdisch weiterströmend, meinen Weg bestimmend. Unentrinnbare Bindung.
Meine Tante hatte die Sache bald vergessen, und sie argwöhnte nichts, als ich sie ein Jahr später anbettelte, mit mir zum Seefest nach Kefarnachum zu gehen. Es gingen viele dorthin. Meine Tante verlor mich aus den Augen. Ich mischte mich unter die jungen Leute. Ich hatte nur eines im Sinn: den Knaben wiederzusehen. Vergeblich. Er war nicht dort. Doch erfuhr ich eine Neuigkeit. Es gab in Nazareth einen Zimmermann namens Joseph, der hatte einen Sohn, zwölf oder dreizehn Jahre alt, der von sich reden machte. Er hatte eine ganze Familie, eine Pilgerschar und ein halbes Dorf in Aufregung gesetzt, als er verlorenging. Er war mit seinen Eltern zum Pesachfest nach Jeruschalajim gezogen und war ihnen dort abhanden gekommen, sie merkten es erst auf dem Rückweg, schon fast in Nazareth, und niemand wußte, wo er war. Da kehrten sie um, den ganzen Weg machten sie nocheinmal, und in Jeruschalajim fanden sie ihn in der Synagoge, mitten unter den Rabbinen, und er diskutierte mit ihnen wie ein echter Schriftgelehrter und wußte so viel, daß sie staunten. Mit den Zitaten aus der Thora warf er nur so um sich und brachte sie in neue Zusammenhänge. Übergescheit war der Knabe, scharfsinnig wie ein alter Rabbi. Die Alten freuten sich über ihn, doch war er ihnen auch unheimlich, besonders als sie herausfanden, daß er jenem Geburts-

jahrgang angehörte, den der König Herodes der Große ausgerottet hatte, der Abergläubisch-Wahnsinnige, dem prophezeit war, es werde ein neuer König geboren, der seinen Thron stürzen werde.
Das Jahr war vorhergesagt. Die Astrologen wußten, es war eine ganz und gar ungewöhnliche Constellation: Jupiter und Saturn in Conjunction. Wenn alle jüdischen Knaben dieses Jahrgangs getötet würden, so wäre die Gefahr behoben. Und nun zeigte sich, daß da einer übriggeblieben war. Wie das? War das ein gutes Zeichen oder ein schlimmes für Jisrael?
Die Eltern dieses Knaben fanden ihn schließlich und holten ihn aus der Synagoge und schalten ihn. Verständlich. Er aber habe die beiden angeschaut wie Fremde und habe auf dem ganzen Rückweg kein Wort gesagt. Von da an sei er kein Kind mehr gewesen und nur mehr wie ein Gast in der Familie, ein Fremdling, und eines Tages sei er fortgegangen und niemand wußte, wohin.
Dies, und daß er Jeschua hieß, erfuhr ich damals am See. Auf dem Rückweg ging ich nach Nazareth und fragte mich durch zum Haus der Eltern jenes Knaben. Ich traf nur seine Mutter an. Als ich vor ihr stand, schien mir meine Frage ungehörig. Ich redete von etwas anderem.
Aber sie sagte: Wozu bist du gekommen, Mädchen?
Da faßte ich Mut: Du hast einen Sohn namens Jeschua. Ich habe ihn kennengelernt, als sein Vater in meiner Heimatstadt Magdala arbeitete.
Er ist fortgegangen.
Fort? Wohin?

Sie deutete nach Osten und nach Süden und wiederholte: Fort.
Wie sie das sagte, begriff ich: er war fort für immer.
Später, viel später, sagte sie mir, sie habe vermutet, er sei in einen jener Wüstenorte gegangen, in die zu gehen Mode geworden war unter den jungen Männern. Warum nur taten sie das? Wozu war das gut? Was trieb sie in die Wüste?
Mein Bruder auch: immer redete er vom Ende der Zeiten, von der großen Katastrophe, lang vorhergesagt von unsern alten Propheten, und daß man sich retten könne durch ein strenges reines Leben. Was war das: ein strenges reines Leben?
So nach und nach erfuhr ich einiges darüber. Die Männer, die in diesen Wüstenorten wohnten, gehörten zu einem Orden. Wer eintreten wollte, mußte harte Probejahre bestehen, bis man die ewig bindenden Gelübde ablegen durfte: Verzicht auf Besitz, auf Freiheit, auf Ehe, auf Liebe, kurzum: auf alles, was einen an die Erde band. Ein hartes Leben auch sonst: tagsüber Arbeit in den Oasengärten, bei Gluthitze und Frost; nachts Lernen und Beten; öffentlich sich seiner Vergehen anklagen und andre anzeigen, die gegen die Ordnung verstießen. (Was für eine schlimme Forderung. Mich schauderte.) Und vor allem: blinder Gehorsam gegenüber den Oberen, deren Aller-Oberster »Lehrer der Gerechtigkeit« hieß. Und warum das alles? Um sich zu retten, da das Weltenende bevorstand. Törichter Glaube. Kein Zeiten-Ende, nur eine neue Zeit war zu erwarten. Immer gab es neue Zeiten, immer Umbrüche. Wieviele Anfänge und wieviele Enden hatten wir Juden schon er-

lebt seit der Erschaffung der Welt! Wieviel Abschied, Auszug, Verbannung, Verfolgung, Vernichtung seit unserm Exil in Ägypten und in Babylon, wieviel tödliche Niederlagen in den Kämpfen mit den Ägyptern, Syrern, Babyloniern, Persern und Seleukiden. Und nie wars das endgültige Ende. Immer war im Ende der Neubeginn. Wie ein alter Ölbaum ist Jisrael: du siehst einen vertrockneten Stamm, du hältst ihn für tot, hundert Jahre lang, vierhundert Jahre lang, und plötzlich sprießt ein frischer grüner Zweig auf, du weißt nicht wie, und aus der uralten Wurzel wächst der neue Baum. Wozu also die Katastrophen-Angst? Und, meine Frage: wenns so wäre, könnten dann einige sich retten, wenn alle andern stürben? Immer schon hat mich die Geschichte von Noah erzürnt: er und die Seinen überlebten im Holzschiff und sahen zu, wie die andern ersoffen. Was für ein Mann, dieser Noah. Und was für ein Gott, der dies so und nicht anders wollte?
Und mein lieber kleiner Bruder: konnte er die Rettung für sich wollen, aber nicht für mich und für andre? Ganz unverständlich war mir das, und unverständlich war mir Adonai, der Ewige, der die einen rettet, die andern verdirbt, und sind doch alles seine Kinder, glücklose meist und über ihre Kraft beladen. Was kann das Tragtier dafür, wenn es unter der Last zusammenbricht? Große Qual machte mir diese Frage später in meinen Gesprächen mit Jeschua und Jochanan. Nie fand ich die wahre Erklärung.
Eines aber begriff ich damals, als mein Bruder zu den Wüstenmönchen ging: in einer Zeit wie der unsern träumte man dunkle Träume von großen Katastrophen,

die unserm Leiden ein Ende setzten, weil wir selber uns nicht retten konnten. Wir, ein so kleines Volk, ein Weizenkorn zwischen den Mühlsteinen. Hiob, vom Ewigen geschlagen. Was für eine Geschichte lag hinter uns: seit Alexander, der Makedonier, Erez Jisrael erobert hatte, war unsre Freiheit verloren. Nicht viel besser als Sklaven lebten wir unter fremden Herren, und nie unter guten. Die schlimmsten waren die Syrer: sie verwüsteten den Tempel, raubten die heiligen Geräte, rissen die Thorarollen entzwei und verbrannten sie und bestraften jene Juden mit dem Tod, bei denen man eine der heiligen Schriften fand; das Halten des Schabbats verbot man und die Beschneidung, und wo man eine Frau fand, die ihr Kind hatte beschneiden lassen, tötete man sie und hängte ihr das Kind um den Hals.

Viele flohen in die Wüste, ihre Habe zurücklassend in der Stadt. Die Wüste als Zufluchtsort: das war sie auch zu meiner Zeit, doch waren die Verfolger nicht mehr die Syrer, sondern die eigenen Ängste vor der ewigen Verwerfung durch den Höchsten. So wenigstens verstand ich es. Ich verachtete alle, die flohen, und ich bewunderte diejenigen, die sich dem Feind stellten im offenen Widerstand. Schon meine Mutter hat mir diese Bewunderung der Kämpfenden anerzogen: wenn sie vom Aufstand der Makkabäer unter Mattathias und seinem Sohn Jehuda erzählte, glänzten ihre Augen. Auch du, sagte sie, bist eine Makkabäertochter.

Aber die Makkabäer wurden besiegt!

Eine Niederlage kann Schande sein, doch auch große Ehre, merk dir das.

Aber warum ließ Adonai zu, daß die Tapfern seines Volkes geschlagen wurden?
Es ist nicht Adonai, Mirjam, der sein Volk schlägt; das Volk selbst schlägt sich für seine Sünden. Damals waren die Griechen im Land. Wir haben die heidnischen Römer im Land. Warum? Unsre Schuld, unsre eigene Schuld. Die Römer haben wir selbst ins Land gerufen.
Wie das? Wie konnten wir so töricht sein?
Töricht waren wir nicht, jedoch schwach, weil entzweit. Merk dir zwei Namen: den des Hohepriesters Hyrkanos und den des Königs Aristobulos. Wiewohl beide Söhne unsres Volkes und Brüder, stritten sie gegeneinander und rissen das Volk mit in den Streit, der blutig ausgetragen wurde. So groß und wüst wurde der Kampf, daß beide Parteien, jede für sich, Boten nach Rom schickten: kommt uns zu Hilfe! Die Römer kamen, und sie blieben, und der römische Adler schreit uns unsre Schande bis heute ins Gesicht.
Wie lange wird das dauern, Mutter?
Bis der Messias kommt und uns befreit.
Wann kommt er, wann endlich, sag doch!
Das, Mirjam, weiß niemand, und niemand darf sein Kommen vorausberechnen, oder, wenn einer es weiß, er darf es nicht sagen.
Weiß es einer?
Vielleicht einer von denen in der Wüste.
Wer sind sie?
Es sind jene, die damals nicht kämpfen wollten und in die Wüste flohen. Wir nennen sie heute die Essener.

Aber das ist lange her, Mutter, die sind doch gestorben, oder nicht?
Es kommen immer neue dorthin.
Was tun sie?
Sie warten auf den Messias. Sie nennen sich Chassidim, die Frommen. Unter allen Frommen die Frömmsten.
Und sie werden nicht kämpfen gegen die Römer?
Wer kämpft gegen die Römer?
So bleiben wir immer unter ihrer Herrschaft?
Bis der Messias kommt. Schrei du zu Adonai, daß er ihn bald schicke, schrei, Mirjam!
Seither verachtete ich die Essener und alle Juden, die da kampflos warteten, bis etwas geschehen würde. Ich glaubte nicht an kampflose Siege. Ich nicht.
Rasend wurde ich, als mein Bruder zu diesen Wüstenmönchen ging. Mein kleiner zärtlicher Bruder. In welch rauhe Hände war er gefallen. Wer hatte ihn dazu überredet?
Und Jeschua? Hatte seine Mutter nicht in die Richtung der Wüste gezeigt, als ich nach seinem Verbleib fragte? War auch er bei jenen tatenlos Wartenden, die ich verachtete?
Tage, Nächte, Wochen, Monate: ich dachte immer dasselbe: ich werde zu den Wüstenmönchen gehen und meinen Bruder zurückfordern, der seine Pflicht verriet, Vaters Haus, Geschäft und Erbe zu verwalten. So würde ich sagen. Pflicht ist Pflicht. Und ich würde sagen: Auch Jeschua aus Nazareth habt ihr der Familie geraubt. Seine Mutter lebt ohne seine Hilfe. Ist das recht? Ist das nach dem Gesetz erlaubt?
Eines Tages war es soweit: ich ließ mir Münzen in den

Kleidsaum einnähen, nahm die kräftigste meiner Dienerinnen mit, wählte die beiden stärksten Esel und machte mich auf den Weg.
Ein Abenteuer. Ein Wahnsinnsplan. Gewiß. Aber so war ich eben: das einmal Beschlossene und Begonnene führte ich durch.
Wir ritten viele Tage lang immer am Jordan entlang.
Wohin denn jetzt? fragte meine Dienerin, und wollte nicht mehr weiter.
Nach Bethania! sagte ich, das ist nicht mehr weit.
Als ich dies sagte, waren wir nahe bei Jericho.
Dort liegt Jeruschalajim, sagte die Dienerin, im Westen, dort liegt Bethania, warum reiten wir weiter nach Süden?
Warum? Ich wußte es nicht.
Geh du nach Bethania, sagte ich, geh zu meinen Verwandten, zu Marta, Mirjam und Lazarus, ich komme nach.
Wohin gehst du?
Ich gab keine Antwort. Ich wußte keine. Ich ritt weiter.
Sand und Dornen, Schlangenspur und Fuchslosung: die Wüste. Und der stumpfe Geruch nach totem Wasser: das Salzmeer. Und da sah ich im Gebirge die Wüstenbehausungen: Löwenhöhlen eher als menschliche Wohnung. Festungen, uneinnehmbar, unbetretbar. Eine Totenstadt eher. Und dort also war mein kleiner Bruder. Ich war dessen sicher. Und auch Jeschua? Dessen war ich nicht sicher.
Was tun? Da stand ich also, war nah am Ziel und weitab vom Ziel. Vergebliche Reise?
Da sah ich, gelb im gelben Wüstensand, zwischen Salz-

meer und Gebirge, einige Nomadenzelte. Hier würde ich Auskunft erhalten. Ich erhielt keine.
Kaum war ich in ihre Nähe gekommen, traten aus einer Bergkluft zwei Gestalten, das Gesicht verhüllt. Mit ausgestrecktem Arm wiesen sie mich stumm hinweg. Ich aber ging näher, bis sie mich hören konnten, und ich schrie: Ihr da oben, ihr habt mir meinen Bruder geraubt. Gebt ihn mir zurück! Gebt ihn dem Leben zurück!
Keine Antwort. Nur das Echo. Die Männer standen wie Steinfiguren, fürchterlich waren sie, Totenwächter, Hüter der schwarzen Schwelle. Ich schrie: Menschenräuber, lebendig Tote ihr! Meinen Bruder und meinen Geliebten haltet ihr gefangen!
Woher kam mir das Wort vom Geliebten? Das Echo brachte es mir zurück.
Als sei dies ein Lösungswort gewesen, traten die Männer zurück in die Felsenhöhle.
Ich versuchte ihnen zu folgen über Stein und Geröll, stürzte aber und verletzte mir Hand und Knie. Strafe. Deutlich.
Mich faßte Zorn, und der Zorn stieg und überstieg mich und wurde zum Wahnsinn. Ich wußte, es war Wahnsinn, aber eben dies war mein Wahnsinn, daß ich seiner nicht Herr wurde.
Aus welch schwarzer Tiefe tauchte mir das Wissen auf, wie man böse Beschwörung macht? Trockene Kamelmistfladen, dürres Gras, harte Wurzeln in Sechssternform geschichtet, Holz und Stein gerieben, bis der Funke aufspringt, den Stoß angezündet, wohlriechende Wildkräuter ins Feuer, wer hatte mich das gelehrt? Und woher kamen mir die Fluchworte?

Über das Feuer gebeugt, sprach ich:
Fluch euch, Wüstenmönche! Fluch denen, die ihre Männlichkeit opfern, um dem Ewigen den Messias abzutrotzen. Möge die Kälte ihrer Herzen ihr Gebein zerfressen, wie Rost das Eisen frißt. Möge ihr Blut in ihren Adern gefrieren zu Eis. Möge schon im Leben die Todesstarre über sie kommen.
Die Flamme erlosch, der Rauch machte mich trunken. Ich fühlte, daß etwas Fremdes von mir Besitz ergriff und mich stützte und stärkte. Als ich zu mir kam, war es Morgen und sehr kalt, doch mir war heiß vor böser Freude. Jetzt also, jetzt war der Krieg erklärt zwischen mir und allem Männlichen, zwischen mir und allen Frommen, zwischen mir und Jeschua. Ich fühlte mich stark und frei.
Als ich zu meinem Esel zurückkam, den ich angebunden hatte am Ufer des Salzmeeres, sprang er zurück und versagte sich mir. Ich mußte ihn am Strick mitziehen. Das sonst so gefügige Tier, was hatte es?
Auch meine Magd wich zurück vor mir. Sie war nicht nach Bethania gegangen, sie hatte auf mich gewartet die ganze Nacht.
Als sie mich sah, sträubten sich ihre Stirnhaare.
Was hast du? Stört dich der Rauchgeruch?
Sie schwieg verstockt und verängstigt.
Und jetzt, sagte ich, reiten wir heim nach Magdala.
Nicht nach Bethania?
Nein.
Ein langer Weg. Einige Tagereisen. Meinen Esel mußte ich verkaufen für einen neuen. Die Magd sprach kein Wort mit mir. Offenbar also war etwas geschehen an

mir. Gut so. Der Dämon, den ich gerufen hatte, hielt den geschlossenen Pakt.
So kam ich schließlich heim.
Daheim in Magdala badete ich und salbte mich mit teurem Öl und legte Goldreifen und Ringe an Arme, Hände, Füße, und so ging ich durch den Ort. Mein Schmuck klirrte und klingelte. Eine Probe. Man sah mir nach. Die Männer zog es zu mir, doch keiner wagte die Annäherung. Aber am Abend kam der erste, ein ehrenwerter Kaufmann, nicht mehr jung. Er pochte und pochte. Das Tor blieb geschlossen. Durch einen Spalt sah ich ihn stehen und warten und endlich davongehen, denn es waren andre Schritte zu hören. Der zweite brachte Geschenke und legte sie vors Tor, als niemand ihm öffnete. Ich warf sie ihm durchs Fenster nach. Er raffte sie an sich und floh. Und noch einer kam und noch einer, zweie prügelten sich vor Eifersucht. Ich lachte. So war mirs recht. Die Frauen wußten nicht, was sie von diesem Spiel zu halten hatten. Zuerst beschuldigten sie mich der Zauberei, aber als sie sahen, daß ich keinen einließ, wandte sich ihr Zorn gegen die Männer. Diese Narren, diese Böcke, diese Dummköpfe, die einer nachsteigen, die sie verachtet und ihnen die Geschenke nachwirft! Schon gab es Streit im Ort. Die Frauen rotteten sich zusammen und verweigerten Tisch und Bett. Ein wahrer Krieg brach aus. Ich hatte, was ich wollte: ich fühlte meine Macht. Aber bald langweilte mich das Spiel. Was halfs den Frauen? Was halfs mir? Brachte es mir Jeschua zurück? Ich lebte finster in meinem Haus wie in einem Schuldturm, lustlos und allein mit meiner Schönheit.

Es war gute Abwechslung, als eines Abends ein alter Freund meines Vaters kam, einer seiner Geschäftspartner, ein Grieche aus Athen. Er kannte mich seit Kindertagen.
Als er gehört hatte, daß ich das Geschäft meines Vaters aufgegeben hatte, kam er, um mich zu überreden, es wieder zu eröffnen. Er machte gute Angebote. Doch danach stand mir der Sinn nicht.
Wonach sonst? Der Grieche war klug und freundlich und erkannte meine Lage. Mach Reisen, Mirjam, sagte er, komm nach Athen, das ist die rechte Stadt für solche Frauen, wie du eine bist!
Was für eine bin ich denn? Eine Jüdin bin ich, keine Griechin.
Was weißt du von den Griechinnen?
Was weißt du von den Jüdinnen?
Mirjam, dein Haus ist dir zu eng, deine Stadt ist dir zu eng, der Galil ist dir zu eng, das jüdische Leben ist dir zu eng. Ich habe deine Mutter gekannt. Sie starb an der Enge, und auch du wirst daran eingehen. Schau um dich! Komm, such dir einen Griechen zum Freund!
Zum Ehemann, willst du sagen.
Ich sage: zum Freund. Es gibt schöne Männer bei uns.
Die gibts bei uns auch.
Warum hast du keinen Ehemann, Mirjam?
Ich schwieg, und er begriff, daß er die falsche Frage getan hatte. Er sagte: In Athen könntest du einen Freund finden.
Ja, ja, wenn ich euer Spiel mitspielte, schon.
Wovon redest du?

Ich weiß es aus der Dekapolis drüben: ihr nehmts nicht genau mit der Ehe. Ihr seid verheiratet und habt daneben eine andre.
Das ist sehr grob gesagt.
Dann sag es fein.
Nun: es gibt zwei Arten von Frauen. Die eine eignet sich zur Ehe- und Hausfrau, mit ihr zeugt man Kinder, mit ihr redet man von Geld, Haus, Essen. Mehr weiß sie nicht und will sie nicht wissen. Ein gebildeter Grieche aber braucht das Gespräch mit der gebildeten Frau, der Hetaira. So bleiben die Bereiche schön getrennt.
Das sagst du. Was sagen die Frauen? Fühlen sich nicht beide entehrt?
Sie sind einverstanden und mehr als das. Es ist gut für sie. Die eine will die Ehe und hat sie. Die andre will die Freiheit und hat sie.
Und welche von den beiden liebt der Mann?
Beide. Jede auf besondere Art.
Du lügst! Der Mann liebt die Hetaira. Die Frau benützt er.
Häßlich gesagt. Sehr häßlich. Und wie ists bei euch Juden?
Wir haben strenge Gesetze.
Werden sie eingehalten?
Was weiß ich.
Mirjam, du wärst eine wunderbare Hetaira. Darf ich dich etwas fragen, Tochter meines Freundes, Vaterlose?
Ich weiß, was du fragen willst. Aber Frage und Antwort sind überflüssig.
Du bist nicht frei?

Ich lachte. Das war eine Antwort und war keine. Der Grieche gab das Spiel auf, oder vielmehr: er fings von einer andern Seite her an. Er erzählte von Diotima, einer Hetaira, die bei einem Gastmahl den Preis gewann in einem Disput über das Thema Liebe. Es waren berühmte Männer anwesend, Politiker, Dichter, Philosophen, sie war die einzige Frau, und sie also bekam den Preis.

Was sagte sie?

Liebe, sagte sie, oder vielmehr Eros, wie sie sagte, ist ein Daimon und der Bote zwischen Menschen und Göttern. Der Verbindende. Der Mittler. Die Brücke. Eigentlich gab es zwei dieser Art: einer ist der mutterlose Sohn des Uranos, der andre jener des Zeus und der Diana. Der Mutterlose ist der himmlische Eros, der andre der irdische. Darum gibt es eine irdische und eine himmlische Liebe.

Und was ist der Unterschied? Liebe ist Liebe. Oder nicht?

Doch nicht.

Liebt der Grieche die Hetaira etwa mit himmlischer Liebe?

Der Grieche lachte. Dich würde jeder auf beide Arten lieben.

Ach schweig. Das sind törichte Gespräche.

Verzeih. Ich dachte eben, es sei schade, daß du nicht als Griechin zur Zeit des Platon oder besser schon des Pythagoras lebtest.

Warum?

Pythagoras hatte in Crotona auf der Italischen Halbinsel eine Akademie gegründet, an der auch Mädchen studierten. Siehst du, das interessiert dich! Wußte ichs doch.

Das also gabs? Also kann es dies wieder geben. Also sind Frauen nicht geistlos und nicht untauglich zu Philosophie und Politik?

Gewiß nicht. Aber ihr Juden seid ein Männervolk und machts den Frauen schwer. Ihr habt ja sogar einen Mann-Gott. Wir aber haben Frauen im Olymp, im Götterhimmel. Eine Menge Frauen: der höchste Gott, Zeus, hat eine Ehefrau, Hera, aber er betrügt sie nach Menschenart, und darüber lachen die Götter lauthals. Wir haben Demeter, die Erdmutter, und Artemis, die Jägerin, und Aphrodite, die unersättliche Liebhaberin, und Athene, die mutterlose, nicht gezeugt und nicht geboren, sondern fertig der Stirn des Vatergottes entsprungen.

Interessant, sagte ich. Aber du glaubst das doch nicht, diese Geschichte mit Athene?

Es ist eine Mythe. Ein Bild ist das.

Wofür ist das ein Bild, wenn man von einem Kind sagt, es sei nicht leiblich gezeugt und geboren?

Ein Bild dafür, daß es Menschen gibt, die dem allgemeinen Schicksal entzogen und also etwas Größeres sind: Götter, oder Gottähnliche.

Also ist es nicht wirklich möglich, daß man ein Kind haben kann ohne Mann?

Möchtest du das? Du bist so eine, der so etwas einfallen kann.

Es war spät geworden, der Grieche mußte gehen, doch wollte er tags darauf wiederkommen. Ich sagte nicht ja, nicht nein.

Sollte er nur nicht sich einbilden, er gefalle mir. Doch erwartete ich ihn mit Ungeduld, denn das Gespräch mit ihm war mir etwas Neues.
Am Abend setzten wir es fort. Ich wollte mehr wissen von jenem Platon, welcher mit der Hetaira Diotima so kluge Gespräche führte, oder wenigstens sie so schön erdichtet hatte.
Das Schönste schien mir das Gleichnis von der Höhle, in der wir Menschen leben, mit dem Blick auf die innere Rückwand der Höhle gerichtet. Vom Eingang her fallen Schatten auf diese Wand. Schatten von Dingen, die außerhalb der Höhle im Licht sind. Die Menschen in der Höhle sehen nicht das Licht und nicht die wirklichen Gestalten, sie sehen nur deren Schatten und nehmen sie für das Wirkliche, das Eigentliche.
Warum wenden sie sich nicht um? Ist es ihnen verboten?
O nein. Sie kommen bloß nicht auf den Gedanken, daß sie nur Schatten sehen.
Und wendet sich keiner um?
Doch. Platon hat sich umgewandt und andre auch. Man nennt sie Weise. In Griechisch: Philosophen.
Ich will nicht nur Schatten sehen, ich will nicht nur Gegenstände sehen, die Schatten werfen: ich will das Licht sehen!
Lange Jahre mußte ich warten, bis mir einer sagte: ICH bin das Licht. ICH bin die Wirklichkeit und Wahrheit.
Am dritten Abend sprachen der Grieche und ich über die Götter. Ich fragte ihn, warum sie mehr als einen Gott haben oder brauchen.

Du hast recht, wenn du haben und brauchen trennst.
Wir brauchen Götter.
Habt ihr keine?
Wir haben sie, weil wir sie uns machen. Es gibt sie nicht. Sie sind vom Menschen Vorgestelltes.
Auch euer höchster Gott?
Auch er.
Unser Gott aber IST. Er ist von immer her, ehe der Mensch war und ehe er dachte. Er braucht unser Denken nicht. Er ist Wirklichkeit. Er war eine Flammensäule, die unsern Vorvätern vorausging aus Ägypten bis hierher. Er war ein Feuer im Dornbusch des Mosche, und er war eine Stimme von oben, die Avraham verbot, seinen Sohn zu opfern, und er war etwas, das unsichtbar kam und doch sich dem Ja'akov stellte als etwas, mit dem Ja'akov kämpfte Brust an Brust, und das ihm die Hüfte verrenkte.
Geschichten, sagte der Grieche, Bilder. Schöne Bilder.
Wirklichkeit! rief ich.
Gut also: eine Wirklichkeit. Jüdische Wirklichkeit. Jüdische Wahrheit. Ein jedes Volk sieht, was ihm gemäß ist. Jeder bekommt den Ring, der auf seinen Finger paßt.
Es gibt nur eine einzige Wahrheit und nur einen einzigen Gott.
Den Gott der Juden, willst du sagen.
Er ist der Gott aller, denn er ist der Gott Avrahams.
Unser Gott nicht. Wir haben mit Avraham nichts zu tun.
Du kennst nur die Geschichte deines Volks und nimmst sie für die Weltgeschichte. Doch hat jedes Volk seine eigene Geschichte.
Nur die unsre geht zurück auf den Urbeginn, und vorher

war nichts, und eines Tages wird alles wieder den Uranfänglichen erkennen und zu ihm zurückkehren und wird vom Ewigen angenommen.
Der Grieche lächelte. So gibst du also auch mir, dem Heiden, Hoffnung?
Wir haben alle nichts außer unsrer Hoffnung.
Worauf hoffst du, Mirjam?
Auf die Rettung Jisraels.
Wer wird Jisrael retten?
Der Messias. Wer sonst?
Wann kommt er?
Verbotene Frage.
Wieso verboten? Sie ist natürlich und brennt euch auf der Zunge, und wenn ihr sie nicht aussprecht, springt sie euch aus den Augen.
Mag sie springen und brennen. Dennoch ist sie verboten. Nur einer weiß: Adonai. Er kennt die Not seines Volks. Er hat einst den Bund mit uns geschlossen. Wir haben ihn oft gebrochen, er hielt ihn stets. Er hat uns immer verziehen und uns immer gerettet. Er hat uns den Messias versprochen, er wird ihn senden, wenn es Zeit ist.
Wann ist es Zeit?
Wenn die Not am höchsten ist.
Ist sie nicht groß genug? Ist euch die Anwesenheit der heidnischen Römer nicht Schmach genug? Ist euch die Unterdrückung durch eure Herren nicht schwer genug? Muß es noch schlimmer kommen? Als ich hierher reiste, sah ich die Elendszüge der von Haus und Hof Vertriebenen, und ich sah die Hügel mit den gehenkten Rebellen. Und ihr nehmt das so hin?

Du sagst selbst, du hast die gehenkten Rebellen gesehen. Wer den Aufstand wagt, wird hingerichtet.

Sind Aufstand und Tod nicht ehrenvoller als das Warten auf einen Retter?

Darüber entscheide nicht ich.

Wer denn?

Adonai, der Ewige, der sein Versprechen hält. Wir sind sein Volk. Das einzige Volk, das seinen wahren Namen weiß und ihn nicht ausspricht. Das einzige Volk auf Erden, das dem Ewigen geschlossenen Auges ins blicklose Antlitz zu schauen vermag. Wie könnte er sein Volk zuschanden werden lassen? Nie, nie wird das geschehen.

Wie aber werdet ihr den Messias erkennen, wenn er kommt?

An den Zeichen, den vorhergesagten: Blinde wird er sehend machen, Lahme gehend, Kranke wird er heilen . . .

An den Wundern also wird man ihn erkennen? An nichts sonst?

Er wird in Jeruschalajim einziehen und sich auf den Davidsthron setzen und regieren als ein Vater und Friedensfürst. Kein Haß wird mehr sein und kein Neid, und nicht mehr Armut und Hunger. Die Schwerter werden umgeschmiedet zu Pflugscharen, die Dolche zu Winzermessern. Kein Krieg wird mehr sein. Nie mehr. Das ewige Friedensreich wird anbrechen, und alle Tränen werden getrocknet.

Ich war aufgesprungen, und so laut hatte ich gesprochen, daß meine Mägde gelaufen kamen, um zuzuhören.

Seltsames Mädchen, sagte der Grieche. Glaubst du, was du sagst?
Wie nicht? Dieser Glaube ist Jisraels Glaube, seine Hoffnung, sein Leben.
Ja, aber du selbst, was denkst du? Nimm einmal an, es würde dir einer begegnen, der sagen würde: Ich bin der Messias.
Wer sagt, er sei der Messias, der ist es nicht. Es laufen viele herum heutzutage, die glauben und glauben machen wollen, sie seien der Messias, und jeder findet sein Häuflein gläubiger Narren.
Wie aber erkennt man den wahren Messias? Wird ihn Jisrael erkennen, wenn er kommt?
Ich sagte dir doch: er wird in Jeruschalajim einziehen und auf dem Davidsthron sitzen und das Friedensreich schaffen.
Ja, schon. Aber wie kommt er auf den Thron? Wie schafft er Frieden? Was geht voraus? Vergißt du, daß ihr ein besiegtes und besetztes Volk seid, ein sehr kleines Volk, ein schwaches Volk? Werden die Römer einem Juden gestatten, sich für den jüdischen König auszugeben? Meinst du, denen macht es Eindruck, wenn da einer sagt: Ich bin der Messias, der Gesalbte des Herrn? Lachen werden sie. Sagen werden sie: Sei du ruhig Judenkönig, regiere, aber daheim in deinem Dorf; das Land gehört uns, und ihr habt keinen König außer dem Kaiser in Rom.
Wenn Adonai mit uns ist, werden wir siegen.
Siegen? Du gibst also zu, daß vor dem Sieg ein Kampf sein muß? Wo sind die Kämpfer? Die Zeloten, die räuberischen Aufständischen? Das ist keine Kriegsmacht.

Das ist nichts. Was euch fehlt, das ist ein Anführer, der all diese Gruppen zusammenfaßt, verstehst du?
Ich hörte mich trotzig sagen: Wer weiß, vielleicht ist er schon da.
Ja, wer weiß. Vielleicht bist du ihm schon begegnet und hast ihn nicht erkannt, so wie unser Held Odysseus die Göttin Athene nicht erkannte, wenn sie ihm beisprang in der Not, jedoch in andrer Gestalt: als Knabe, als Hirte, als schönes Mädchen. So erschien sie auch dem Sohn des Odysseus, aber Telemachos sah und merkte nichts von der Göttin, denn nicht allen sichtbar erscheinen die seligen Götter.
Schön sagst du das, bist du ein Dichter?
Das sind meine Worte nicht, das sind die Worte unsres großen Dichters Homer. So könntest auch du dem Messias begegnen.
So könnte es sein. Aber er wird sich nicht gerade mir zeigen, er wird in den Tempel gehen zu den Rabbinen.
Wer weiß, Mirjam. Du hast Augen, die den Blick eines Göttlichen auf sich ziehen können.
Was redest du da.
Ich weiß es selbst nicht. Mir kam es so in den Sinn, daß du ein großes Schicksal haben wirst.
Das war unser letztes Gespräch. Ich dachte eine Weile darüber nach, dann schüttelte ich die Erinnerung ab. Was mich weiter bewegte, das war der Gedanke an den Aufstand. Wäre ich ein Mann, ich ginge zu den Aufständischen. Aber wie findet man sie, wem schließt man sich an? Sie werden keine Frau zulassen. Oder doch: jene gekreuzigten Frauen, die ich einmal sah, sie

waren für ihre Teilnahme an irgendeinem Aufstand bestraft worden. Ich aber saß daheim, war reich, tat nichts. Ein großes Schicksal? Nichts davon: Eine Unnütze, eine Verworfene, eine Schicksalslose war ich.

Wieder einmal schloß ich mein Haus und machte mich auf zu einer Wanderschaft, Geld im Kleidsaum und wenig Gepäck auf meinem Esel. Hatte ich ein Ziel? Ich hatte keines. Mein Weg war mein Ziel. Unruhe trieb mich von Ort zu Ort. Ich war auf der Suche nach meinem Schicksal.

Einmal begegnete mir ein Aussätziger. Ich hörte seine Holzklapper von fern. Er rief zu mir herüber: Wie weit ists denn nach Nazareth?

Weit für einen, der nicht gut zu Fuß ist. Was willst du dort?

Ich suche den Rabbi, der Kranke heilt auf wunderbare Art. Jeschua ist sein Name.

Da gehst du besser nach Kefarnachum, da gibt es einen guten Arzt. Was du brauchst, ist kein Wunderrabbi, sondern heilende Salben. Wunder gibt es nicht.

Die Klapper entfernte sich. Jeschua, der Wunderrabbi von Nazareth. Nun ja. Auch das gibts: Wundergläubige und Heiler. Warum soll nicht auch ich nach Nazareth gehen und diesen Rabbi aufsuchen? Aus Neugier. Aus Langeweile.

Doch dann entschied ich mich anders. Lange schon wollte ich nach Bethania zu meinen Verwandten. Bis nach Qumran war ich gekommen auf der ersten Reise, doch nicht weiter.

Auch dieses Mal sollte ich nicht dorthin gelangen. Wieder kam mir etwas dazwischen.

In einer Herberge traf ich Leute, die nach Enon gingen. Dort war ein Mann, Jochanan mit Namen, ein großer Bußprediger. Die Leute erzählten mir, er verkünde das nahe Ende der Zeit. Große Katastrophen werden kommen, sagte er, Feuer werde vom Himmel fallen, das Meer werde aufrauschen und das Land verschlingen, der größte Teil der Menschheit werde getötet werden. Doch bestehe die Möglichkeit der Rettung: wer sich von der Sünde abkehre und sein Leben ändere ganz und gar, der überlebe die Katastrophe. Aber Buße müsse man tun, und dazu gehöre die Taufe, das große Reinigungsbad. Nur wer rein ist, könne ins Himmelreich eingehen, das der Messias gründen werde, hier und bald.
Das war die Sprache der Essener. Das war der Wahnsinn der Wüstenmönche. Dieser Jochanan war sicher einer von denen aus den Löwenhöhlen, einer, der das Leben und die Liebe haßte, einer der Männerräuber, einer meiner Feinde, über die ich den großen Fluch gesprochen hatte.
Gegen meinen Willen ließ ich mich von den Leuten mitreißen.
So vieles tat ich in jenen Jahren gegen meinen Willen. Als ob einer über mich verfügte und mich hierhin und dorthin zog, als sei hier oder dort das Wichtige, das Eigentliche. Und immer war es nichts. So meinte ich.
Was war denn nun für mich am Jordan zu finden?
Viel Volk. Und der Täufer, vollbärtig, mit verfilztem Haar, und mit nichts bekleidet als mit einem Lendentuch. Und seine Schreie: Tut Buße, das Ende der Zeit naht, das neue Reich bricht an, reinigt euch von euern Sünden!

Die Leute drängten sich um ihn: Zöllner, Hausfrauen, Krämer, Fischer, Fuhrleute. Kein großer Herr, keine Dame von Hof, kein Priester, kein Schriftgelehrter. Keiner der großen Sünder. Nur die kleinen, die von den Großen gezwungen wurden zu sündigen, die beknirschten sich: ein wenig Mundraub, ein wenig Betrug, ein wenig Bestechung, ein wenig Ehebruch, damit das rauhe Leben erträglicher werde. Wie sie sich an den Täufer drängten, als hätten sie Eile, als könnte die Katastrophe vor ihrer Taufe kommen!

Ich verstand die Sache nicht. Man steigt ins Wasser, der Täufer schüttet aus seiner Muschelschale Jordanwasser über das geneigte Haupt, und schon ist man rein. Als ob sich solche Umkehr im Handumdrehen vollzöge. Als ob die äußerliche Reinigung schon auch die innerliche wäre. Als ob all diese Leute von jetzt an Gerechte wären und nie mehr sündigten. Als ob die sündhafte Vergangenheit mit so einem Taufbad abgewaschen wäre. Wie dieser Essener es verstand, ihnen den Schrecken vor der großen Strafkatastrophe einzujagen und einen Augenblick später sie zu trösten und ihnen die Sicherheit der Rettung zu geben. Mit was für einer Vollmacht tat er denn das? Sicher mit jener seines oberen Obersten aus Qumran oder wo auch immer. Welche Anmaßung! Wie man da umsprang mit den Menschen. Wie man sie zu ängstlichen Kindern machte, die um Vergebung bettelten. Widerwärtig war dieses Spiel. Ich wandte mich zum Gehen.

Da fiel mein Blick auf einen, der in der Reihe der Wartenden stand. Der paßte nicht zu den andern. Der war keiner der kleinen ängstlichen Sünder. Was war es, das ihn heraushob aus den andern? Auch dem Täufer fiel er auf: er hielt inne mit Schreien und Taufen und starrte auf den Wartenden, diesen einen unter so vielen, und auf seinem Gesicht war nacheinander Schrecken, zweifelndes Erkennen, Freude und Begeisterung, und plötzlich rief er: Er ist es! Er ist es! Er, der Erwartete, der Ersehnte, der Verheißene!

Es entstand eine tiefe Stille, als der Täufer auf den also Angesprochenen zuging. Ich hörte nicht, was sie redeten, ich sah nur, wie sich ihre Blicke begegneten. Das war ein Einverständnis von alters her. Als ob sie sich lang kannten. Als ob diese Begegnung nicht von ungefähr wäre. Was ging da vor? Der Täufer wollte nicht taufen, er reichte seine Muschelschale dem andern und beugte sein Haupt, um getauft zu werden. Der andre aber bestand darauf, daß der Täufer ihn taufte. Sonderbares Spiel. Schließlich gab der Täufer nach und schüttete das Wasser über den andern. In diesem Augenblick riß ihm etwas das Gesicht nach oben. Er sah etwas, aber was? Da war etwas, das unser aller Blicke hinaufzog, und es war nichts und doch war etwas. Irgendetwas war anwesend, das vorher nicht dagewesen war. Etwas berührte uns.

Sehr flüchtig war das, aber es blieb eine Spur wie in die Luft geritzt. Heute weiß ich, was es war. Damals schüttelte ich den Kopf über mich und diesen Täufer, und ich ärgerte mich, daß ich mich hatte beeindrucken lassen von dieser Szene, und schließlich kehrte sich mein Zorn gegen jenen Mann, von dem der Täufer gesagt hatte: Er ist es.

Wer denn?

Ein abgekartetes Spiel. Zwei Essener spielten es. Sie spielten: der Erwartete, der vom Täufer Angekündigte, ist gekommen, seht, die Vorhersage ist eingetroffen, und so trifft auch die andre ein, die von der nahen Katastrophe.
Meinetwegen. Was gings mich an?
Ich sah noch, wie der Getaufte seinen Mantel umlegte, ihn eng um sich zog und davonging. Einen Augenblick lang fühlte ich mich versucht, ihm nachzulaufen und ihn anzusprechen und ihm sein Geheimnis abzufragen. Aber natürlich: ich tat es nicht. So etwas tut man nicht. So etwas war nicht meine Sache. Ich ging davon, in der andern Richtung, um ganz sicher zu sein, diesen Menschen nicht mehr zu treffen.
An diesem Abend fand ich keine Herberge. Alle waren besetzt von den Jordanpilgern, die auf die Taufe warteten. Ich mußte froh sein, eine Höhle zu finden. Kaum war ich eingeschlafen, weckte mich etwas: Leute kamen in Eile, es mußten viele sein, sie kamen wie stumme Schatten und zogen sich in die Höhlentiefe zurück. Eine Weile später hörte ich Pferdegetrappel und eine Kommandostimme, die Sprache war nicht die unsre, es war römisches Latein. Offenbar haben sie nicht gefunden, was sie suchten, und sie ritten wieder davon. Der Fall war klar: da wurden Menschen verfolgt, und die Verfolgten waren mit mir in dieser Höhle. Ich schob mich näher zu ihnen hin und sagte: Keine Angst, wer ihr auch seid, ich bin alle Male auf eurer Seite, ich bin eine Galiläerin, wer seid ihr?
Bist du allein?
Ganz allein.

Auf der Flucht?

Das nicht. Nur ohne Herberge für diese Nacht. Und ihr?

Verfolgte.

Weshalb?

Weshalb wohl? Was fragst du, wenn du Jüdin bist und Galiläerin? Lebst du etwa gern unter den Römern?

Das sicher nicht.

Und was tust du, um Jisrael von ihnen zu befreien?

Was kann ich tun, ich, eine Frau?

Da traten ein paar Frauen aus dem Schatten. Komm mit uns! Wir sammeln Freunde, Mitkämpfer.

Wie sieht euer Kampf aus?

Wie sieht er aus? Wie jeder Kampf um Befreiung aussieht. Was fragst du? Weißt du denn nichts von allem, was geschieht? Hast du die Kreuze dort drüben gesehen? Bist du eine Jüdin und legst die Hände in den Schoß und wartest auf einen Retter, der dir das Kämpfen abnimmt? Los, Mädchen, geh mit uns. Hier: nimm das, versteck's unterm Gewand!

Kaltes Metall: ein Dolch.

Ein leiser scharfer Befehl, und die Schatten stoben davon. Ich hatte kein Gesicht gesehen. Der Dolch lag in meiner Hand.

Ich wog ab: dort der Täufer mit seinem Bußgeschrei, bekehrt euch, das Ende der Zeit ist nahe, kehrt um; und hier der Dolch und der Befreiungskampf. Dort das Warten auf den Messias, und hier die eigene Tat. Das reinigende Wasser, das reinigende Blut.

Der Morgen kam. Ich sah den Hügel mit den Kreuzen.

Noch hingen die Leichen am Holz. Frauen waren dabei, sie mit dem Bauch zum Pfahl gekehrt. Was für ein Schamgefühl. Ich lachte laut, dann weinte ich. Mein Volk, mein Volk, was tut man dir, wie schändet man dich! Wie jagt man dich! Und keiner, der dich rettet aus dem Elend. Keiner. Wo ist der Ewige, der den Bund mit uns geschlossen hat, den großen, immer gültigen Vertrag? Er bricht ihn! Er, dieses Mal nicht wir. Aber vielleicht ist alles Trug, und diesen Ewigen gibt es nicht. Vielleicht ist es so, wie jener Grieche sagte: wir machen uns Götter, wir machen uns einen Gott. Um unser Elend zu ertragen, erfinden wir uns den Vatergott und den Messias. Kinderglaube, törichter. Schluß damit. Endgültige Absage. Ohrenloser, Augenloser, Ohnmächtiger! so schrie ich in den leeren kalten Morgen hinein. Vater seist du? Du bist keiner. Bei uns seist du? Wo denn? Dein Reich hast du uns verheißen. Wo ist es? Wo ist deine Hilfe? Die Reichen machst du reicher, die Mächtigen mächtiger, die Armen vergißt du und nimmst ihnen auch noch das tägliche Brot. So einer bist du, WENN du bist. Besser für dich und uns, wenn du nicht bist. Höre, wenn du hören kannst: im Namen Jisraels sei dir nie vergeben. Amen.
Das war freilich ein Wahnsinnsgebet: wie konnte ich gegen den wüten, den es nicht geben sollte. Allein es half mir. Eine Fessel fiel ab von mir. Erwachsen fühlte ich mich. Meine eigene Kraft spürte ich und ein hartes Glück. Das Glück der Götterlosen. Den Hochmut der Gottlosen. Den kalten Stolz des freien Menschen. Nennt es ein dämonisches Glück, ein böses Glück. Ihr habt recht. Diesen Dämon konnte keiner überwinden als der Sohn der ewigen Liebe.

Ihr seht, es ist etwas an der Geschichte von der Dämonin. Eine Jüdin, deren Liebe zu ihrem Volk, dem Gottesvolk, sich verkehrt in Haß gegen den, dem sie Vertragsbruch vorzuwerfen hat. Eine Jüdin, die krank wird von Haß und Liebe. Liebe und Haß: das waren zwei Seiten der selben Münze. Mein Blick sah nur mehr die eine. Ich beschloß, mich zu einer der Widerstandsgruppen zu schlagen. Ich würde sie am ehesten im Galil finden. Da waren die Fronten am klarsten. Weiter im Süden, in Judäa, in der Hauptstadt vor allem, da vermischten sie sich. Da gabs zuviele, die mit den Römern paktierten: Priester, Feudalherren, Kaufleute. Lauter Nutznießer, denen es paßte, so wie es war: möge es so bleiben, wir sind die stillen Gewinner.
Im Galil war man arm und aufsässig von jeher. Dorthin also.
Eine Tagreise später kam ich an den See Kineret. Still lag er zwischen den Hügeln diesseits und den Wüstenbergen jenseits. Eine Mondnacht. Weit draußen ein paar Fischerboote. Bisweilen sprang ein Fisch und zeichnete tauchend eine runde Silberspur. Bisweilen ein Rascheln im Schilf. Schön war das. Friede war das und Heimat. Lange saß ich da, ganz eins mit dem Atem der Landschaft, die meine Heimat war.
Plötzlich sprang ein Wind auf, von einem Augenblick zum andern, Südwind, ein Sturm bei fast klarem Himmel, ein wilder Sturm, ohne Warnzeichen aufgekommen. Und die Boote weit draußen, der Wind gegen sie. Am Ufer sammelten sich die Frauen der Fischer, die Alten, die Kinder. Die Boote tanzten und tauchten und kamen nicht an gegen die Wellen, und Hilfe konnte

man ihnen nicht bringen, kein Boot kam durch die scharfe Brandung.
So plötzlich aber, wie der Sturm aufgekommen war, so plötzlich legte er sich. Kein Nachrollen. Stille. Der See spiegelglatt, und die Boote kamen herein, unbeschädigt und mit vollen Netzen. Freudenrufe und Tränen und Umarmungen.
Aus einem der Boote stieg einer, kümmerte sich nicht um Schiff und Ruder, Fische und Fischer, sondern watete ans Ufer, zog seinen Mantel eng um sich und ging davon, allein und sehr einsam. Einer, den niemand erwartete. Einer ohne Familie. Wer war er?
Hatte ich diese Bewegung nicht schon einmal gesehen, dieses Sich-Einschlagen in den Mantel, dieses wortlose Davongehen? Da wußte ich es: es war der vom Jordan. Wer aber war er, dieser Besondere, den man nicht übersehen konnte?
Warum lief ich ihm auch dieses Mal nicht nach?
Ich sah ihn entschwinden zwischen Schilf und Gesträuch. Wohin ging er?
Die Fischer hatten ihre Netze an Land gezogen. Ein guter Fang, heile Netze trotz des Sturms.
Ich sprach einen der Fischer an: Wer war der Mann in deinem Boot?
Welcher?
Der ausstieg und davonging. Ist er einer von euch, ein Fischer?
Der? Wenn du Jeschua meinst, der ist ein Rabbi, kein Fischer.
Du kennst ihn?
Wie denn nicht?

Und du, wer bist du?
Schimon.
Ihr habt ein Glück gehabt, daß ihr heil davongekommen seid.
Glück, sagst du? Glück? Junge Frau, das nennt man nicht Glück.
Wie denn?
Schimon schaute mich schief von unten an. Was weißt denn du, sagte er, du warst ja nicht mit draußen.
Nein, das nicht. Ich hab nur gesehen, wie ihr am Kentern wart und wie der Sturm sich legte.
Ja, wie er sich legte! So wie ein Hund sich seinem Herrn zu Füßen legt, wenns der Herr befiehlt.
Was soll das heißen?
Was fragst du? Siehst du nicht, daß ich zu arbeiten habe?
Ich ließ ihn in Ruhe. Er verbarg mir etwas. Aber was.
Ich fragte einen aus dem zweiten Boot: Sag mir du, was da draußen geschehen ist.
Was denn? Was soll geschehen sein. Wir sind gerettet. Ist das nicht genug?
Ein andrer aber sagte: Wäre der Rabbi nicht bei uns gewesen, wir wären nicht mehr an Land gekommen. Hast du je so einen Sturm erlebt oder wie er sich legte?
O doch, sagte ich, solche Böen gibt es. Sie gehen, wie sie kommen.
Er schaute mich zornig an. So meinst du? fragte er.
Weiter brachte ich nichts heraus. Doch wurde mir klar: sie glaubten, dieser Rabbi habe den Sturm bezwungen. Narren, wundersüchtige. Was für eine Macht sie ihm zuschrieben.

Aber wieso war er, der Rabbi, mit den Fischern ausgefahren? Was hatte er mit ihnen zu tun? Er war kein Fischer und kein Fischersohn: er stammte aus Nazareth, so hatte Schimon gesagt.
Aus Nazareth. Aus Nazareth. Da sprang Erinnerung auf in mir: Der Knabe! Jener! Er ist es. Er mußte es sein. Ich wob die Fäden rasch zum Gespinst: er war zu den Essenern gegangen und von dort wiedergekehrt. Ins Leben war er zurückgekehrt. Er ist es! Und nun war er ein Rabbi und fuhr mit den Fischern aus, mit den Armen. Ein Rabbi, ein Gelehrter, der sich um arme Fischer kümmert.
Sollte er einer der geheimen Aufständischen sein? Aber was hatte er dann mit jenem Bußtäufer gemein? Das stimmte nicht zusammen. Entweder das eine oder das andre.
Aber was?
Unklares machte mich zornig. Was gehts mich an, dachte ich. Was geht mich überhaupt dieser Rabbi an? Der Wunderrabbi, von dem der Aussätzige geredet hatte, war er dies? Das auch noch: ein Wundertäter. Ein Sektierer. Einer der hundert Propheten, die im Land herumziehen. Oder gar einer, der sich für den Messias hält.
Nein, nein, mit dem mochte ich nichts zu tun haben. Ich fühlte nach dem Dolch unterm Gewand. Er war warm geworden auf meinem Fleisch. Das war Handfestes, das war eine klare Entscheidung.
Ehe ich mich auf die Suche nach einer Gruppe Aufständischer machen wollte, ging ich heim nach Magdala und ordnete mein Haus. Ich verschenkte, was ich nicht

brauchte, wie es die Essener machten, derlei lag also in der Luft und erfaßte auch mich, ich verstand es selbst nicht recht. Etwas aber nahm ich mit, obgleich es mir höchst töricht und unbequem schien, gerade dies mitzunehmen: drei kleine Alabasterfläschchen, zugeschmolzen, damit keine Spur des köstlichen Duftes verlorenging: das Salböl für die Könige. Jedes der Fläschchen kostete ein Vermögen. Für alle Fälle, dachte ich; ich kanns einmal verkaufen, das gibt viel Geld für den Aufstand.

Ich sagte niemand etwas von meinem Plan. Ich nahm auch keine der Mägde mit. Zwei entließ ich, reich belohnt, zwei behielt ich, die Tüchtigsten. Haltet das Haus gut, bis ich wiederkomme.

So ging ich also fort, Fläschchen und Dolch unterm Gewand.

Ich streifte umher, und niemand mehr wunderte sich. Man hatte sich an mich gewöhnt wie man sich an Bettler, Aussätzige, Wanderprediger, kleine Propheten gewöhnt. Alles war möglich in unserm Land zu unsrer Zeit.

Eines Tages kam mir in einem Hohlweg eine Gruppe wandernder Männer entgegen. Der Weg war eng, man konnte nur hintereinander gehen. Wer würde ausweichen? Ich, ganz jüdische Frau und ganz Gewohnheit noch immer, trat beiseite, um die Männer vorbeizulassen. Es gehörte sich nicht, fremden Männern offen ins Gesicht zu schauen. Solche Regeln hielt auch ich ein, damals.

Aber da war einer, der mich zwang, die Regel zu durchbrechen: da war ein Blick, der mich traf und erwidert

sein wollte. Was für ein Blick. Mein Herzschlag setzte aus, ich sah eine Art Blitz, und fiel in Ohnmacht.
Dies ist der Kern der Geschichte von der Heilung einer Besessenen, von der Austreibung der sieben oder acht Dämonen.
Als ich zu mir kam, war die Sonne untergegangen. Ich fand mich in einem Laubzelt seitlich des Hohlwegs. Man hatte mich also dorthingetragen und mir ein sicheres Lager bereitet. Neben mir lag ein Brot und ein kleiner Schlauch Wein. Kein Mensch war mehr zu sehen. Mir war sonderbar zumute. Als ich aufstand, fühlte ich mich leicht wie ein Grasbüschel, und ich sah, daß die Erde schön war. Das war es: ich SAH.
Dann schlief ich ein. Ich erwachte staunend und fühlte mich wie von einer langen schweren Krankheit genesen.
ER also. Und wieder war er mir entschwunden.
Wohin?
Sehr weit konnte er nicht gegangen sein in der einen Nacht. Ich täuschte mich: drei Tage und drei Nächte war ich so gelegen im tiefen Schlaf. Doch das sagte mir Jeschua erst viel später. Ich fragte die frühen Arbeiter auf den Feldern und alle Pilger auf der Straße, ob niemand eine Gruppe von Männern gesehen habe. Schließlich waren es zwei Reitersoldaten, die mich stellten. Ich sagte kühn: Ich habe mich verirrt und finde meine Brüder nicht mehr, habt ihr sie gesehen?
Wieviele?
Auf gut Glück sagte ich: Sechs.
Sie dachten wohl: sechs gegen zwei, lassen wir die Frau laufen.

Dorthin sind sie gegangen, die Deinen.
Vermutlich sagten sie das, um irgend etwas zu sagen.
Ich nahms als Zeichen. Dorthin. Die Deinen.
Die Meinen also.
Fortan und für immer die Meinen.
Die Reiter hatten nach Nordosten gezeigt. Die Straße führte wiederum an den See und am See entlang nach Kefarnachum.
Und da traf ich ihn, und dieses Mal fiel die Entscheidung zwischen uns.
Ich sah die kleine Gruppe vom See her kommen und auf das Haus eines Schriftgelehrten zugehen. Es war Mittag, Zeit für die Mahlzeit. Er und die Seinen, bei denen Schimon der Fischer war, traten ins Haus ein. Ich sah ihnen nach, das Tor blieb offen. Wie, wenn ich einträte, uneingeladen, eine Frau, eine Fremde, oder vielleicht erkannt als »die aus Magdala«, »die mit dem bösen Blick«, die Dämonin? Was geschähe? Man wiese mich hinaus. Sicherlich. Und ER? Gleichviel, ich übersprang die Hürde, es mußte sein, die Stunde war da, jetzt, oder aber nie: ich trat ein. Keiner hielt mich zurück. Es wurde nur sehr still im Raum, als hielten alle den Atem an. Als hielte das Schicksal selbst den Atem an. Da stand ich nun vor ihm.
Ich zog eins meiner Alabasterfläschchen heraus und zerschlug es an der Tischplatte. Der Raum füllte sich mit Wohlgeruch. Das Salb-Öl der Könige. Ich goß ein wenig davon auf sein Haar, den Rest über seine Füße. Ich kniete, und blieb knien, und weinte. Tausend Jahre hätte ich so knien wollen. Es war ein seliger Tod. Was da starb, das war mein Erden-Ich. Die Szene hatte die

Männer sprachlos gemacht. Schließlich aber sagte einer etwas, es klang unfreundlich. Ich hörte: Weißt du nicht, wer die da ist, Rabbi?

Jeschua sagte: Weißt du es? Du weißt es nicht. Höre: ein Gläubiger hatte zwei Schuldner. Der eine schuldete ihm fünfzig Denar, der andre fünfhundert. Weder der eine noch der andre waren imstande, die Schuld zurückzuzahlen. Da schenkte der Gläubiger beiden die Schuld. Wer von beiden wird der Dankbarere sein?

Doch wohl der, dem er mehr erlassen hat.

So ist es. Du aber richte nicht, weder in Worten noch Blicken noch Gedanken. Mirjam, (woher kannte er meinen Namen?) steh auf, sieh mich an, trockne deine Tränen. Mit diesen Tränen hast du dich reingewaschen.

Rabbi!

Das war alles, was ich sagen konnte.

Der Gastgeber murrte, peinliche Mißstimmung breitete sich aus. Der Rabbi wartete das Ende des Mahles nicht ab. Im Aufstehen sagte er zum Hausherrn: Hast du mir Wasser gereicht, um meine Füße zu waschen? Hast du mir den Bruderkuß gegeben? Weißt du, wen du eingeladen hast? Sie aber hat mich erkannt.

Er winkte seinen Jüngern und mir, und wir gingen hinaus. Ein Skandal. Einer von vielen, die ich später miterlebte.

Ich stand unschlüssig.

Worauf wartest du? Komm!

Ich kam. Ich blieb. Bis unters Kreuz folgte ich ihm. Bis heute bin ich die Seine.

Die Männer aber, seine Jünger, schauten bestürzt. Eine

Frau unter ihnen? Eine Frau an der Seite des Rabbi, und nicht die Ehefrau? Das ging doch nicht an. Das würde ein schönes Gerede geben. Doch wagten sie nicht aufzubegehren. Sie nahmen mich hin, in der Hoffnung (so sagten sie mir später) ich würde bald der Mühe des Umherziehens überdrüssig. Sie taten, als sei ich nicht da, und ich tat, als sei das Ganze selbstverständlich. Und Jeschua behandelte mich, als kennte er mich von eh und je. In seiner Nähe war ich geborgen. Ein für alle Male. Mühsame Geborgenheit, das wohl, aber eine andre gibt es nicht.

Wir waren zu acht: Schimon, der Fischer, sein Bruder Andreas, das andre Brüderpaar Ja'akov und Jochanan der Ältere, auch sie Fischer, und ein Junger namens Jochanan, der aber war kein Fischer, sondern ein Gebildeter, der im griechischen Ausland studiert hatte, und dann noch einer aus der jüdischen Diaspora, aus der Dekapolis, und er hatte auch einen griechischen Namen: Philippos; auch er kein einfacher Handwerker; und Jeschua und ich.

Es wurde Abend, und keine Herberge kam in Sicht. Die Männer machten sich keine Sorge. Es schien, als überließen sie einfach alles ihrem Rabbi. Er fand schließlich ein leeres Bauernhaus, eines von denen, deren Besitzer man enteignet und vertrieben hatte.

Kannst du kochen? fragte Schimon hoffnungsvoll. Er wollte sagen: Kannst du wenigstens das, wenn du schon sonst nichts als Störung bist.

Nein, kochen, das kann ich nicht. Ich komme aus einem Haus, in dem es dafür Mägde gab.

Alle lachten.

Jeschua sagte: Warum soll sie für uns kochen? Haben wir das nicht immer selbst getan? Ist sie zu uns gekommen, um uns zu bedienen?
Schimon murrte: Etwas muß sie doch auch tun, oder? Wozu ist sie sonst bei uns?
Wozu bist du bei mir, Schimon?
Ja, schon. Aber eine Frau...
Ja, eine Frau. Und jetzt geh und hol Wildkräuter, und ihr, Philippos und Andreas, ihr schuppt die Fische, und Jochanan, du geh und hol Wasser.
So war ich denn zum ersten Mal allein mit ihm. Er schichtete Holz auf an der Feuerstelle. Wie ruhig er sich bewegte, wie geschickt und leicht. Ich saß untätig daneben und schaute ihn an. Er warf mir einen Feuerstein und Holz zu. Kannst du's? fragte er, oder machen das auch deine Mägde?
Ich schämte mich, er aber lachte. Sein Lachen war voll Heiterkeit und Wärme.
Als das Feuer brannte, setzte er sich daneben, schaute in die Flammen und schwieg.
Wer bist du? dachte ich. Wer um alles bist du, Fremder, daß ich hier bei dir sitze, als müsse das so sein? Ich die Einzelgängerin, ich die Männerlose, die Ungezähmte. Und jetzt auf einmal dies. Wie war das denn zugegangen? Es war so hereingebrochen über mich. Wie ein lautloses Gewitter war es. Dieser da, hatte er mich behext? Er hatte etwas an sich, das unnennbar war. Unwiderstehlich war er, doch nahm er einen nicht in Besitz. Er zog an, und hielt Abstand. Etwas war zwischen ihm und allen, das Vertraulichkeit verbot, und doch Nähe erlaubte, ja forderte.

Ich kannte ihn noch nicht, nie kannte ich ihn wirklich, und doch war er mir bekannt seit Ewigkeit. Er aber kannte mich.

Ich hatte kein Wort gesagt, doch er antwortete auf das Ungefragte: Was zerquälst du dir den Kopf, Mirjam? Ich bin, der ich bin. Nie wirst du mehr von mir wissen, als du in diesem Augenblick weißt.

Da kamen die andern zurück, die Fische wurden gebraten, die Wildkräuter gegessen, das Quellwasser getrunken, ein Bauernmahl, ein Fischermahl. Doch fiel mir eines auf: ehe man zu essen begann, nahm der Rabbi den Brotfladen, sprach einen Segen darüber, teilte ihn in acht Teile und gab jedem von uns den Bissen auf die Hand. Eine einfache Geste, doch Bedeutung war darin und Feierlichkeit.

Wie oft erlebte ich dieses Brotbrechen in den folgenden Jahren! Und einmal war es das letzte Mal, und dieses letzte Mal war das Vermächtnis, die große Bindung zwischen ihm und uns.

Ich aß und trank und vergaß, was er mir vorher gesagt hatte. Doch tauchte es mir Tage später wieder auf: Ich bin, der ich bin.

Das konnte heißen: Nimm mich so, wie ich bin. Es konnte aber auch etwas andres heißen, das zu denken ich mir kaum erlaubte. Ich-Bin-Der-Ich-Bin. Ein Name. Einer der Namen des Ewigen. Doch dies, nein, das konnte er nicht gemeint haben. Das doch nicht. So nahm ichs als ein einfaches Wort: Ich bin eben der, der ich bin und ich bin DA, und dieses mein Da-Sein zu erfahren, muß dir genügen.

Schön war dieser erste Abend an der Feuerstätte. Voller

Frieden. Als gäbe es weder Römer noch Aufständische, weder Herren noch Knechte, weder Reiche noch Arme, nicht Männer noch Frauen, nicht Gelehrte noch Ungelehrte, nur Brüder, und nichts als Frieden. Diesen Frieden also hatte der Rabbi zu bieten.

Für diesen einen Abend war das Friedensreich Wirklichkeit. Wir schliefen im Stall auf Heu und Stroh, bis uns die Morgenkälte weckte. Dann brachen wir auf. Ich fragte nicht, wohin wir gehen würden. Ich ging. Das Mit-ihm-Gehen war die Erfüllung.

An einer Wegbiegung warf ich meinen Dolch ins Gebüsch. Jeschua wandte sich um. Hatte er denn gesehen, was ich tat? Er sagte: Gut so.

Da fuhr mir der Schrecken durch Mark und Bein. Wußte der denn alles? War nichts zu verbergen vor ihm?

Unheimlicher du, dachte ich, hast du mich doch behext? Ein Hellseher, ein Hellhörer bist du auf jeden Fall. Ein Ungewöhnlicher. Einer zum Fürchten, nicht nur zum Lieben.

Am nächsten Tag, an der Grenze zwischen Galil und Samaria, trafen wir an der Zollstelle einen Zöllner. Er fertigte eben einen Wagen ab, der hochbeladen und gut bedeckt war. Was da geladen war, konnte man nicht sehen. Die Abfertigung ging rasch vor sich: der Wagenlenker zeigte ein Stück Pergament, der Zöllner warf einen Blick darauf, dann öffnete er den Schlagbaum und ließ den Wagen passieren. Dann spuckte er ihm nach und fluchte. Ich erkannte den Fluchpsalm: »Umherirren sollen seine Kinder und betteln gehen, vertrieben aus ihren Trümmerstätten ... Schon im nächsten Geschlecht erlöschen ihre Namen. Denn er haßte die Armen und Elenden...«

Dann sah er uns und schwieg. Es gab viele Spitzel im Land, und schnell war man angezeigt. Ein Unzufriedener war immer auch ein Rebell und mutmaßlicher Freund der Befreiungskämpfer.

Jeschua sagte: Wem fluchst du, Freund?

Der Zöllner sagte: Ich habe gebetet, das ist doch wohl erlaubt, oder?

Jeschua sagte: Kennst du nicht auch die Rede: Mein ist die Rache, spricht der Herr?

Der Zöllner schaute uns mißtrauisch an. Dann sah er unsre billigen Kleider und unsre alten Sandalen und die langen Haare der Männer, und er machte sich ein Bild von uns, dann sagte er: Der Herr, der Herr, ich kenne nur Herren, viele Herren, und die gehen alle straflos aus, denn über ihnen ist kein Herr. Habt ihr den Wagen gesehen? Zollfreies Gut für die Priester in Jeruschalajim. Ein Stempel, ein Siegel, und schon sind sie durch. Ich bin hier, um zu kontrollieren und Zoll zu verlangen. Verlang mal Zoll von denen, versuch mal, sie zu kontrollieren! Ich habs versucht, und das war die Antwort, seht her.

Er zeigte uns die Striemen auf seinem Rücken.

Aber Geld muß ich abliefern. Von wem soll ichs nehmen, wenn die Herren nicht zahlen? Von denen, die keine Herren sind: von den Bauern. Die müssen zahlen. Ich halt sie auf und nehme ihnen das Zollgeld ab. Ich, der ich selber ein Bauer war.

Und warum bist du keiner mehr?

Da fragst du? Mein Hof stach einem der Minister des

Herodes in die Augen. Er schickte einen Beamten zur Kontrolle. Du wirtschaftest miserabel, sagt er. Ja, sag ich, und warum wirtschafte ich miserabel? Weil ich hohe Steuern zahlen muß. Aber, sagt er, du zahlst sie ja nicht in voller Höhe. Ja, sag ich, eben: ich zahl sie nicht, weil ich sie nicht zahlen kann, weil sie so hoch sind, daß ich den Hof nicht mehr richtig bewirtschaften kann. Er sagt: Siehst du, du gibst es zu, daß du schlecht wirtschaftest; wir setzen einen Pächter ein, ders besser macht; du kannst bleiben, als Knecht. Ich fahr' auf: Als Knecht, ich, ein freier Bauer! Er sagt: Niemand zwingt dich zu bleiben, du kannst gehen. Ich ging zum Richter: darf das sein, was man da mit mir tut? Er sagt: Was sein darf und was nicht sein darf, bestimmt die Obrigkeit. Ich sag: Und wer bestimmt, was die Obrigkeit bestimmen darf und was nicht? Wer erlaubt dem Tetrarchen Herodes, uns auszubeuten? Glaubst du, wir wissen nicht, woher die jährlich zwölftausend Talente kommen, von denen sein Hof lebt, dieser Hurenhof? Er sagt: So einer bist du! Du kannst von Glück sagen, daß ich dich nicht anzeige wegen Rebellion, es gibt genug Pfähle für solche wie dich. Ja, was sollte ich tun? Ich ging. Froh muß ich sein, daß ich die Stelle hier bekam.

Verfluchte Hunde, sagte Schimon und faßte nach dem Dolch, den er unterm Gewand trug für alle Fälle, und den er nie zog außer dem einen Mal, zur Unzeit, zur Ungelegenheit, bei der Verhaftung Jeschuas.

Jeschua sagte nichts. Er zeichnete mit dem Finger im Sand, wie er es oft tat, wenn er schweigend zuhörte.

Schließlich sagte er: Hast du etwas dagegen, Freund, wenn wir uns zu dir setzen und etwas essen?

Wir aßen Fladen und Oliven und Zwiebeln und teilten alles mit dem Zöllner, und er brachte Wasser aus einer Zisterne. Mittendrin kam wieder ein Gefährt, hochbeladen und versiegelt. Wieder ein Pergament mit einem Stempel, und wieder öffnete der Zöllner den Schlagbaum. Ich sah, wie ihm vom Wagen herab etwas in die Hand gedrückt wurde.
Jeschua sagte: Und du, Freund, sitzest hier und dienst den Ungerechten und nimmst Bestechungsgelder, wie alle.
Wie alle, sagte der Zöllner, so ist es. Wie alle.
Jeschua sagte: Zeig mir eine der Münzen, die du im Säckel hast. Wessen Bild ist das?
Des römischen Kaisers.
Brennt die Münze nicht in deiner Hand? Siehst du nicht, daß Blut an ihr klebt? Wasch deine Hände rein, Freund!
Wie denn?
Komm mit uns.
Und was tun?
Den Frieden vorbereiten.
Jetzt wurde der Zöllner neugierig. Er glaubte zu verstehen: Ihr seid also von denen, die gegen die Ungerechtigkeit sind?
Wir sind für Gerechtigkeit und Freiheit, sagte Jeschua.
Gehört ihr zu einer größeren Gruppe? fragte der Zöllner.
Jeschua sagte: Wir sind eine kleine Herde, doch sind wir wie das Senfkorn, es ist winzig, aber wenn es aufwächst, ist es ein Baum, in dessen Zweigen viele Vögel Schutz finden.

Aha, sagte der Zöllner, so hoch hinaus wollt ihr.
So hoch hinaus, sagte Jeschua.
Du gefällst mir, sagte der Zöllner, du hast etwas an dir, was einem Mut gibt. Ich habe Lust dir zu folgen. Aber du weißt nicht, wer ich bin. Ich sag dir frei heraus: nachdem ich vom Hof vertrieben worden war, wurde ich Straßenräuber auf eigene Faust und für die eigene Tasche. Dann traf ich auf andre, solche wie mich. Wir schlossen uns zusammen und überfielen Karawanen an der Grenze oben. Aber gemeine Räuber waren wir nicht. Wir hatten ein Ziel. Eine Weile schlossen wir uns den Zeloten an. Aber als viele von ihnen gefangen und gekreuzigt wurden, machte ich Schluß damit. Dann war ich einer ohne feste Gruppe, aber ich gehörte doch wohin. Ich war ein Am-ha-arez. Weißt du etwas von uns?
Jeschua blickte auf: Bist du ein Galiläer?
So ist es, Freund, und ein Am-ha-arez. Einer von denen, die beschnitten sind und doch nicht mehr nach der Thora leben, und warum nicht? Weil die Thora ein Gesetz aus Buchstaben ist, ein dürrer Baum, ein toter. Schau die an, die nach den Buchstaben leben! Schau sie an, die Schriftgelehrten und Priester, die Heuchler, die Unterdrücker des Volkes. War das Gesetz so gemeint? Was schrieb Mosche auf die Tafeln? Du sollst den Höchsten lieben und den Nächsten wie dich selbst. Das ist das Gesetz, und das lebt. Ich bin Galiläer, ja, das bin ich, und stolz darauf, daß ich zu einem Volk gehöre, das den, der anders denkt, in Frieden leben läßt. In einem Völkergemisch, wie wir es sind, da lernt man, daß es nicht nur eine einzige Religion gibt.

Schimon sagte: Für einen Räuber redest du weise.
Ha, du, sagte der Zöllner, du bist ja auch ein Galiläer, ich hörs an deiner Aussprache. Sag, hab ich nicht recht mit meiner Ansicht vom wahren Gesetz?
Jeschua sagte: Freund, wie kannst du Zöllner sein im Dienste derer, die das höchste Gesetz nicht halten?
Da stand der Zöllner auf und ging ins Haus. Als er wieder herauskam, sagte Jeschua: So nicht, mein Lieber.
Wir verstanden nicht, was er damit meinte. Der Zöllner aber verstand ihn. Er zog den Beutel, den er eingesteckt hatte, wieder heraus.
Da, nimm du ihn! sagte er zu Jeschua, doch der sagte: Leg ihn dorthin!
Der Zöllner legte ihn auf die Bank.
Jetzt komm, Matthaios! sagte Jeschua.
Der Zöllner öffnete den Schlagbaum, ließ uns durch und schloß die Schranke hinter uns. Der Schlußstrich.
Ich schaute Jeschua an: wie hatte er das gemacht, daß dieser Mensch ihm einfach folgte? War da doch eine Art Verhexung mit im Spiel? Über was für eine Macht verfügte er denn, daß er einen ansah, und schon verließ man Arbeitsplatz und Familie, Besitz und Haus und Fischerboot und sicheres Brot, um ihm zu folgen, blindlings. Wohin denn? Gabs denn ein Ziel? Gabs einen Vorteil, irgendeine Art von Gewinn? Wars denn ein leichtes Leben, das man an seiner Seite führte? Wars der Gedanke an das Zeiten-Ende, wars die Rettung, was er einem versprach wie es jener Essener-Täufer tat? So nicht. Der Gewinn, das war ER. Mein Gewinn jedenfalls.

Matthaios, der Zöllner, machte sich seine eigenen Gedanken. Ich beobachtete ihn oft, wie er Jeschua ansah, und seine Frage, die Frage aller Fragen, nicht über die Lippen brachte. Aber mich fragte er einmal im Geheimen: Was denkst du über ihn? Ist er vielleicht . . .

Wer denn, was denn?

Der Messias!

Da war es heraußen.

Was sollte ich ihm antworten? Ich sagte: Warum sollte er der Messias sein? Ist der Messias nicht ein Kriegsheld, ein königlicher, oder ein Priester? Und unser Rabbi: ist er ein solcher?

Matthaios war ein hartnäckiger Frager. Vielleicht, so sagte er, weiß mans nur noch nicht, und eines Tages wird er es offenbaren.

So warte! sagte ich und wandte mich ab und war verwirrt, denn natürlich: auch mir tauchte die Frage immer wieder einmal auf, wenn auch nicht dringend.

Ein anderer war ganz sicher, daß der Rabbi, wenn schon nicht genau der verheißene Messias, so doch der Retter Jisraels sei. Das war Jehuda, der eines Tages zu uns stieß. Der einzige, der aus dem Süden kam, aus der Stadt Karioth in Judäa. Ein kluger Kopf, doch finster. Er redete wenig, aber sah und hörte alles. Er lachte nie und schlief wenig. Immer war er neben dem Rabbi, wie ein Wachhund war er, sprungbereit. Er entfernte sich nur, um Nachrichten einzuholen. Er wurde zum Kurier: täglich brachte er Berichte von Verhaftungen, Enteignungen, Foltern und Kreuzigungen; er notierte die steigende Höhe der Preise und der Steuern, der Dreifachsteuern: an die Priester, die Römer, den einheimischen

Hof, er schilderte das Elend der Armen und das Luxusleben der Oberen, und schaute dabei mit glühenden Augen auf Jeschua.
Er war ein Aufstörer. Jeschua verwies es ihm nie, er hörte ihm schweigend und unbewegt zu. Jochanan mochte ihn nicht. Schimon fürchtete ihn. Für die andern war er der Nachrichtenbringer und der Geldverwalter. In dieses Amt hatte er sich selbst eingesetzt. Ihr müßt doch wissen, wieviel ihr im Beutel habt; so blindlings drauflos zu leben, das geht nicht.
Jeschua sagte: Wenn du das Geld mit den Armen teilst, so mag ich dirs hingehen lassen, aber gib acht, daß du dein Herz nicht mit in den Beutel bindest!
Jochanan schrieb später über Jehuda, er sei ein Dieb gewesen. Gehässige Rede und nicht wahr. Schlimm, daß sie selbst unter uns vorkam. Wahr ist, daß Jehuda nicht einen, sondern zwei Beutel hatte und daß er in den zweiten das Geld tat, das wir nicht unbedingt brauchten. Wozu sollte es dienen? Nicht ihm. Keinen Denar nahm er für sich. Er sammelte und hortete das Geld für den Aufstand gegen die Römer, und der mußte kommen, und Jeschua würde ihn anführen. Jehuda sagte das nicht so rund heraus, doch es wurde immer deutlicher, daß er es so meinte. Armer Jehuda. Verzweifelter Revolutionär. Als er endlich einsah, daß Jeschua nicht war, wofür er ihn halten wollte, ging er hin und erhängte sich an einem Baum. Dunkler Zwillingsbruder Jeschuas: sie starben beide am selben Tag, beide am Holz, beide den Erstickungstod; beider Namen verbunden in alle Ewigkeit. Jeschua das Licht, Jehuda sein Erdenschatten.

Einmal kam eine Abordnung von Schriftgelehrten zu Jeschua, um ihn dies und das zu fragen, und wollten doch nur eines wissen: ob er denn der Verheißene sei. Jeschua zog seinen Mantel eng um sich und schwieg.
Kaum waren sie weggegangen, rief Schimon in einem Anfall göttlicher Begeisterung: Du bist kein Mensch, du bist der Sohn des Ewigen.
Jeschua sagte: Was redest du da? Wer hat dir derlei gesagt? Warum soll ich kein Mensch sein, Schimon? Höre: ich bin Menschensohn. Verstehst du das?
Später redeten wir untereinander: was hat Schimon gemeint? Wollte er sagen, der Rabbi sei der Messias? Oder was? Er wußte nachher selbst nicht mehr, was ihn da überkommen hatte. Und der Rabbi: er hatte nicht ja, nicht nein gesagt, und er erklärte sich nicht.
So blieb denn alles in der Schwebe. Mir war es nicht wichtig. Ich habe immer nur eines gewußt: Er war Er. Und ich wußte, was er mir war: Alles.
Viel ist später gestritten worden darüber, ob Jeschua der Messias war oder nicht, und ob er selbst seinen hohen Rang behauptet und sich gar Gott genannt habe. Gefährliche Worte. Er hat sie nie gesprochen.
Was alles ist ihm in den Mund gelegt worden von unsern Brüdern und Freunden und spätern Gefährten, die lang nach seinem Tod aus der Fülle gemeinsam gehorteter und langsam verblassender, sich überschneidender und widersprechender Erinnerungen auswählten, was ihnen wichtig schien und geeignet, eine Lehre daraus zu formen und den Glauben der Hörer zu sichern. Predigten schrieben sie, nicht Geschichte. Nur einer, Jochanan, schrieb das Eigentliche auf, doch war er ein Adler, der in

großer Höhe flog, von Zeit zu Zeit niederschoß, im Stoßflug ein Stück Geschichte packte und damit wieder hochstieg, mehr Geheimnis verbreitend als einfache Klärung. Vieles hat man gestrichen, verbessert, geschönt, eingefügt, zusammengereimt, einem mittleren jüdischen und einem heidnischen Volksverstand angepaßt, auch von einer Sprache in die andre übersetzt und andrerseits Unzumutbares zu glauben verlangt, zu viele Wunder als Beweise seiner Göttlichkeit um die reine Lehre gehäuft, sodaß Jeschua schier zum morgenländischen Magier wurde und seine schlichte Lehre zur Märchen- und Legendensammlung.
Nicht als hätten die Berichterstatter geschwindelt zum Preise ihres Meisters, das nicht, es lag ihnen alles an der Wahrheit, doch hatten sie wundersüchtige Augen und Ohren und hielten es für angebracht, ihrem geliebten Meister einige Züge aus Helden- und Göttersagen zu verleihen, während doch sein einziges und eigentliches Heldentum darin lag, daß er kein Held sein und keine Taten des Herakles tun wollte, sondern einzig die Heldentat vollkommener Gewaltlosigkeit leistete. Die größte aller Heldentaten.
Vieles haben sie nicht aufgeschrieben, was aufzuschreiben wichtig gewesen wäre: jene Nachtgespräche zwischen Jeschua, Jochanan und mir, wenn Jeschua nicht in Geschichten und Gleichnissen redete, sondern große Geheimnisse offenbarte. Sie haben aber auch nichts aufgeschrieben von den Gesprächen zwischen Jehuda und Jeschua, in denen es zuletzt, im Jahr des Todes beider, klipp und klar und hart auf hart ums Politische ging: um die Befreiung Jisraels aus Römerheidenhand

und um die Frage der Gewalt. Wie haben sie Jehuda verzeichnet im Zorn, wie haben sie ihn zum gemeinen Verbrecher gemacht, der den Meister um Geld verriet. Böses, törichtes Gerede. Jehuda, der seinen Namen stolz trug wie eine Fahne: Jehuda der Makkabäer, einer seiner Ahnen. Ich habe ihn immer verstanden. Er war ein glühender Patriot und ein so leidenschaftlich Liebender wie kein andrer von uns.
Dies und vieles andre muß ich zurechtrücken, und ich kann es, denn ich bin das lebendige Gedächtnis. Nichts ging mir verloren, denn ich habe nichts als meine Erinnerungen. Frisch und klar sind sie geblieben. Nichts zerstreut mich mehr. Doch gibt es Tage, an denen meine gesammelte Stille zerreißt: immer dann, wenn mich Nachrichten ereilen aus meiner Heimat; wenn ich höre, was aus der reinen Lehre Jeschuas wurde und wie nicht unsre Feinde, sondern unsre Freunde sich ihrer bemächtigen und sie benutzen, in guter Absicht oder als Vorwand zu diesem und jenem Zweck, der unendlich weitab liegt vom Eigentlich-Gemeinten. Dann schreie ich, daß die Fledermäuse aus der Höhle stieben im wirren Flug, und Schafe, Hunde und Hirt fliehen im immer neuen Schrecken. Dann bleiben Brot und Käse und Milch tagelang unberührt, bis ich mich wieder in den Schicksalslauf füge.
Schwer fiel mir das. Schwer fällt es mir noch heute zu denken, wie groß es begonnen hatte damals, als wir, sieben Wochen nach Jeschuas Tod, verschreckt wie gejagte Hasen, uns versteckt hielten, immer gegenwärtig, als Anhänger eines politischen Verbrechers verhaftet zu werden, und wie wir schließlich die erste größere Zu-

sammenkunft wagten, in jenem Saal, in dem wir das Abschiedsmahl gefeiert hatten, Jeschua mit uns, und in dem wir nun saßen, ohne ihn, und daran verzweifelten, unsre Sache, seine Sache, weiterführen zu können und ob wir es überhaupt sollten und ob wir nicht besser in die alte Tradition uns wieder einfügten, und als dann Schimon wieder einmal den richtigen Einfall hatte: den Ewigen um Rat anzuflehen, und als er den Davidpsalm anstimmte: »Wenn der Ewige sich erhebt, zerstieben seine Feinde, seine Gegner fliehen vor ihm, dem Vater der Waisen und Anwalt der Witwen, er, der Höchste, der Flüchtlinge zurückführt in die Heimat und Gefangene in die Freiheit; zeig auch uns deine Macht, Adonai! Befreie die Bedrängten, die keine Helfer sonst haben . . .«
An dieser Stelle versagte ihm die Stimme, Tränen liefen ihm übers Gesicht, und dann weinten wir alle, wie unsre Vorväter geweint hatten an den Flüssen Babylons.
Plötzlich aber geschah etwas: ein Windstoß fuhr über uns hin, als habe jemand Fenster und Türen geöffnet, sie waren aber dicht geschlossen und verriegelt, und sie blieben es auch, und es war, als habe jener Windstoß Schwärme von goldenen Bienen oder Feuerfunken eingelassen; es brauste um uns, und dann sprang Schimon, unser ängstlicher feiger Schimon, auf, lief zur Tür, stieß die Riegel zurück, trat auf die Schwelle, breitete die Arme aus und rief laut: Ihr Bürger von Jeruschalajim, hört meine Worte, hört was ich euch verkündige, ich, der Zeuge war, Mitzeuge dessen, was geschah in dieser Stadt vor wenigen Wochen: der, den man getötet hat, Jeschua, Rabbi aus Nazareth, er lebt! Aufgestanden ist

er vom Tod! Wir haben ihn gesehen, viele Male und an verschiedenen Orten, er ist mit uns gewandert, er hat mit uns gesprochen, er hat gegessen und getrunken mit uns, wir haben seine vernarbten Wunden berührt, und er hat uns verheißen, den Geist zu senden, der uns die Kraft gibt, die Wahrheit zu verkünden und nichts zu fürchten, nicht Kerker, nicht Tod. Daß er wirklich starb und wirklich auferstand von den Toten, das ist das Zeichen dafür, daß der Tod überwunden ist, da er kein Schrecken mehr ist für uns, seit wir wissen, daß auch wir vom Tod auferstehen werden. Habt auch ihr keine Angst mehr! Auch ihr seid dazu bestimmt, ewig zu leben mit ihm!

Viel Volk versammelte sich.

Ein Betrunkener! Ein Wahnsinniger! Das ist Störung der öffentlichen Ordnung! Fängt das jetzt wieder an mit diesem Gerede vom Auferstandenen! Die geben doch keine Ruhe, bis sie umgebracht werden wie ihr verrückter Rabbi.

Andre aber sagten: Seht, wie dieser Mann auftritt ganz ohne Furcht. Als hätte er eine Vollmacht. Was ist denn an dieser Lehre, daß sie einen so mutig macht? Die da wissen etwas, was wir nicht wissen. Was ist es, das sie so sicher macht und voller Freude in einer Zeit der Verwirrung und Angst und Trauer? Laßt es uns doch erfragen, damit auch wir so mutig werden wie sie!

Schimons Rede: das ausgeworfene Fischnetz. Hunderte von Fischen brachte sie uns ein. Wir gingen in die Stadt und sprachen an freien Plätzen, in allen Sprachen und Dialekten, die wir kannten, redeten wir, einige von uns gingen sogar in den Tempel, und niemand wies uns

hinaus, niemand verbot uns die freie Rede. Als seien wir unantastbar geworden.
Und dann: was für ein Aufbruch! Was für eine Erstlingsliebe! Jetzt gab es nichts mehr zu fürchten und zu zweifeln, jetzt war das Friedensreich angebrochen, jetzt war die verheißene Zukunft Gegenwart geworden. Viele der Neubekehrten verteilten ihren Besitz, alles gehörte allen, Familien schlossen sich zusammen, um gemeinsam in freiwilliger Armut zu leben, und sie nahmen Alte und Kranke und Verwaiste zu sich, und täglich kamen wir zusammen um gemeinsam zu beten und das Erinnerungsmahl zu halten. Und niemand verfolgte uns. Wer auch konnte einem Frühlingssturm Einhalt gebieten, wer das Geistfeuer löschen!? Aber als zu viele sich uns anschlossen auch von außerhalb und als nicht mehr zu unterscheiden war, wer zu uns und wer zu politischen Gruppen gehörte, da ließ man Schimon und Jochanan verhaften und verhören. Und da war es dann nicht Jochanan, der Redegewandte, sondern Schimon, dem die Zunge ein für alle Male gelöst war.
Ihr mögt uns verbieten zu sprechen. Tut es! Wir aber werden reden, immer wieder, denn es ist uns unmöglich, euch mehr zu gehorchen als dem, der unser Meister ist und der uns den Auftrag gab, öffentlich zu bezeugen, was wir erlebt haben: Tod und Auferstehung des Rabbi Jeschua. Und wenn ihr uns zum Schweigen bringt, indem ihr uns tötet, dann werden tausend andere die Wahrheit in die Welt hinausrufen.
Einer der Ratsherrn, Gamaliel, gab einen klugen Rat: Laßt sie frei, sie reden ja nichts gegen die Obrigkeit und gegen die Ordnung. Ist ihre Rede wahr, so vermögen

wir nichts gegen sie, denn dann beschützt sie der Vater der Wahrheit. Ist sie aber Lügengeschwätz, so verschwindet sie, wie viele andre schon verschwanden.
Aber Warnung durch Strafe muß sein, sagten andre.
So beschloß man denn, sie zu geißeln.
Ich sah sie zurückkommen, hinkend und mit blauroten Striemen, die sie uns zeigten voller Stolz und trunken von Glück, daß sie gegeißelt worden waren wie der Meister. Am nächsten Tag predigten sie wieder. Man ließ sie zunächst gewähren.
Als aber Schimon, in heiligem Übermut blind vertrauend auf das Wort des Rabbi: »Was ich kann, könnt ihr auch«, einen Gelähmten heilte und auch noch einige andre Krankheiten, da wurde es dem Hohen Rat denn doch zu viel, und man verhaftete die beiden, die als die Rädelsführer galten, von neuem.
Ihr heilt Kranke. In wessen Namen? Sprecht die Wahrheit; ihr steht vor Gericht.
Diese Frage habt ihr unserm Rabbi gestellt, und ihr wißt seine Antwort, es ist auch die unsre.
Gegen diese Rede war nichts einzuwenden und auch nichts gegen das Heilen, aber man ließ die beiden vorsorglich einsperren, bis man genaue Erkundigungen eingezogen haben würde. Aber schon in der Nacht darauf wurden sie aus dem Kerker befreit, durch einen Engel, wie Schimon sagte; durch eine Lichtgestalt, wie Jochanan sagte; durch einen Mann, der eine Fackel trug und wie eine Standesperson aussah und sich so benahm, als habe er eine Vollmacht, wie der Kerkerwächter sagte.
Diese seltsame Befreiung, von den einen für ein Wun-

der gehalten, von den andern für ein Zeichen, daß wir mächtige Freunde hatten, brachte uns einige neue Feinde und viele neue Anhänger. Alles in allem lief unsre Sache schön weiter.

Warum nur vermochte ich mich nicht so schrankenlos zu freuen wie die andern? Mir wuchs das Senfkorn zu rasch auf. Bäume, die zu schnell in die Höhe schießen, sind weich im Holz. Und wie kurz war es her, daß das Volk schrie: Kreuzigt ihn, den Verbrecher! Und wie kurz vorher hatte es gerufen: Hoschiana! Jedoch meine Sorge schien in den Wind geworfen. Alles ging gut weiter. Eine ganze Weile.

Damals war es, daß jener Ratsherr Gamaliel, der zugunsten der beiden Angeklagten gesprochen hatte, zu mir kam als der Vorsteherin einer der Gruppen, die wir Gemeinden nannten. Ich schien ihm zuständig für seine Fragen, und er kam auch gleich zur Sache: Du warst die Gefährtin des Rabbi Jeschua und bist gewiß eingeweiht in seine Lehre, und du hast ihn selbst aus der Nähe erlebt. Sag mir: wer war er?

Das weißt du doch.

Du verstehst mich; warum antwortest du mir nicht auf meine Frage?

Was soll ich dir sagen: er war ein Mensch, wie es ihn nur einmal geben kann auf unsrer Erde.

Es gab schon viele Große auf dieser Erde, große Propheten, große Heilige auch. Was war denn Besonderes an euerm Rabbi?

Das Besondere an ihm war, daß du kommst und mich fragst, was denn Besonderes an ihm war. Warum willst du das wissen?

Ich schlafe seinetwegen seit vielen Nächten schlecht.
Das Besondere, war nicht AN ihm, sondern ER war das Besondere, und man selbst wurde neben ihm anders und besonders und sah die Welt besonders.
Sag es genauer.
Genauer? Ich kann es dir nur anders sagen: Er war das fleischgewordene Wort von der ewigen Liebe.
So sagst du. Aber wie paßt dazu, daß er uns verfluchte? »Mein Blut komme über euch und eure Kinder.« Ist das Liebe, die so spricht?
Nie hat er das gesagt! Das hat euer schwarzes Gewissen gehört. Das habt ihr erfunden, oder aber einer der Unsern, ein schlechter Berichter, der Jeschua nicht verstand.
Wenn ich dir glaube, Mirjam, und wenn dies nicht wahr ist, so ist vielleicht auch das andre nicht wahr: daß er am Kreuz gesagt habe, er verzeihe allen, die schuld sind an seinem Tod.
So stimmt es nicht: Vater, verzeih ihnen, so hat er gesagt. Aber auch er selbst hat verziehen. Sein Sterben war ein einziges Verzeihen.
Da bedeckte Gamaliel sein Gesicht und ging gebückt davon.
Jedoch: viele im Hohen Rat fürchteten sich. Dieser Gekreuzigte, den und dessen Sache man ein für alle Male erledigt glaubte, erwies sich als höchst gefährlich lebendig, und einige sagten: Das haben wir falsch gemacht, sein Tod macht ihn zum großen Märtyrer; und jetzt, ihr seht es, dichten sie schon Legenden um ihn und machen ihn zu einer Art Gott und uns zum Mörder ihres Gottes, das kommt uns noch teuer zu stehen. Seht nur

diesen jungen Stephanos, wie der auftritt, er, ein Schüler Gamaliels, wer konnte auch nur im Traum glauben, daß er überlaufe zu diesem Galiläer. Habt ihr gehört, wie Stephanos sagte, der Rabbi Jeschua könne, wiewohl schon tot, den Tempel in drei Tagen wieder aufbauen! Unerhörte Rede. Haben wir sie nicht schon von diesem Nazarener selbst gehört? Den Tempel zerstören, was heißt das anderes, als die jüdische Tradition zerstören und Neues einführen. Und das glauben seine Anhänger, gefährliche Narren wie er selbst einer war. So läuft diese Sache also weiter. Was tun?

Man verhaftete den Stephanos und verhörte ihn. Seine Verteidigungsrede war ein Meisterwerk, sie verriet die Schule Gamaliels. Die Rede: ein Rückblick auf die Geschichte Jisraels bis zum Bau des davidischen Tempels. Vorher, sagte Stephanos, habe der Ewige ganz ohne Tempel mit seinem Volk gelebt, denn, so steht geschrieben, der Ewige sagte: Der Himmel ist mein Thron, die Erde der Schemel meiner Füße. Und er habe sein Volk gefragt: Welches Haus wollt ihr mir bauen mit Menschenhänden? War es nicht meine Hand, die alles gemacht hat? Also wohnt der Ewige nicht im Tempel, sondern im Geist, und der Ewige hat den Tempelbau nur erlaubt, um dem König Salomon willfährig zu sein, und nicht um sich eine Wohnstatt zu bauen. Sein Ort ist überall und immer. Ihr aber denkt an Steine statt an Geist.

Da stießen sie ihn aus der Stadt, und obgleich Gamaliel seinen Schüler verteidigen wollte, wurde Stephanos gesteinigt.

Wer dabei zuschaute, das war Saulus. Schwer fällt es

mir, über ihn zu reden. Ich will es hinauszögern, solange es geht. Vermeiden kann ich es nicht, denn er ist nicht wegzudenken aus unsrer Geschichte, der jüdischen und der »christlichen«, wie man unsre Bewegung später nannte.

Lieber spreche ich über Jochanan, der Jeschuas und mein Freund war. Seine und meine Gespräche waren Adlerflüge, wenn wir über Jeschuas Lehre redeten. Wir nannten diese Gespräche Denkspiele, doch waren sie viel mehr als das, nämlich unser Ringen um das Verständnis dessen, was Jeschua VATER nannte und was doch kein Vater war, wie Zeus Vater war, sondern reiner Geist. Für Jochanan, griechisch gebildet und griechisch denkend, war es schwer, seine Philosophie in Einklang zu bringen mit unsern jüdischen Vorstellungen vom Höchsten.

Für uns Juden war der Gott, wiewohl ungreifbar und unsichtbar und unendlich erhaben, dennoch nach Menschenmaß gemacht: er liebte und zürnte, belohnte, bestrafte, nahm und schenkte, erteilte Befehle, machte Verträge, schloß den Bund mit seinem Volk. Fast juristisch gings da zu: ich biete euch meine Treue und Hilfe, ihr gehorcht den Geboten, die ich euch durch Mosche gab. Er war UNSER Gott. Ein jüdischer Gott. Zuerst ein Stammesgott der Ur-Einheimischen, dann, mit wachsender Erkenntnis der Weisen unsres Volkes, der Ein-Einzige, unfaßlich groß und dennoch eine Person, die man mit DU ansprach und mit der man reden, streiten, markten konnte. Ein unendlich Ferner und ein ganz Naher. Beides in Einem. Mit seinem richtigen Namen durften wir ihn nicht nennen. Er hatte viele Namen. Sie waren Namen für seine Eigenschaften, nicht für ihn.

Gleichviel: er war DA, er war unser Vertragspartner, und er war unser Vater. Der Vater aller Väter und Urväter. Der über alles Maß mächtige Patriarch. Anders als so konnten wir ihn uns nicht vorstellen, denn wir lebten seit tausend Jahren unter der Herrschaft der Väter.

Nun aber Jochanan, er übersprang kühn das Nur-Jüdische.

Viele Gespräche hatten wir darüber, Zwiegespräche in der Nacht, zeugenlos, selbst erschrocken über unsre Gedanken.

Gott ist Geist, sagte Jochanan, und Geist ist dasselbe wie Liebe.

Oder, noch geheimnisvoller und kühner: Gott ist DAS WORT. Er sagte das in Griechisch, denn im Hebräischen fand er das treffende Wort nicht: logos.

Im Anfang war der logos. Gott selbst war der logos, und der logos wurde Fleisch und war der Sohn des Vaters und war das Licht für die Welt.

Daß am Anfang der logos war, das schien mir nicht unvertraut. Mein griechischer Freund hatte mir gesagt, daß, ehe etwas wurde, schon etwas da war: die Idee davon, und die Idee war geistig, und die Idee nahm Stoff an und wurde zur Ding-Wirklichkeit. Daß am Anfang allen Anfangs Einer war, in dem alle Ideen waren, auch das war mir einsichtig. Statt Idee logos. Statt Ding-Werdung Schöpfung. Aber dann die Sache mit dem Sohn. Vielleicht so: der Höchste, logos aller logoi, so sagte Jochanan, wollte ein Du. Jeder Vater will einen

Sohn, jeder Mensch ein Gegenüber. Der Sohn war als Idee schon immer im Vater. Und eines Tages sprach der Vater das Wort aus, und aus dem Wort wurde der Sohn. Vielleicht so.

Ich nahms so wichtig nicht, vielmehr als Denkspiel. Aber die Sache ritzte tiefere Spuren in mir, als ich meinte. Wer war dieser Sohn?

Wenn der logos Materie annahm, so mußte das Wort vom Sohn ebenfalls als Erdenmaterie erscheinen. Es mußte menschlich werden. Ein Mensch wie wir.

Auch Jochanan quälte sich ab mit dieser Frage, obgleich wir beide nicht eigentlich verstanden, warum uns die Sache so wichtig wurde.

Hatten wir nichts anderes zu denken?

Eines Tages zeichnete Jochanan im Sand. Das hatte er dem Rabbi abgeschaut, der tat das oft. Was war es, das Jochanan zeichnete?

Ein Dreieck mit der Basis auf der Erde, und ein zweites, auf dem Kopf stehend, sodaß seine Spitze, abwärtszielend, genau auf die Spitze des unteren, aufrecht stehenden Dreiecks traf.

Jochanan deutete auf den Punkt, an dem beide Spitzen sich trafen: Da steht ER. Dies hier oben ist der göttliche Bereich, dies unten der menschliche. Keine Trennung, doch verschiedene Reiche. ER ist die Brücke. ER gehört beiden Bereichen an. Gottes-Sohn, Menschen-Sohn. Der logos, der den oberen Bereich in den untern einbringt. Eines Tages werden beide Bereiche sich decken, und das wird dann das Friedensreich sein, das Reich des Geistes.

Und dieser ER, meinst du, sei unser Rabbi Jeschua?

Meinst du das alles im Ernst, oder ists wieder eines deiner Denkspiele?
Ich weiß es nicht.
Spielen wir weiter: wie kam dieser ER aus seinem Geistbereich in den der Materie?
Durch Zeugung und Geburt. Wie sonst?
Das sagst du. Kennst du, Halbgrieche du, nicht die Geschichte von der Göttin Athene, die der oberste Gott Zeus mit sich selber zeugte und in seinem Haupt austrug, bis sie, die Mutterlose, als fertige Frau aus seiner Stirn entsprang?
Das ist eine heidnische Vorstellung.
Nicht alles Heidnische ist falsch.
Es ist anders.
Aber wie.
Ist dir nicht aufgefallen, daß Jeschua, wenn er von seinem Vater spricht, nicht Josef, den Zimmermann, meint, der längst tot ist?
Ja doch. Aber auch dies: daß er seine Mutter ansieht wie eine Fremde und sie Frau nennt, nicht Mutter. Wer ist ihm Vater, wer ist ihm Mutter?
Weißt du, daß seine Mutter im Tempel aufgewachsen ist, eine aus vielen Töchtern Jisraels Ausgewählte, eine, die mehr als alle andern den Vorhersagen von der Mutter des Messias entsprach?
Tat sie das?
Es scheint so. Und dann suchte man ihr den passenden Ehemann.
Wer wählte da aus?
Tempelpriester mit besondrer Vollmacht. Weise. Eingeweihte.

Glaubst du so etwas?
Ich weiß nicht. Ich kenne solche Geschichten aus andern Religionen.
Nämlich?
Man führt die Erwählten in den Tempel, versenkt sie in Tiefschlaf und befiehlt ihnen das Beilager. Noch schlafend bringt man sie auseinander, und sie erinnern sich nicht an das Geschehene, höchstens an einen Traum von geflügelten Wesen und Lichtspeeren.
Aber dann, wenn das dabei gezeugte Kind kommt?
Dann ist es eben ein göttlich gezeugtes, ein vaterloses.
Und wozu das Ganze?
Um einen Menschen zum Gott erklären zu können.
Niemand denkt daran, Jeschua zum Gott zu erklären.
Was redest du da?
Du redest von ihm, nicht ich. Ich erzähle nur, was in andern Religionen gedacht wird.
Hirngespinste, sagte ich und ging.
Die Sache ließ mir keine Ruhe. Ich schaute Jeschua heimlich an, ob ich ihm das Geheimnis seiner Herkunft nicht ansähe. Ich sah nichts dergleichen. Aber ich dachte, es konnte doch wohl sein, daß er auf ungewöhnliche Art aus dem Geistbereich in den der Materie kam. Diese Vorstellung vom geflügelten Wesen und vom Lichtspeer. Der Geist, der in die Materie fährt und dort zeugt. Der logos, der ein Menschenkind wird. Wenn nun dieses Kind nur dem Leibe nach ein Mensch ist, aber dem Geist nach ein Gott? Das ist eine Vorstellung, die nichts Absurdes hat. Aber wieso überträgt Jochanan das auf unsern Rabbi? Denn

das tat er, wiewohl ers leugnete. Ich stellte ihn zur Rede.
Was weißt du von der Geburt Jeschuas?
Nichts.
Heraus mit der Sprache!
Nun gut: die Astrologen hatten berechnet, daß zu einem bestimmten Zeitpunkt eine ganz ungewöhnliche Constellation am Himmel war: eine Conjunction von Jupiter und Saturn.
Was bedeutet das?
Jupiter ist der Königsstern.
Und Saturn?
Einem jeden Volk ist ein Planet zugeordnet. Der Stern Jisraels ist der Saturn.
Das hieße also, daß in Jisraels Mitte ein König geboren wird, mit dem es eine besondere Bewandtnis hat. Und wo ist nun dieser König, bitte? Wir haben nur einen, den Herodes, und der ist miserabel.
Da ging Jochanan weg, als hätte ich ihn beleidigt.
Ich aber dachte, was mir nie zuvor zu denken eingefallen war und worüber ich selbst erschrak wie über eine Lästerung: warum, so dachte ich, nahmen die Astrologen mit aller Selbstverständlichkeit an, das vorhergesagte Kind sei ein männliches? Warum muß der Messias ein Mann sein? Warum soll der Höchste ein Mann sein? Freilich: niemand sagte das so, denn niemand konnte über den Höchsten etwas aussagen, das galt. Aber stellte sich auch nur ein einziger Jude je vor, dieser ewige ER konnte eine Frau sein?
Selbst mir kam das lächerlich vor. Keine Frau, das

nicht, aber auch kein Mann. Das Unnennbare, das ALLES war: Mann und Frau.

Aber der Messias: konnte er keine Frau sein? Gab es nicht große Frauen in unserm Volk, Prophetinnen, Weise, Heilige, und auch solche, welche das Geschick ihres Volkes lenkten: Jaël, Esther, Jehudit. Und waren Frauen nicht besser geeignet, Frieden zu stiften und Leben zu hüten?

Jochanan, warum gilt der Mann mehr als die Frau, warum diese stillschweigende Abmachung, der Höchste sei ein Mann?

Weil der Geist männlich ist.

Du Narr. Als ob der Geist, wenngleich männlich, an den Mann gebunden wäre!

Diesmal war ich es, die beleidigt wegging.

Mir gings mit Jochanan jetzt so, wie es Schimon mit ihm ging. Wenn er bisweilen Zeuge eines unsrer Gespräche war, eines der harmloseren auch nur, schüttelte er den Kopf: Daß ihr immer so hoch oben herumfliegt! Wer kann das verstehen. Wozu soll das gut sein. Und überhaupt dieses Fragen, wer der Rabbi ist. Wer soll er denn sein. Er ist er. Lieben muß man ihn, dann weiß man, wer er ist.

Dieser Schimon. Er war so einfach. Ein Fischer, der nichts wußte, als was er in der Synagoge gehört hatte, und darüber dachte er nicht nach, das nahm er hin. Aber als Jeschua den Finger bog und sagte: Komm! da ließ er alles liegen und stehen, das Boot und das Netz, und zu seiner Frau sagte er: Warte auf mich, ich habe etwas Wichtiges vor. Sie wartete. Später verließ auch sie ihr Haus und zog mit Schimon nach Jeruschalajim,

und dann weiter, bis nach Rom. Ob sie noch seinen Tod miterlebt hat, weiß ich nicht, doch habe ich sichere Nachricht, daß man Schimon kreuzigte, dem Meister gleich, und doch nicht: nämlich mit dem Kopf nach unten. Ich kann mir denken, wie willig und selbstverständlich er das hinnahm. Immer war er bereit gewesen, sich vom Felsen zu stürzen, freilich, so sagten wir untereinander, in der Hoffnung, der Rabbi hielte ihn zu guter Letzt am Mantelzipfel fest und wäre zufrieden mit dem guten Willen, wie es dem Höchsten genügte, daß Avraham bereit war, seinen Sohn Jizchak zu opfern, und mehr war nicht gewollt. Ja'akov erzählte mir, Schimon habe den Rabbi nach seinem Tod und seiner Wiederkehr aus dem Totenreich auf dem Wasser des Sees gehen sehen wie auf festem Boden. Da sei auch er aus dem Boot gesprungen und auf den Rabbi zugelaufen in der Meinung, der habe ihn gerufen, aber auf halbem Weg habe ihn der blinde Mut verlassen und er sank. Gerade noch, daß der Rabbi ihn herausziehen konnte. Schimon schämte sich sehr. Ob die Geschichte wahr ist, weiß ich nicht, vermutlich hat sie einer von uns erfunden. Aber sie zeigt, wie Schimon war: ein Kind, sehr liebenswert in seinem demütigen Eifer.
Einmal fragte ich ihn: Du bist doch verheiratet, hast Familie und Verantwortung. Wie konntest du einfach weglaufen? Und der Rabbi, wie konnte der das wollen? Wenn das jeder täte!
Es war eben so. Er sagte komm, und ich kam. Und du, du hast es doch auch getan!
Ich bin eine Unabhängige, das ist ein Unterschied, oder?
Er senkte den Kopf und ließ ihn hängen. Man durfte ihn

nichts fragen. Antworten wußte er nicht. Er selber war die Antwort auf solche Fragen.

Einmal sah ich, daß er einen Dolch unterm Gewand trug.

Du, Schimon! Ja bist du denn bei den Zeloten?

Er wurde rot. Man kann nicht wissen, sagte er.

Was denn?

Ob man ihn einmal braucht.

Du also würdest töten, Schimon? Oder trägst du das Ding nur zum Gertenschneiden?

Er schwieg verstockt.

Einmal aber zog er den Dolch im Ernst: bei Jeschuas Verhaftung, und da hieb er einem der Häscher ein Ohr ab, es hätte auch der Kopf sein können.

Wer aber war ihm Jeschua? Glaubte er, daß er der Messias sei? Ich weiß es nicht.

Der Erkenntnisblitz, der ihn einmal in Jeschua den Göttlichen erkennen ließ, war erloschen, und er ging im Dunkeln bis zu jenem Tag, an dem ihn der Blitz zum zweiten Mal traf, fünfzig Tage nach Jeschuas Tod. Unter dem Anprall des großen Lichts wurde der schwankende Boden fest: Kefa. Fels. Später dann nannte man ihn mit lateinischem Namen Petrus, das hieß auch: der Fels.

Der Rabbi liebte ihn sehr. Jochanan sah es mit gezähmter Eifersucht, er war überhaupt ein Eifersüchtiger. Als sei er nie sicher, daß der Rabbi ihn liebte, hielt er es für nötig, es sich und uns allen immer aufs neue zu bestätigen: »Der Jünger, den der Meister liebte.« Ach Jochanan: niemand hat dir deinen Platz an seiner Brust streitig gemacht, und auch nicht den unterm Kreuz. Da standen wir beide, du und ich, und hielten aus bis zuletzt.

Doch waren wir keineswegs immer einig. Zwei Streitpunkte gab es. Der eine gehörte zu unsern Denkspielen, der andre zur handfesten Wirklichkeit.
Das Denkspiel, bei dem es allerdings um einen hohen Einsatz ging, nämlich um unser Verständnis der Lehre Jeschuas, blieb zeit unsres Lebens unbeendet.
Den Anstoß gab eine Gleichnisgeschichte, die Jeschua erzählte. Ein Bauer sät Getreide. Ein Teil der Körner fällt auf den Weg und wird zertreten und von den Vögeln aufgepickt. Ein Teil fällt auf Felsboden und vertrocknet. Ein Teil fällt ins Dornicht, wächst auf, wird aber dann vom Gestrüpp erstickt. Ein kleiner Teil fällt auf guten Boden und bringt reiche Frucht.
Natürlich verstanden wir, worauf das zielte. Die Körner waren sein Wort. Jedoch: was für ein Bauer ist das, der so unachtsam sät. Er muß doch seinen Boden kennen. Wirklich: wer sät denn in die Dornen, wer sät auf den Fels! Ist es die Schuld der Körner, wenn sie nicht wachsen können?
Rabbi, du hast entweder ein schlechtes Beispiel gewählt, oder aber eine entsetzliche Wahrheit sagen wollen.
Er sagte: Ihr denkt zu kurz. Es gibt nicht nur eine einzige Zeit der Aussaat und nicht nur einen einzigen Erntesommer. Das große Angebot wird wiederholt. Unendlich ist die Möglichkeit des Aufstiegs für den Menschen.
Ja schon. Aber erklärt hast du damit nicht, warum der Bauer so töricht ist. Kann er denn sein Saatgut so verschwenden? Oder ist seine Hoffnung aufs Ernteglück so stark, daß er sogar dem Fels zutraut, daß er fruchtbar wird?

Jeschua sagte: Kein Korn geht verloren.
Damit konnten wir für den Augenblick zufrieden sein, selbst Jochanan und ich.
Aber schon am nächsten Abend rollte uns Jeschua wieder so einen Stein in den Weg.
Ein Mann, so sagte er, wollte ein Fest feiern und schickte Boten aus, Freunde und Nachbarn einzuladen. Aber sie kamen mit nichts als Absagen zurück. Der eine war am Vorabend seiner Hochzeit und hatte keine Zeit und keine Lust. Der andre mußte gerade an diesem Tag ein Landgut kaufen. Der dritte mußte ein Paar gekaufte Ochsen abholen. Ein jeder hatte Wichtigeres zu tun als zum Fest zu kommen. Da sagte der Gastgeber zu den Boten: So holt mir jene herein, die niemand einlädt, die, die in den Gassen herumstehen, die Bettler, die Landlosen, die Kranken, die käuflichen Mädchen. Sie sollen meine Gäste sein. Sie kamen alle. Es wurde ein schönes Fest.
Matthaios sagte: Die Geschichte läuft aber anders, ich kenne sie von den Persern. Die Eingeladenen wollten nicht kommen, weil sie dem Gastgeber nicht trauten, wer weiß warum, sie witterten eine Falle vielleicht. Jedenfalls: sie erschlugen die Boten. Und dann, Aug um Aug, Zahn um Zahn, schickte der Gastgeber andre Boten, und die erschlugen nun ihrerseits diejenigen, welche die ersten Boten erschlagen hatten.
Das ist, sagte Jeschua, nicht meine Geschichte.
Jehuda sagte: Ich verstehe nicht, warum der Mann Leute einlädt, von denen er wissen kann, daß sie nicht kommen. Er ist so töricht wie der Bauer, der Korn auf Felsen sät. Man muß doch die Menschen kennen, man

muß mit ihrer Bosheit rechnen. Die Erde ist kein Paradies, wo das Lamm neben dem Löwen schläft.
Ja, sagte Jeschua, man muß die Menschen kennen, du hast recht, Jehuda. Aber was heißt: einen Menschen kennen?
Dabei schaute er Jehuda an auf eine Art, die mir einen kalten Schauer über den Rücken jagte, und wir alle fühlten eine Beklemmung wie von Atemnot.
Nur Jehuda allein schien nichts Besonderes zu fühlen. Er sagte trocken: Wissen möchte ich, wie die Geschichte wirklich ausging. Sie hat wohl gar kein Ende. Die Leute von der Straße, die Armen, die Verachteten, hatten durch eine Laune des Reichen einen schönen Abend, sie aßen sich satt, sie tranken Wein statt Wasser. Gut. Und dann? Dann wurden sie wieder hinausgeschickt, und alles blieb für sie beim alten. Die Landlosen blieben ohne Land, die Kranken blieben krank, die Bettler arm. Was ich wissen möchte, ist: was tat der Reiche nach dem Fest? Darauf nämlich kommts an. Hat er es wiederholt, hat er sein Haus nun immer offengehalten für die Armen, hat er etwas getan, um der Armut aufzuhelfen? Deine Geschichte, Rabbi, sie macht mir Unbehagen. Soll man vielleicht diesen Reichen loben, weil er einmal gut war? Und seine Güte war nicht einmal gut. Sie ist nichts als Enttäuschung und Rache.
Jehuda, sagte Jeschua, du redest am Kern vorbei, und du weißt das.
Jehuda schwieg verstockt.
Jeschua aber blieb bei dieser Sache. Es wurde klar, daß er uns eine Wahrheit einhämmern wollte. Aber welche?

Am nächsten Abend kam wieder so eine Geschichte, die uns bitter schmeckte, uns allen dieses Mal.
Es sollte einmal eine Hochzeit sein, alles war bereit, nur der Bräutigam fehlte. Es wurde Abend, es wurde Nacht, die Gäste wurden unruhig, die Braut begann zu fürchten, er komme nicht oder er habe den Weg verfehlt. Da rief sie zehn Mädchen, ließ sie ihre Öllämpchen auffüllen und sich längs des Weges aufstellen. Da standen sie und warteten Stunde um Stunde. Sie wurden müde und schliefen ein. Um Mitternacht hörten sie den Ruf: Der Bräutigam kommt. Aber sie saßen im Dunkeln, die Lämpchen waren ausgebrannt. Fünf der Mädchen hatten einen Ölvorrat mitgebracht, sie füllten ihre Lämpchen. Die andern mußten erst ins Dorf laufen, um Öl zu holen. Inzwischen aber kam der Bräutigam und nahm die Mädchen, deren Lampen brannten, mit in den Saal und schloß die Türen. Als die andern fünf kamen, ließ niemand sie ein, soviel sie auch schrien und pochten.
Was für eine schreckliche Geschichte, rief ich. Was für ein Bräutigam ist das, der so lange auf sich warten läßt? Das Öl geht zuende, das Essen wird kalt, die Gäste werden mißtrauisch, die Braut vergeht vor Sorge, und niemand weiß, ob dieser Bräutigam kommt und ob es ihn überhaupt gibt und ob die Brautwerber wirklich seine Boten waren und ob die Hochzeit je stattfinden wird. Und wer weiß, ob der, der dann endlich kommt, wirklich der Bräutigam ist. Vielleicht wartet die Braut noch immer. Und die Sache mit den Ausgeschlossenen. Sie stehen draußen, ein wenig zu spät gekommen, und man läßt sie pochen und rufen, obwohl ihr Lämpchen

wieder brennt. Was für ein harter Mann, dieser Bräutigam. Rabbi, deine Geschichte ist eine böse. Wie paßt sie zu dir? Würdest du denn, gesetzt, du wärst der Bräutigam, würdest du denn nicht die Türen alle offenhalten? Könntest du fröhlich Hochzeit feiern, wenn es Ausgeschlossene gäbe? Hättest du nicht vielmehr jene Mädchen tadeln sollen, die ihren Vorrat nicht teilten? Höre, Rabbi: ich werde mein Öl teilen, und ich werde die Ausgeschlossenen mit in den Saal nehmen, oder aber ich bleibe mit ihnen draußen.
Jeschua sagte: Recht hast du.
Wie kannst du sagen, Rabbi, ich habe recht, wenn deine Geschichte anders läuft? Oder aber du verschweigst das eigentliche Ende, und ihr Ende ist gar nicht ihr Ende, und das Ende kennt niemand, weil niemand den Bräutigam kennt. Die Braut wartet noch immer.
Ja, sie wartet, sie wartet immer, und ihr Warten ist ihre Hochzeit.
Das verstehe, wer mag, sagte ich, und ging.
Aber am Abend, natürlich, kamen Jochanan und ich darauf zurück, und in unserem Denkspiel ging es hart auf hart. Immer diese Rede von der Auserwähltheit, sagte ich; sie ist mir zu essenerhaft. Die Reinen, die Auserlesenen, die Geretteten, das bißchen Weizen, das übrig bleibt im Schüttelsieb, wenn die Spreu verworfen und verweht ist.
Aber wie solls anders gehen? So eine Rettung in Bausch und Bogen und ohne Hinblick darauf, wie einer lebt? Muß der Mensch nicht selber wählen? Ist er nicht frei?
Frei? Wählt das Korn sich seinen Boden? Es wird gesät,

ob es will oder nicht. Sieh zu, wie du Erde findest und Wurzel treibst. Das ist deine Sache. Einem wird Erkenntnis mitgegeben, dem andern nicht. Und wem keine gegeben ist, dem kann keine abverlangt werden, und er kann nicht bestraft werden dafür, daß er keine hat.

Wie kannst du sagen, es gebe Menschen, denen keine Erkenntnis gegeben ist? Kommen wir nicht alle aus dem selben Vaterhaus? Sind wir nicht alle Kinder der Liebe? Schickt der Vater eines seiner Kinder ohne Erbe in die Wüste? Ist es die Schuld des Vaters, wenn die Kinder das Erbe vertun?

Die Frage bleibt, Jochanan. Denn: woran liegts, daß ein Kind das Erbe vertut, das andre es vermehrt? Das ist die eigentliche Frage, und alles läuft immer aufs selbe hinaus: es gibt Auserwählte und Nicht-Auserwählte. Und daß Jeschua das bestätigt, paßt mir nicht, weils nicht zu ihm paßt.

Aber wenns doch anders wäre: daß der Mensch ein so unendlich Freier ist, daß er sein eigenes Verworfensein wählen kann?

Wer könnte so vermessen oder so töricht sein, das zu tun?

Kennst du die Sage von Prometheus, der den Göttern das Feuer raubte, um es den Menschen zu bringen, obwohl er wußte: das war verboten, und die Strafe werde fürchterlich sein? Man muß sehr groß vom Menschen denken und von seiner Freiheit.

Dies war eines unsrer Denkspiele, und es zu spielen war uns ein Zwang und machte uns Qual und führte zu nichts. Die Erzählung also war der eine unsrer bei-

den Streitpunkte. Der andre lag im Greifbaren, doch war er nicht minder schwierig und schmerzlich. Es ging zuerst wieder um jene Geschichte von der Hochzeit. Sie ließ uns nicht los. Denn: WER war der Bräutigam, WER die Braut?
War da vom Messias die Rede? War Jisrael die wartende Braut?
Jehuda, der sich in dieses Gespräch mischte, weil er sich für zuständig hielt, sagte: Die Sache ist klar. Die Braut wartet auf den Bräutigam. So lang hat sie gewartet, daß sie schon zweifelt, ob er je kommt, oder gar, ob es ihn gibt. Und dann kommt er doch, um Mitternacht, das heißt, wenn es am finstersten ist und niemand ihn erwartet. Nun, versteht ihr? Wenn Jisrael im tiefsten Elend ist, kommt er.
Mit brennenden Augen, doch leise, fügte er hinzu: Vielleicht ist er schon da.
Wir gingen darauf nicht ein. Das war die verbotene Frage.
Aber dies fragte ich: Und die Mädchen, die warten, jene mit den brennenden Lämpchen, die andern ohne?
Sehr einfach: die ohne Öl, das sind jene unter uns, die meinen, die Befreiung fiele ihnen in den Schoß wie das Manna und die Wachteln in der Wüste. Solche, wie die da drüben in den Höhlen. Wie alle, die sich die Hände nicht schmutzig machen wollen. Das Lamm essen, das ja, aber schlachten müssen es die andern.
Was redest du da, Jehuda? Von Gewalttat redest du.
Hab ichs gesagt? Ihr träumt es. Aber ihr wagt nicht, es klar zu denken. Du, Jochanan, du redest von Liebe. Der Rabbi redet von Liebe und Frieden. Nun: was ist Liebe

zu Jisrael? Was denn? Zuschauen, wie es zugrunde geht? Oder heißt Jisrael lieben nicht: für seine Befreiung kämpfen? Wer kämpft, tötet. Jisrael lieben, das heißt: einige tausend Römer töten. Wie denn sonst solls gehen? Sagt doch, ihr Weisen, ihr Frommen!

Es war so vernünftig, was er sagte, und so schrecklich. Aber hatte er nicht die richtige Ansicht von der Wirklichkeit? Und wir andern: waren wir nicht Träumer?

Als ich allein war mit Jochanan, sagte ich: Jehuda verwirrt mich. Etwas in mir gibt ihm recht. Einmal, ehe ich euch traf, hatte auch ich einen Dolch, und hätte ich nicht euch getroffen, sondern eine Gruppe Aufständischer, so wäre ich mit ihnen gegangen.

Und hättest getötet.

Und wäre vielleicht getötet worden.

Und nichts hätte sich geändert.

Kein Tod für eine große Sache ist vergeblich.

So geh doch und töte und laß dich töten! Diese Halbherzigkeit ist deiner nicht würdig.

Halbherzigkeit? Bin ich nicht mit ganzem Herzen beim Rabbi? Was kann ich dafür, wenn sich das Makkabäerblut in mir regt? Was kann ich dafür, daß ich nicht so bin wie du?

Wie bin ich? In deiner Stimme ist Spott.

Wie du bist? Manchmal scheinst du ein Lämmchen, manchmal ein Adler. Es ist noch unentschieden, was du wirklich bist.

Das wirst du erfahren. Es gibt Zeiten, in denen man für Helden jene hält, die viele Feinde töten, und es gibt Zeiten, in denen Held jener ist, der dem, der ihn ins Gesicht schlägt, die andre Wange bietet. So sagt der Rabbi.

Derjenige, der wieder schlägt, weiß nicht, daß er sich selber schlägt.
Das ist sehr schön gesagt. Aber dann war die ganze Geschichte Jisraels falsch. Wir wurden geschlagen und schlugen wieder.
Ja, und was kam heraus dabei? Wir verloren alles.
Nun bleib doch auf dem Boden, Jochanan: deiner Rede zufolge müssen wir die Römer und all das Pack von Römerfreunden und Nutznießern stillschweigend dulden. Komm mir nicht damit an! Und sag jetzt nicht, was dir auf der Zunge liegt.
Was denn?
Die Sache mit der Münze. Müssen wir den Römern Steuern zahlen, Rabbi? Ich war ja nicht dabei, ich hab seine Antwort nicht gehört. Aber du erzählst es herum: Wessen Bildnis ist das auf der Münze? Des Kaisers. Also, gebt dem Kaiser, was ihm gebührt, und dem Ewigen, was sein ist. Dieses ALSO, das empört mich.
Nun bleib DU auf dem Boden! Konnte er denn sagen: verweigert Rom die Steuern? Hast du denn nicht begriffen, was er damit meinte? Doch nicht dies, daß wir uns mit Haut und Haar den Römern unterwerfen sollen. Ganz anders wars gemeint. Was ist denn Geld? Nichts. Was ihr dem Kaiser gebt, ist nichts. Mag er es haben.
Du sagst, Geld ist nichts. Sag das dem Volk! Sag den Bauern: zahlt willig alle Steuern, denn das, was ihr da abgebt, ist nichts. Das Geld, das sie abgeben müssen, das ist ein andres Wort für Korn und Wein und Freiheit! Jetzt komm mir nicht mit der Lehre der Essener: das Ende der Zeit naht, ihr braucht kein Geld mehr und keinen Besitz. Das erzähl mir nicht.

Wenn du's nicht hören willst, schweige ich.
So schweig.
Wieder einmal gingen wir im Streit auseinander. Natürlich: er hatte recht, doch auch Jehuda hatte recht. Jeder redete in seiner Sprache. Ich begann zu begreifen: jeder redete von einer andern Wirklichkeit. Jedoch: gibt es denn zwei Wirklichkeiten? Gibt es ein Reich, in dem das Gesetz der Gewalt gilt, und eins, in dem es nicht gilt? Eines, in dem man den Feind durch die Waffe besiegt, und eines, in dem man ihn, ehe er zuschlägt, entwaffnet, indem man die eigene Waffe wegwirft und dem Feind entgegengeht und ihm den Bruderkuß gibt? Gibt es das? Welcher Feind wird so jemand nicht für einen Narren halten oder für einen Überläufer, einen verachtenswerten Feigling. Nein, so gehts doch nicht. Aber wie denn? Immer Schläge und Gegenschläge? Und so immer weiter? Das schwarze Rad immer weiter gedreht?
Es war gut, daß gerade in jenen Tagen sich etwas Neues tat bei uns, etwas Unerwartetes: es kamen zwei Frauen, Jochana, die Frau des Chuza, des Finanzverwalters des Herodes, und eine Hofdame namens Schoschana.
Mir blieb der Mund offen. Ich kannte sie lange. Jochana war eine der besten Kundinnen meines Vaters gewesen, sie kam oft nach Magdala im Auftrag des Herodes, mit großem Hofstaat kam sie und wählte und bestellte die teuersten Öle und Riechwasser und Salben. Sie selber war auch reich, und gut verheiratet, wie es schien, und hatte drei Kinder. Jetzt kamen sie zu Fuß, sie und ihre Hofdame, und sie waren staubig und ungeschminkt.
Was wollt denn ihr hier?

Mit euch leben.
Habt ihr denn eine Ahnung, ihr Verwöhnte, wie wir leben?
Wir haben eine Ahnung. Und eben deshalb sind wir hier, sagte Jochana.
Was ist denn mit dir passiert? Was hat dich so verändert? Ist das ein Scherz oder ists dir ernst?
Und wie es mir ernst ist. Ich habe alle Brücken hinter mir abgebrochen.
Wie das?
Schon lang hat mich das Leben bei Hofe gelangweilt, vielmehr angewidert. Aber ich nahm es eben hin. Bis dann das kam, das mit dem Täufer. Als die Prinzessin Schulamit das Silbertablett mit dem abgeschlagenen Haupt des Täufers hereintrug und es dem Herodes servierte, als sei es ein Kalbskopf, da überkam mich das Entsetzen. Die toten Augen sahen mich an. Ich ging hinaus und erbrach mich. Am Abend sagte ich zu meinem Mann: das erträgst du? Er sagte: Was soll ich tun, ich bin Minister, Herodes ist der Fürst. So, sagte ich, du bist also einverstanden mit diesem Mord und all dieser Hurerei am Hof? Was heißt einverstanden, sagte er, ich muß die Augen zudrücken. Dann drück sie weiter zu, sagte ich, aber die meinen sind geöffnet, ein für alle Male, und ich gehe. Du gehst? Ja wohin denn? Fort. Und dann sagte ich etwas, was ich noch einen Augenblick vorher nicht gedacht hatte, ich sagte: Ich geh den suchen, von dem der Täufer geredet hat. Chuza sagte: Du bist verrückt, so verrückt wie dieser Täufer. Dann bin ich eben verrückt, sagte ich, und dann kannst du nur froh sein, wenn du mich los bist. Ich jedenfalls will

frei sein. Chuza war wie vor den Kopf geschlagen. Frei willst du sein, ja bist du nicht frei? Nein, sagte ich, ich bin nicht frei. Er fragte: Bin etwa ich deine Unfreiheit? Willst du die Scheidung? Hast du einen andern? Ich sagte: Keinen andern, aber vielleicht etwas andres. Er sagte: Bist du unzufrieden? Willst du mehr Geld, mehr Schmuck, mehr Dienerinnen? Oder bin ich nicht mehr gut im Bett? Ich sagte: Du begreifst nichts, es geht doch um ganz andres. Um was denn? Darum, daß wir hier unser Leben vertun mit Fressen, Saufen, Spielen, Huren. Er war entsetzt über die Sprache der Hofdame, die seine Frau war. Ich schonte ihn nicht. Ich sagte: Wir sind reich, nicht wahr, aber woher kommt unser Geld? Wir arbeiten nicht. Irgendwer arbeitet, damit wir Geld haben zum Verfressen und Verhuren. Wer arbeitet? Das Volk. Es arbeitet für uns, und wir saugen es aus. Komm, gehen wir, laß uns ein andres Leben führen. Aber, sagte er, ich bin doch Minister, ich hab dem König den Treue-Eid geschworen. Hör mal: dieser König hat das Recht verwirkt, Treue zu erwarten. Er ist miserabel, ein Halb-Irrer, ein Prophetenmörder, du verwaltest Blutgeld, Chuza! Komm! Er war beeindruckt. Er sagte: Aber was tun, wovon leben? Und unsere Kinder? Ich sagte, die nehmen wir mit. Er schwankte. Dann aber ließ er die Kinder heimlich fortbringen, richtete einen Beutel mit Geld und verreiste ins Griechische. Und jetzt bin ich da. Hier, nehmt meinen Beutel, es ist alles, was ich habe, aber es ist genug.

Jeschua nahm sie ohne viel Fragen an. Die Männer aber steckten die Köpfe zusammen und besprachen die Sache und kamen an kein Ende. Jeschua hatte sie nicht gefragt, aber was hätten sie gesagt, wenn er sie fragte? Sie seufzten. Drei Frauen. An mich hatten sie sich gewöhnt, ich war schon eine der Ihren. Aber jetzt die beiden da: wozu waren die nütze?

Jehuda aber sagte: Es läßt sich nicht schlecht an, sie haben Geld gebracht, ziemlich viel.

Ist das ein Ochsenhandel? Zahlt man dafür, daß man mit dem Rabbi gehen darf?

Schimon sagte: Denen wird das Leben mit uns bald zu hart; laßt sie, bis sie von selber gehen; solche halten nicht durch, es ist eine Laune.

Und wie sie durchhielten! Sie hatten die Hand an den Pflug gelegt und schauten nicht ein einziges Mal zurück, und nur in jenem Augenblick, als unser altes Segelschiff in Jafo Erez Jisrael verließ, weinte Jochana. Sie weinte um ihre Kinder. Sie sah sie nie wieder.

Es blieb nicht bei drei Frauen, es kam eine vierte: Schulamit, die Mutter des Ja'akov und des älteren Jochanan. Aus eigener Überzeugung kam sie nicht, sondern weil ihr die Söhne fehlten, sie hing sehr an ihnen. Sie sagte das offen. Jeschua mochte Familienbande nicht. Mit Grund, wie sich zeigte. Kaum war Schulamit ein paar Tage bei uns, pochte sie schon auf Vorrechte, wenngleich nicht für sich, sondern für ihre Söhne. Der Rabbi wollte uns ein Bild vom Friedensreich geben: ein Friedensmahl, ein Liebesmahl. Da warf sich Schulamit vor ihm nieder.

Was willst du? Steh doch auf.

Die Szene war peinlich.

Rabbi, meine Söhne haben alles verlassen um deinetwillen, wie wirst du es ihnen lohnen? Laß sie bei jenem Mahl an deiner Seite sitzen, einen rechts, einen links!

Ich lachte über soviel Unverstand. Jeschua verwies es mir und sagte: Sie ist so kurz erst bei uns, wie soll sie schon Erkenntnis haben! Doch ihr, die ihr schon lange bei mir seid, auch ihr habt nicht alle begriffen, daß im Reich des Geistes niemand Herr ist und niemand Knecht, es gibt nur Brüder, deren jeder der Diener der andern ist. Ihr wollt Lohn dafür, daß ihr mir folgt? Ihr Törichten. Ist es nicht genug, daß ihr die Drachme gefunden habt, nach der eure Vorväter gesucht haben seit tausend Jahren?

Die beiden schämten sich ihrer Mutter wegen.

Zu Schulamit sagte er: Bindest du Vögel mit Schiffstauen?

Jeschua hatte recht, wenn er Familienbande ablehnte, für sich, für uns. Seine eigene Familie machte ihm zu schaffen. Ich lernte sie kennen auf einer Hochzeit in Kana. Die Braut war eine Verwandte Jeschuas, und sie hatte ihn und uns eingeladen. Eine bescheidene Hochzeit armer Leute. Die ganze Sippe war arm, auch Jeschuas Brüder, die Söhne aus Josephs erster Ehe. Sie waren nicht erfreut, ihren Bruder zu sehen. Schiefe Blicke, kurze kalte Begrüßungen, Mißtrauen. Nur die Mutter war freundlich, doch schien mir, als hütete sie sich zu zeigen, daß sie ihren Sohn Jeschua liebte, auf ihre Weise. Sie suchte ein Gespräch mit mir.

Du also! sagte sie.

Das war rätselhaft.

Du bist mit meinem Sohn zusammen?

Zusammen? Wie meinst du das? Ich bin eine seiner Schülerinnen. Er hat andre auch.
Ja, aber du bist am längsten schon bei ihm. Ich bitte dich, sag mir: was hältst du von ihm?
Wäre ich bei ihm, hielte ich ihn nicht für einen großen Rabbi?
Ich muß gestehen, daß ich nicht sehr freundlich war zu ihr. Es gefiel mir nicht, daß sie mich, eine Fremde, nach ihrem Sohn ausfragte. Sie merkte es und zog sich still zurück.
Das also war seine Mutter. War sie es wirklich? War sie jene im Tempel Aufgewachsene, um die Jochanan und ich große Träume spannen? Wenn sie es war, so hatte sie ihre Vergangenheit vergessen. Mir schien, sie ahnte nicht, wen sie geboren hatte. Aber dann: die Sache mit dem Wein. Es war keiner mehr da, und das Fest war noch lange nicht zuende. Große Verlegenheit. Da sah ich, wie seine Mutter zu ihm ging und mit ihm redete. Er wich zurück, sie bedrängte ihn, er war unwillig, aber sie folgte ihm, sie heftete sich geradezu an seine Fersen. Was wollte sie von ihm?
Es war klar: sie wollte, daß er dem armen Brautpaar helfe, das sich schämte, weil der Wein ausgegangen war. Ich wollte sagen: wir haben doch noch Geld im Beutel, soll doch einer von uns gehen und Wein kaufen.
Aber da war schon etwas geschehen: es war plötzlich wieder Wein da, große Krüge voll. Man nahm es so hin, keiner machte sich Gedanken.
Irgendwer hatte eben Wein gebracht, warum nicht? Ein verspäteter Gast mit einem Hochzeitsgeschenk.

Seine Mutter aber hatte ein triumphierendes Lächeln aufgesetzt wie eine, die erreicht hat, was sie wollte. Hatte sie nun die Antwort auf ihre Frage?
Ich ging zu Jochanan. Hast du das gesehen?
Er fragte nicht: was.
Ich sagte: Macht er so etwas öfters? Lernt man das da unten in der Wüste? Ist es das, was sie Beherrschung der Naturkräfte nennen?
Er sagte: Es ist zu lernen, gewiß, aber daß sie ihn dazu herausgefordert hat, das war schlecht. Er sollte derlei nicht tun. Wenn sie einmal herausbekommen haben, daß er so etwas kann, werden sie es herumschreien und von ihm verlangen, daß er Steine in Brot verwandelt und Skorpione in Fische und die Erde in ein Paradies, und wenn ers nicht tut, werden sie ihn schmähen und umbringen.
Wie hat seine Mutter gewußt, daß er derlei kann?
Sie hat so ihre Träume von ihm als einem Besonderen, jetzt hat sie die Probe. Sie wird noch eine wollen und noch eine, und nie wird sie sicher sein.
Wofür will sie denn Proben?
Für das, wofür derlei keine Probe ist. Für das, wofür einzig ER-SELBST die Probe ist.
Jeschua wartete das Ende des Festes nicht ab. Er ging. Er ging ohne Abschied von seiner Mutter. Sie ihrerseits war ihm aus dem Weg gegangen.
Ich aber verstand Jeschuas Verhalten, als man einige Zeit später andernorts ihm sagte, seine Mutter und seine Brüder seien angekommen. Er sagte: Wer ist mir Mutter, Bruder, Schwester? Der, welcher mir nicht dem Blut, sondern dem Geiste nach verwandt ist.

Wozu aber waren sie gekommen? Sie sagten es: um ihn heimzuholen. Sie hielten ihn für verrückt und in seiner Verrücktheit gefährlich: so wie er gegen die Priester redete, redete kein Vernünftiger. Das war nackte Herausforderung, das war Wahnsinn, das endete schlecht, und da konnte die ganze Sippe in Verdacht und Verruf kommen.

Jeschua weigerte sich, sie zu sehen. Die Familie tauchte immer wieder einmal auf, um ihn nach Hause zu holen. Wir schirmten ihn ab.

Seine Mutter hatte einen langen Weg vor sich, bis sie wußte, wer er war. Sie wußte es erst in der vollen Bedeutung, als sie unter dem Kreuz stand, an dem er starb. Die Stunde seiner Niederlage, die sie zeitlebens gefürchtet hatte, brachte ihr die große Erkenntnis.

Als wir zum erstenmal gemeinsam zum Pesachfest nach Jeruschalajim gingen, waren wir vier Frauen: Jochana, Schoschana, ich, und Schulamit. Die Männer: Schimon und Andreas, Ja'akov und Jochanan, Philippos und Bartolomaios, beide Schüler des Täufers, ferner Matthaios der Zöllner, Thomas und zwei andre Galiläer: der andre Schimon, der aus Kana, und der junge Jochanan, mein Denkspielgefährte, und der Letztgekommene: Jehuda aus Karioth. Eine große Gruppe, nicht zu übersehen. Man übersah sie nicht, o nein, es gab viel Gerede: ein Rabbi, und, bis auf Schimon, lauter junge Männer, und dazu diese Frauen, die mit ihrem Rabbi öffentlich auftraten. Wenn das Schule machte! Wenn sich mehr und mehr Frauen anschlössen?

Ihr nehmts zu wichtig, es ist eine Mode, sie vergeht, wie sie kam.

Was finden die Leute eigentlich an diesem Galiläer? Ich sehe beim besten Willen nichts Großartiges an ihm.
Ich habe gehört, sie leben wie die Essener, sie berühren sich nicht.
Wers glaubt. Sind doch alle jung. Und die aus Magdala, die mit ihrem Schlangenhaar, die und ihr Rabbi! Mir erzählt ihr nichts.
Wissen möchte ich, was dieser Rabbi den Weibern bietet, daß sie ihm so nachlaufen.
Immer sinds Männer, denen Frauen nachlaufen. Ihnen selber fällt nichts ein. Wir Männer zeugen Kinder und Ideen, die Weiber tun den Rest.
Einer, so wurde uns berichtet, habe gesagt: Ist es denn so, daß sie einem Mann nachlaufen? Ist es nicht vielmehr so, daß sie einem Menschen folgen, der sie eben nicht als Frauen nimmt, sondern als Menschen? Irgendetwas suchen sie, das, wie sie sagen, wir ihnen nicht geben. Was aber?
Geist!
Weiber und Geist! Widerspruch.
Wozu brauchen Weiber Geist? Daheim sollen sie bleiben und nicht im Land herumziehen. Kinder sollen sie kriegen. Arbeiten sollen sie, und diese jungen Männer auch, statt auf den Plätzen und in den Synagogen aufsässige Reden zu halten und junge Leute von zuhause fortzulocken. Es werden immer mehr. Sowas wächst wie ein Grasbrand.
Das wurde uns hinterbracht, das, aber auch anderes, das auch gesagt wurde über uns, doch weitab von den Ohren der Römer: Wie, wenns ganz anders wäre? Wenn es die Vorbereitung zum Aufstand wäre? Schaut doch, wo

dieser Rabbi seine Anhänger findet: bei den Landlosen, den Armen, den Unzufriedenen. Abend für Abend sitzt er mit solchen zusammen in verrufenen Kneipen. Es gärt im Volk, das nützt er aus.
Aber gegen die Römer sagt er kein Wort. Habt ihr nicht gehört, wie ihn Schriftgelehrte fragten, wie das ist mit der Steuer an die Römer. Gebt dem Kaiser, was man ihm geben muß.
Du sagst nur die Hälfte: und gebt dem Höchsten, was ihm gebührt.
Was soll das heißen?
Das soll heißen, daß wir uns nicht um weltliche Fragen kümmern sollen. Das sagen die Essener auch. Es ist schon ganz gleich, ob wir einen Kaiser haben oder nicht, und ob wir Besitz haben oder nicht, denn bald gibt es keinen Kaiser und keinen Besitz mehr, das Ende der Zeit ist nah und fegt alles hinweg, Könige und Kaiser und Römer.
Uns Juden auch?
Die Frage blieb offen, die war zu schwierig. Alle Fragen um den Rabbi blieben offen.
Er gab immer neue auf. Da war die Sache mit der Ehebrecherin. Was ging sie Jeschua an? Es sollte eine Probe sein. Die Schriftgelehrten wollten wissen, wie es dieser Rabbi mit dem Gesetz hielt. Er redet von der Liebe und der Duldung, und dies sei das einzige Gebot. Gut. Er sagt aber auch, er wolle das Gesetz nicht ändern. Stellen wir ihm eine Falle.
Man brachte also eine Frau vor ihn, die man im Bett mit ihrem Liebhaber gefunden hatte. Nach jüdischem Gesetz mußte sie mit dem Tod durch Steinigung bestraft

werden. War Jeschua gegen die Steinigung, war er gegen das Gesetz. War er aber für das Gesetz, so widersprach er sich selbst: hatte er nicht gesagt, der Mensch dürfe nicht über den Menschen zu Gericht sitzen, denn das sei gegen das Gesetz der Liebe und man richte damit sich selbst?

Die Frau wurde nicht gesteinigt, und Jeschua nicht als Gesetzesbrecher angezeigt. Sein Scharfsinn nämlich war schärfer als der jener, die ihm die Falle stellten.

Ich war nicht selber Zeuge der Szene, mir graute vor der Steinigung, aber als ich hörte, die Frau sei am Leben, lief ich zu ihr. Sie zitterte noch am ganzen Leib. Wie wars ihr ergangen? Warum war die Strafe ausgeblieben?

Sie erzählte: Die, welche mich dem Rabbi vorgeführt hatten, standen im Halbkreis um mich und ihn, und jeder hatte seinen Stein in der Hand und einen Steinhaufen neben sich. Warum warfen sie nicht? Sie warteten auf das Wort des Rabbi. Der aber saß da und zeichnete mit dem Finger im Sand. Große Stille. Es fehlte nicht viel, und ich wäre auch ohne Steinigung vor Angst gestorben. Das Warten, es war furchtbar. Und dann die Stimme des Rabbi: Derjenige unter euch, ihr Männer, der ohne Schuld ist, der werfe den ersten Stein. Jetzt also. Ich duckte mich. Das würde nichts helfen, aber eben, ich duckte mich und schloß die Augen. Aber es kam kein Stein. Stell dir vor: einer nach dem andern ließ seinen Stein fallen und ging davon. Das war schon großartig, wie der Rabbi sie so weit brachte. Sie hätten sich ja für Gerechte halten können, verglichen mit mir. Aber freilich, unter uns, Mirjam: es war einer dabei, der schon in meinen Armen gelegen hatte, der konnte nicht gut auf mich werfen. Und die andern: lauter Sünder. Ehebrecher auch sie, oder Betrüger, oder sonstwas. Und dann war ich mit dem Rabbi allein. Jetzt würde er mir Scharfes sagen und mich verachten. Was denkst du, was er sagte, und ganz mild sagte er es: Es hat keiner auf dich geworfen, obgleich auch du nicht schuldlos bist. Geh jetzt heim und ändere dein Leben. Das war alles. Da weinte ich, und wie ich weinte! Wie gut er war zu mir, euer Rabbi.

Und jetzt, was ist mit dir?

Nie mehr, Mirjam, nie mehr verbotene Liebe.

Und der, der mit dir schlief? Warum hat man ihn nicht auch zur Steinigung gebracht? Es ist doch Gesetz, daß auch der Mann mit dem Tod bestraft wird.

Ach, weißt du, Männer unter sich. Man ließ ihn laufen. Es war einer von ihnen, du verstehst. Das Schlimme ist: wir lieben uns. Ich habe einen harten Ehemann, der mich schlägt, der andre hat eine Viper zur Frau. Er und ich, wir waren uns Trost und Stütze. Doch jetzt? Es geht nicht mehr. Nicht wegen der Strafe wollen wir uns trennen, nicht deshalb. Es ist das Wort eures Rabbi: Ändere dein Leben! Wie er mich angeschaut hat! Das ging durch Mark und Bein. Das traf. Er ist einer, der Macht hat. Vielleicht ein Prophet. Ein heiliger Mann ganz gewiß.

Die Schriftgelehrten aber vergaßen und verziehen es Jeschua nicht, daß er sie gezwungen hatte, sich zu demütigen. Sie verstanden nachher selbst nicht mehr, wie das zugegangen war. Im Vergleich zu dieser Ehebrecherin konnten sie sich, wenigstens einige, doch wirklich für Gerechte halten und den Stein werfen, oder etwa nicht? Zu spät für dieses Mal. Man mußte ihm eine andre Falle stellen.

Rabbi, wie ist das mit dem Scheidungsgesetz?

Seid ihr nicht Schriftgelehrte? Wißt ihrs nicht?

Schon, schon. Aber die Sache hat einen Haken. Mosche hat die Scheidung erlaubt, der Ewige aber hat den Menschen erschaffen als Mann und Frau, auf daß beide ein Fleisch werden, wenn sie die Ehe schließen. Wie kann man Fleisch von Fleisch trennen?

Wenn Mosche dennoch die Scheidung erlaubte, so hat er Gründe dafür gehabt. Ihr kennt sie, oder etwa nicht?

Wir kennen sie: der Mann kann der Frau den Scheidebrief geben, wenn sie Aussatz hat oder ihm untreu ist oder sein Hab und Gut verwirtschaftet oder nach zehn Jahren noch unfruchtbar ist.

Und die Frau: kann sie den Scheidebrief geben?

Sie kann ihn fordern.

Dem Gesetz nach. Was aber ist mit der Geschiedenen? Sie kehrt heim in ihre Familie, kein Mann will sie mehr, sie hat ein freudloses Altern. Der Mann aber nimmt sich eine Junge, denn dies wars, was er eigentlich wollte: sich der Ehefrau entledigen, die er satt hat.

Rabbi, sagten sie, du bist nicht verheiratet, du weißt nicht, welche Last einem ein böses Eheweib sein kann, besonders wenn es altert. Alle Wunden der Welt sind nicht so schlimm, wie jene, die einem Mann die Bos-

heit eines Weibes schlägt, und keine Schlange hat ärgeres Gift als eine Weiberzunge. Lieber mit einem Löwen zusammen hausen als mit einem bösen alten Weib.
Jeschua sagte: Gut gelernt habt ihr die Sprüche des Jeschua Ben Sira. Auch er war ein Mann, und die Heiligen Schriften stammen allesamt von Männern. Wie nun, wenn darunter die Schrift einer klugen Frau wäre? Was hätte sie zu sagen zu unserm Thema? Vielleicht dies: Kein Ochse kann gröbere Fußtritte austeilen als ein zorniger Mann, und kein Hund stürzt sich gieriger auf eine Hündin als ein brünstiger Mann auf seine Ehefrau.
Aber sie mögen uns doch so, wie wir sind: so männlich.
Eben sagtet ihr, sie seien zänkisch und giftig. Eine Frage an euch: waren sie zänkisch und giftig, als ihr sie zur Ehe nahmt? Wenn ja: warum habt ihr nicht besser gewählt? Wenn nein, dann hat die Ehe sie verdrossen und bitter und giftig gemacht. Ist es ihre Schuld, oder doch auch die eure?
Einer sagte: Einmal so streng, Rabbi, ein andermal so mild, wie geht das zusammen?
Er sagte: Eines ist das Gesetz, ein andres die Milde des Richters.
Hinter seinem Rücken sagten sie: Wie der sich als Richter aufspielt, und dabei sagt er, man solle nicht richten. Voller Widersprüche. Ein Wirrkopf, der bisweilen gefährlich scharfsinnig ist.
Einer aber fragte Jeschua: Wenn du so groß von der Ehe denkst, Rabbi, warum bist du ehelos?

Er sagte: Es gibt Menschen, die unfähig sind zum Vollzug der Ehe durch einen Makel von Geburt her. Andre sind es durch Kastration. Andre aber leben ehelos um des Geistes willen. Wer es fassen kann, der fasse es. Das faßten sie nicht.
Sie wußten vom ehelosen Leben der Essener, aber die lebten gemeinschaftlich in der Wüste, und es lebten nur Männer beisammen. Jene Essener-Anhänger aber, die in den Zeltlagern lebten, waren verheiratet und hatten Kinder. Die Anhänger des Rabbi Jeschua waren nicht das eine nicht das andre. Was war davon zu halten? Ob das so auf die Dauer gut ging? Das war zu beobachten.
Überhaupt: diese Gruppe um den Nazarener, sie mußte unter geheimer Kontrolle gehalten werden, besonders nach dem skandalösen Vorkommnis im Tempel. Wie hätte er sich dieses Auftreten erlauben können, wenn er nicht Mächtige im Rücken hätte, die ihn schützten? Wer stand hinter ihm? Die Pharisäer? Oder aber die Sadduzäer? Gebt dem Kaiser, was des Kaisers ist: ist er ein Römerfreund? Oder redet er mit der zweigeteilten Zunge einer Schlange?
Er kam in den Tempel. Er war längere Zeit nicht dort gewesen und wußte nicht, daß die Händler und Geldwechsler in den Vorhöfen ihre Geschäfte betrieben, auch in der Säulenhalle Salomons, natürlich mit Erlaubnis der Priester, wie sonst. Wie auf dem Markt ging es da zu: man schrie, feilschte, stritt, die Opfertiere blökten und brüllten, es stank nach Urin und Kot. Jeschua stand einige Augenblicke starr, dann fuhr er, ein Unwetter, unter die Händler, stieß ihre Tische um

und schrie: Ist das eine Räuberhöhle oder ein Bethaus? Hinaus mit euch!
Wie ein Rasender sah er aus, doch wie einer, der Vollmacht hat. Niemand erhob sich wider ihn, das war seltsam, niemand legte Hand an ihn. Die Händler fingen ihre Tiere ein, die Wechsler knieten auf dem Boden und sammelten die Münzen, die Tiere wurden hinausgetrieben, und schließlich war der Hof leer.
Da kamen Priester: Was erlaubst du dir?
Und er: Was erlaubt ihr euch? An euch wäre es gewesen, zu tun, was ich tat.
Wer bist denn du, daß du so auftrittst? Hast du einen Auftrag und von wem? Zeig uns ein Dokument, das dich ausweist!
Er sagte: Ihr kennt mich wohl, ihr habt mich predigen hören in der Synagoge und hier im Tempel. Warum fragt ihr?
Wir fragen nach deiner Vollmacht!
Er schaute sie der Reihe nach an, dann sagte er: Ich gebe euch ein Zeichen, achtet gut auf meine Worte, hört: reißt diesen Tempel ein, und in drei Tagen baue ich ihn wieder auf.
Rede eines Irren. In drei Tagen willst du aufbauen, wozu unsre Väter ein halbes Jahrhundert brauchten?
Einige sagten leise: Ist er ein Magier?
Andre: Wörtlich kann er das nicht meinen. Was will er uns damit sagen? Was steckt dahinter?
Sie sagten: Erklär dich uns!
Er aber antwortete nicht, zog den Mantel eng um sich und ging zwischen allen hindurch aus dem Tempel.

Wir folgten ihm, und er war uns nicht geheuer. Steckte nicht doch Wahnsinn in ihm?
Wir blieben nicht länger in Jeruschalajim.
Wieder begann eine Wanderung, dieses Mal nordwärts. Es war schon heiß und sehr staubig nach langer Trockenheit. Wir sehnten uns nach dem grünen Galil und dem sanften See. Auf dem Weg dorthin kamen wir durch die Provinz Samaria. Durch Samaria zu gehen war immer ein wenig abenteuerlich, denn zwischen Judäa und Samaria war Feindschaft. Eine alte Feindschaft, die immer wieder neu aufflammte. Die aus Samaria hatten sich, gegen das Gesetz, mit Unbeschnittenen verheiratet und mußten, um ihres Friedens und ihrer Einheit willen, vieles vom alten Gesetz ändern. Sie ließen von den Heiligen Schriften nur die Bücher des Mosche gelten, alles andre war ihnen späte Zutat und unheilig. Da verboten ihnen die Beschnittenen in Judäa den Zutritt zum Tempel. Von da an beteten sie wie die Heiden im Freien auf dem Berg Garizim, das Gesicht von Jeruschalajim abgewandt. Man hätte nun denken können, sie kämen besser aus mit den heidnischen Römern. Aber nein, sie waren die heftigsten Feinde der Römer und aller, die mit ihnen gemeinsame Sache machten: die hohen Herren in Jeruschalajim. Die Feindschaft war gleich stark auf beiden Seiten. In Judäa hatte ich sagen hören: Von den Samaritanern ein Stück Brot annehmen ist so schlimm wie Schweinefleisch essen. Für unrein also galten die aus Samaria.
Jeschua war immer unwillig, wenn gegen die Samaritaner gehetzt wurde, und er ließ sich keine Gelegenheit entgehen, für sie einzutreten und Frieden zu stiften.

Einmal, als wieder besondrer Streit war zwischen den Provinzen, fragte ihn ein Schriftgelehrter: Rabbi, dir gilt doch wohl auch das Gebot des Höchsten, daß man den Nächsten lieben müsse.
Wo willst du hinaus mit deiner Frage?
Ich fragte nur so.
Ihr fragt nie nur so. Ich werde dir auf deine Frage antworten. Höre: Einmal ging ein Kaufmann aus Judäa von Jeruschalajim nach Jericho. Da überfielen ihn Räuber, schlugen ihn nieder, leerten ihm die Taschen und ließen ihn liegen. Da kam ein Mann aus Jeruschalajim, ein Priester. Er sah den Verwundeten liegen, zuckte die Achseln und ging weiter. Dann kam ein zweiter, ein Levit, sah den Verwundeten, und ging vorüber. Dann kam ein Kaufmann aus Samaria, der stieg vom Pferd, verband den Verwundeten, hob ihn aufs Pferd, brachte ihn zur nächsten Herberge und ließ ihn dort pflegen. Ehe er weiterritt, gab er dem Wirt Geld und sagte: Was du darüber hinaus aufwendest, erstatte ich dir, wenn ich zurückkomme. Nun sag mir du, Freund aus Jeruschalajim, wer hielt das Liebesgebot?
Einen Samaritaner gegen einen jüdischen Priester auszuspielen, das war ein starkes Stück. Der Schriftgelehrte ging verkniffenen Gesichts davon, und ganz gewiß erzählte er die Sache weiter, und ganz gewiß wurde sie ausgeschlachtet: Dieser Nazarener ist auf seiten Samarias, hört, hört!
Wir also gingen in die ungeliebte Provinz. Auf halbem Weg zwischen Jeruschalajim und Nazareth liegt die Stadt Sichar. Keine bemerkenswerte Stadt. Aber vor ihren Mauern ist jener berühmte Brunnen, den unser

Vorvater Ja'akov hatte graben lassen am Fuß des Berges Garizim auf dem Grundstück, das Ja'akov dem Josef gab. Der Brunnen war tief und gab immer noch gutes Wasser. Ganz Sichar holte dort das Trinkwasser, wie in alten Tagen. Jeschua blieb sitzen bei der Zisterne, während wir in die Stadt gingen, um Essen einzukaufen.

Als er so saß, kam eine Frau mit dem Krug. Jeschua grüßte sie. Als sie ihn am Tonfall als Galiläer erkannte, war er für sie Luft. Ob Jude aus Judäa oder aus dem Galil: viel Unterschied war da nicht.

Dieser Galiläer aber übersah ihre Feindseligkeit. Er sagte freundlich (und wie er freundlich sein konnte!): Ich bitte dich, gib mir zu trinken!

Die Frau sagte spitz: Du, ein Jude von dort, bittest mich um Wasser? Hast du nicht Angst, dich zu verunreinigen?

Er ging auf den Spott nicht ein. Er sagte: Wenn du wüßtest!

Was denn?

Wenn du wüßtest, wer der ist, der dich bittet.

Was wäre dann?

Dann würdest du ihn bitten, daß er dir Wasser gäbe.

Du bist ein Sonderbarer du. Erst bittest du mich um Wasser, jetzt willst du mir Wasser geben, wie denn, ohne Schöpfeimer?

Wieder ging er nicht auf ihren Spott ein. Er sagte: Ich kann dir vom Wasser des Lebens geben.

Sie lachte. Du bist also einer von denen, die auf den Jahrmärkten das Lebenselixier anbieten, das ewige Jugend gibt.

Er sagte: Ich spreche von einem Wasser andrer Art und von einem Leben andrer Art.
Du machst mich neugierig, Fremder.
Frau, sag mir: wenn du vom Wasser dieses Brunnens getrunken hast, ist dann dein Durst gestillt für immer?
Natürlich nicht. Vor allem bei dieser Hitze nicht.
Wenn es nun ein Wasser gäbe, das allen Durst für immer stillte?
Praktisch wäre das. Dann müßte ich nicht jeden Tag hierherkommen und mich mit den Krügen abschleppen. Leider gibts dies fabelhafte Wasser nicht, oder doch?
Sie spottete, aber sie war schon neugierig und wundersüchtig auch. Vielleicht hatte dieser Fremde wirklich eine besondre Art von Wasser, ein Heilwasser etwa.
Jeschua hörte ihre Gedanken und sagte: Ich werde dir vom lebendigen Wasser geben, aber geh erst heim und hole deinen Mann.
Meinen Mann? Ich habe keinen.
So ist es, sagte er: fünf Männer hast du gehabt und der, den du jetzt hast, ist nicht der deine.
Das traf.
Woher weißt du das, Fremder?
Er lächelte.
Sie sagte: Bist du ein Hellseher, oder was? Gar ein Prophet?
Er lächelte weiter.
Sie war verwirrt. Was für einer bist denn du? Es ist etwas an dir, das mir kalt und heiß macht.
Setz dich hierher, Samaritanerin. Sag mir, woher kommt die Feindschaft zwischen euch und uns?

Weißt du das nicht? Sie ist schon alt. Wir sind in euern Augen Abtrünnige, Gesetzesbrecher, Verworfene. Ihr habt uns den Tempel verboten. Also beten wir im Freien.
So ist es. Meine Frage an dich: Ist es Sünde, den Ewigen im Freien anzubeten?
Das fragst du mich. Sags doch du!
Höre, einst kommt die Zeit, da man den Ewigen nicht mehr dort im Tempel verehrt und auch nicht auf euern Bergen, sondern im Geist. Verstehst du das?
Nicht so recht. Erklärs.
Ist der Ewige der Gott der Juden in Judäa, oder auch der Gott der Samaritaner?
Auch der unsre.
Und ist er nur der Gott der Juden?
Ich denke: der Ewige ist der Gott für alle.
Gut sagst du das. Und wo wohnt der Ewige?
Nirgends wohnt er. Um zu wohnen, ist er zu groß.
Wohnt er also im Tempel?
Nein. Aber wo?
Jeschua (das erzählte sie später) habe auf sie gedeutet, dann auf sich.
Du meinst, er sei im Innern des Menschen?
So ist es. Denn er ist Geist. Und wenn zwei Menschen beisammen sind, so ist er das Verbindende. Verstehst du?
Ich ahne, was du meinst. Schon immer habe ich gedacht, daß die rechte Rede vom Ewigen noch aussteht. Aber wer bist du, daß du die rechte Rede weißt?
Als er schwieg, drängte sie: Sag mir, wer bist du, Fremder?

Da habe er sie angeschaut auf eine Art, die ihr Schrecken einjagte, einen Glücksschrecken, sagte sie, und auf einmal habe sie gewußt: Er ist mehr als ein Prophet.

Diese Erkenntnis sei wie ein Blitz in sie gefahren, und sie sei aufgesprungen und wie vom Sturm gefegt in die Stadt gelaufen, und dort habe sie gerufen: Am Ja'akovsbrunnen ist ein Prophet, kommt, seht selbst! Er weiß das Verborgene und das Zukünftige, kommt!

So liefen sie mit ihr zum Brunnen, wo der Fremde saß und mit einem jungen Hündchen spielte, das ihm zugelaufen war.

Wir waren eben aus der Stadt zurück mit Brot und Käse und Wein, und boten es Jeschua an. Er gab sein Brot dem Hündchen und aß nichts. Ich habe andre Speise, sagte er. Das war rätselhaft.

Da kamen die Leute aus der Stadt gelaufen, in Scharen kamen sie, das machte uns angst, wollten sie uns überfallen? Wir wußten ja nicht, was die Frau ihnen gesagt hatte.

Sie riefen: Schalom, Schalom!

Das war ein Friedensangebot. Wir wunderten uns, und noch mehr, als sie Jeschua einluden, in der Stadt zu predigen.

Jehuda sagte leise: Trau ihnen nicht! Es kann eine Falle sein.

Jeschua aber stand auf und ging mit in die Stadt.

Eine ganze Woche blieben wir, und Jeschua predigte in der Synagoge und auf den Plätzen und Gassen, und das Volk war unersättlich, ihn zu hören.

Uns aber fragten sie heimlich: Dieser euer Rabbi, ist er der Messias?

Wir fragten zurück: Für wen haltet ihr ihn?
Da war nun großer Disput. Für den Täufer, wiedergekehrt aus dem Totenreich. Für Elija. Für Jeremija. Für einen neuen Propheten. Oder aber?
Als wir nicht antworteten, sagten sie: Es ist wohl noch im geheimen, wer er ist, und ihr dürft nicht reden, ist es so?
Ich sagte: Er ist ein großer Rabbi. Genügt euch das zu wissen nicht?
Es genügte ihnen nicht, doch kamen sie zu keinem Ziel mit ihrem Denken und Reden.
Jeschua sagte: Es ist Zeit zum Aufbruch.
Er war nicht zu halten, obgleich die Leute aus Sichar ihn baten und drängten zu bleiben. Wenn er entschlossen war zu gehen, ging er. Es war dann, als riefe ihn jemand, und er müsse folgen, koste es was es wolle.
Kaum waren wir ein Stück Wegs gegangen, lief uns ein junger Mann nach. Er war mir schon die Woche über aufgefallen. Immer strich er um Jeschua und hing an dessen Augen und pickte eifrig jedes seiner Worte auf. Was wollte er jetzt?
Rabbi, ich möchte dein Jünger werden. Ich will vollkommen werden. Ich habe bis jetzt alles getan, was Gebot und Gesetz vorschreibt. Jetzt möchte ich mehr tun. Sag mir, was ich tun muß, um dein Jünger zu werden!
Jeschua schaute ihn lange an, dann sagte er: Geh heim, teile dein Land auf, gib jedem deiner Arbeiter ein Stück, groß genug, daß er sich davon ernähren kann, und verschenke alles, was du hast. Dann komm!
Das Land aufteilen? Rabbi, du weißt nicht, was so ein

Landgut ist. Teilt man es auf, ists nicht mehr rentabel. So ein Besitz muß zusammengehalten werden. Und die Arbeiter, was meinst du, die überblicken doch das Ganze nicht. Ohne mich können sie es nicht bewirtschaften. Außerdem: sie wollen gar keine Änderung, sie haben es gut bei mir. Besser können sie es nicht haben. Überließe ich ihnen das Land, müßten sie, um die gleich große Ernte zu haben, das Doppelte und Dreifache schaffen, und bei Mißernten hätten sie nichts. Ich gebe ihnen Sicherheit.

Jeschua hatte still zugehört, im Sand zeichnend, dann sagte er: Viel hast du geredet und vernünftig. Geh also heim und kümmere dich um deinen Besitz. Wo dein Schatz ist, da ist dein Herz. Mein Jünger kannst du nicht werden.

Rabbi, ich will noch mehr Almosen geben, und ich will die Löhne meiner Arbeiter erhöhen. Ist das nichts?

Jeschua sagte, zu uns gewandt: Die Vernunft der Kinder dieser Welt hindert ihren Aufstieg. Seht, wie der Vogel an der Leimrute klebt!

Zu dem jungen Mann sagte er: Schau diese an, meine Jünger. Sie haben alles verlassen, was sie besaßen, und haben die große Freiheit dafür eingetauscht. Freund: eher geht ein Schiffstau durch ein Nadelöhr als ein Besitzender ins Reich des Geistes.

Aber, Rabbi, ich ...

Jeschua schnitt ihm das Wort ab. Geh! sagte er, geh, und mach die Erfahrung, daß deinen Besitz Rost und Motten fressen, daß dir das Dach überm Kopf einstürzt, daß dein Land verwüstet wird. Vielleicht, wenn man dir deinen Besitz mit Gewalt abnimmt, begreifst du: es war Nichts.

Der junge Mann ließ den Kopf hängen, dann ging er weg, sehr langsam zuerst, dann aber lief er wie gejagt. Er entlief dem Rabbi. Sich selbst entlief er.
Jeschua schaute ihm traurig nach.
Jehuda sagte: Wenns nach mir ginge, ich hätte ihn nicht gehen lassen. Ich hätte ihm gesagt: Verpachte deinen Besitz, wenn du ihn schon nicht aufteilen und verschenken willst, und nimm den Pachtzins und bring ihn uns und bleib bei uns. Jetzt geht er hin und scheffelt weiter Geld für sich und hat halbherzige Gewissensbisse.
Auch Schimon hatte einen Einwand: Rabbi, hast du ihm nicht die große Gelegenheit versagt, sich zu befreien? Warst du nicht zu hart?
Und Jochanan sagte: Wenn Besitz Nichts ist, dann kann man Besitz haben, als hätte man nichts. Wir haben nichts und leben, als hätten wir Besitz. Ist nicht beides Täuschung: Haben und Nicht-Haben? Was einzig zählt, ist doch Erkenntnis.
Jehuda lachte ihn aus: Sag das den Bauern, die von ihrem Land vertrieben werden! Sag: das ist doch alles Nichts. Ihr könnt von nichts so gut leben wie von etwas. So gehts doch nicht. Teilen: ja. Enteignen der Reichen: ja. Aber gar nichts besitzen, Rabbi, das ist keine Sache, die man den Leuten abverlangen kann.
Jeschua sagte: Wer verlangt es von allen? Wen es nach der Freiheit der Adler verlangt, der wählt die Freiheit von Besitz. Wer lieber im Nest bleibt, der wählt den Besitz.
Jochanan sagte: Rabbi, wir, deine Jünger, haben alles verlassen um dieser Freiheit willen.

Jeschua sagte: Willst du dafür Lob? Und glaubst du, du habest alles verlassen, weil du den Besitz verlassen hast? Es gibt viele Arten von Besitz und viele Arten von Hängen. Sieh du zu, daß du nicht an deinem Denken hängst! Frei ist nur der, der auf sein Ich verzichtet. Wer sich selbst dahingibt, der hat die Fülle des Lebens. Die Freiheit vom Ich: das ist das Friedensreich. Könnt ihr das fassen?

Damit ließ er uns stehen.

Jehuda sagte: Ich versteh das so: wer sein Leben hingibt für die Befreiung seines Volks, der befreit damit sich selbst.

Wir andern schwiegen.

Bald darauf sah ich, wie Jehuda insgeheim den Inhalt eines seiner beiden Beutel zählte. Er berührte die Münzen mit spitzen Fingern so zärtlich, als berühre er die Haut einer Geliebten. Er hat nie eine gehabt. Seine einzige Liebe (so meinten wir), sei Jisrael. Für sie zu sterben, war er bereit.

Am Abend erzählte Jeschua die Geschichte vom Schaf, das sich von der Herde entfernte und sich verirrte. Der Hirt ließ seine Herde und machte sich auf, das Schaf zu suchen. Er fand es im Dorngestrüpp, befreite es, trug es auf seinen Schultern heim, rief alle Nachbarn herbei und freute sich.

Nun, und?

Schimon sagte: Ja, aber die andern Schafe? Wenn nun inzwischen der Wolf kam? Der Hirt rettet ein Schaf und gibt hundert andre preis.

Ich sagte: Die Geschichte ist schön und trostreich, aber wird denn jedes verirrte Schaf zur rechten Stunde vom rechten Hirten gerettet? Werden nicht viele Schafe vom Wolf gerissen, ehe der Hirt ihr Fehlen bemerkt?

Mirjam, du denkst in Stunden, Tagen, Jahren. Wir haben einen Aion vor uns.

Das wohl. Aber ein totes Schaf ist ein totes Schaf und bleibt es, oder etwa nicht?

Es gibt kein totes Schaf. Es gibt keinen Tod. Es gibt nur Verwandlung. Kein Schaf bleibt ungerettet.

Nun ja, sagte Jehuda, schön wärs. Ich hab leider schon viele tote Schafe und Lämmer gesehen, und das waren nicht die letzten, die ich verenden sah, gerissen von der römischen Wölfin. Wo bleibt der Hirte, Rabbi?

Hört eine andre Geschichte, vielleicht versteht ihr dann. Ein Mann hatte zwei Söhne. Der ältere lebte beim Vater und half ihm bei der Arbeit. Der jüngere erbat sein Erbteil und zog in die Fremde. Dort brachte er sein Erbe durch und wurde bettelarm, sodaß er zuletzt seine Nahrung aus den Abfalleimern kratzte. Eines Tages war es so weit, daß er sich sagte: Entweder sterbe ich im Elend, oder aber ich kehre heim. Aber habe ich das Recht zur Heimkehr nicht verspielt? Man wird mich vom Hof jagen. Es wird hart werden. Aber versuchen muß ich es. Natürlich kann ich nicht erwarten, vom Vater wieder als Sohn aufgenommen zu werden, aber als Stallknecht vielleicht kann er mich brauchen. So ging er also heimwärts, das Herz voll schwerer Scham und Sorge. Da sah ihn von weitem sein Vater. Nun wird das Gericht über mich hereinbrechen, dachte der Sohn und fiel auf seine Knie. Der Vater aber achtete nicht auf Kniefall und Reuetränen, sondern zog ihn hoch und schloß ihn in die Arme. Da bist du wieder,

Kind. Komm, wir wollen deine Heimkehr feiern. Der ältere Bruder sah das alles und begehrte auf. Dies Getue für den Landstreicher! Für mich, der ich mich abschufte für den Vater, keine Umarmung, kein Festmahl, nichts. Der Vater hörte das Murren. Mein Lieber, du warst immer bei mir und in Sicherheit, dein Bruder aber war so gut wie tot für mich, und nun ist er ins Leben zurückgekehrt. Soll ich mich nicht freuen?
Jehuda sagte: Schöne Gerechtigkeit. Man kann also nichts Besseres tun als fortlaufen, sein Erbe durchbringen, ein Lotterleben führen und, wenns so nicht weitergeht, heimkehren, um Verzeihung betteln, und alles ist wieder gut. Was für eine Geschichte ist das, Rabbi!
Jeschua schaute ihn an auf eine Weise, die mich frieren machte. Was ging da vor zwischen den beiden?
Jehuda fuhr fort: Zweideutig ist diese Geschichte. Einmal so: der Sohn ist ein Taugenichts, wird aber dennoch geliebt als der Benjamin, nun gut, vielleicht gefiel er dem Vater so, wie er eben war, so abenteuerlustig, vielleicht tat der Sohn das, was der Vater hätte tun mögen und nicht tat, und so war Verständnis und Liebe. Oder aber du hast die Geschichte erzählt, um die vorherige zu verdoppeln und zu verstärken: der Vater und der Schafhirt, das ist ein und derselbe. Das wäre also der große Barmherzige. Auch gut. Aber nun: wer ist das verirrte Schaf, wer der verirrte Sohn?
Jeschua schwieg, und Jehuda fuhr fort: Dieser Sohn, ist er nicht ein Jämmerling? Daß er sich nicht schämt zu betteln, und noch schlimmer: heimzukehren nach der Niederlage! Gabs denn keinen andern Weg für ihn als dies Heimkriechen zu den Fettnäpfen des Vaters? Diese

Geschichte, Rabbi, ist die Geschichte vom Scheitern des Menschen. Heißt sie im Kern nicht so: bleibt schön zuhause, bleibt im Gewohnten, nur kein Wagnis, es geht ja doch schief aus, wenn nicht der Vater eingreift. Der aber verändert nichts, der bringt nur alles wieder in Ordnung, nämlich in die alte, gewohnte. Du widersprichst dir, Rabbi. Redest du, gerade du, nicht immer von Veränderungen? Der neue Wein gehört in neue Schläuche, hast du gesagt, und auf ein zerschlissenes Kleid näht man keine Flicken mehr. Das ist die Absage ans Alte, radikal. Und jetzt diese Geschichte von der reumütigen Heimkehr ins Alte. Was gilt nun?

Du siehst Widerspruch, wo keiner ist. Der Vater ist derselbe, gewiß. Aber der Sohn ist verwandelt, und also verwandelt sich auch der Vater. Ohne Fortgehen und ohne Heimkehr bliebe alles beim alten. Aber Fortgehen und Heimkehr bewirkt radikale Änderung des Ganzen. Das Alte wird zum Neuen. Was aber bleibt, das ist die Liebe des Vaters.

Nun ja, sagte Jehuda, und ging weg, und als er so wegging, fühlte ich einen Stich im Herzen und wußte nicht, was mir denn da wehtat.

Wohin ging Jehuda, wenn er so Mir-nichts-dir-nichts verschwand? Er sagte es nie, und Jeschua fragte ihn nicht, er ließ ihm alle Freiheit.

Am Abend dieses Tages kam Jehuda spät zurück. Ich war besorgt und stand auf dem Weg, um nach ihm auszuschauen. Endlich kam er, und er pfiff im Gehen, er war ungewöhnlich heiter.

Wie riechst du, Jehuda? Nach Rauch! Das ist Brandgeruch!

Wo Feuer ist, da ist Rauch.
Du warst sehr nah am Feuer, Jehuda!
Sehr nah. Höre: die Landvertriebenen haben drei Gutshöfe niedergebrannt. Als Warnung, verstehst du?
Ich verstehe. Aber du, warum warst du so nah dabei?
Zum Löschen nicht. Frag jetzt nicht weiter.
Jehuda, willst du uns alle in Verdacht bringen? Hat der Rabbi nicht schon Feinde genug?
Muß so einer wie er nicht Feinde haben? Oder willst du, daß er Liebkind aller ist?
Noch zwei Tagesreisen, und wir überschritten die Grenze des Galil und kamen nach Nain. Wir wollten die Stadt umgehen, doch hielt uns ein Leichenzug auf, Weinen und Wehklagen. Auf der Bahre ein Mädchen, oder wars ein Knabe, ich weiß nicht mehr. Ich weiß auch nicht, wie es kam, daß Jeschua die Träger bat, die Bahre niederzustellen, vielmehr: damals wußte ich es nicht. Sie also stellten die Bahre nieder, und er hob das Tuch, dann sagte er: Aber das Kind ist gar nicht tot. Es schläft.
Nicht tot? Natürlich ist es tot. Es starb gestern, und wir müssen es rasch begraben, bei dieser Hitze kommt die Verwesung schnell.
Wenn ich es euch sage: das Kind ist nicht tot! Sagt mir seinen Namen!
Sie sagten ihn, ich vergaß ihn. Jeschua rief das Kind beim Namen und berührte seine Stirn. Da schlug es die Augen auf und schaute verwundert um sich. Die Träger liefen entsetzt weg, der Leichenzug löste sich auf,

die Mutter schrie und rang die Hände. Sie alle hielten das Geschehene für Sinnestäuschung oder für schwarze Zauberei. Wir auch.
Jeschua aber nahm das Kind bei der Hand und sagte: Lang hast du geschlafen. Was hast du geträumt?
Das Kind lächelte ihn an: Von dir! Ich hab dich im Traum gesehen, und jetzt bist du wirklich da.
Allmählich wagten sich die Leute wieder heran. Jeschua aber ging rasch hinweg. Wir folgten ihm benommen. Als wir weit genug entfernt von der Stadt uns in den Schatten setzten, sagte er: Was habt ihr denn? Was wundert ihr euch?
Rabbi, wir wundern uns nicht, wir fürchten uns. Wer bist du, daß du Tote aufweckst?
Was redet ihr? Das Kind war nicht tot.
Wie aber hast du das gewußt?
Die silberne Schnur war noch nicht gerissen, das Leben noch nicht entflohen. Das kann man fühlen, wenn man gelernt hat, auf die Zeichen der Natur zu achten. Das könnt auch ihr lernen. Man muß nur aufmerksam sein. Die Natur lehrt uns alles, und alles ist so einfach.
Nichts war einfach, alles wurde immer schwieriger.
Zunächst schien der Tag schön und friedlich zu werden. Grün und sanft lag unser Heimatland da, und still und blau war der See. Und der vertraute Schilf- und Fischgeruch. Und Boote draußen auf dem Wasser, und das Springen der silbernen Fische.
Es war Jeschua, dem einfiel, ein paar Boote zu mieten und über den See zu rudern, vom Süden her die ganze Länge hinauf nach Kefarnachum. Allmählich vergaßen

wir die Sache mit dem toten und doch nicht toten Kind, und wir wurden heiter, Jeschua auch.
Kaum waren wir am Nordufer an Land gegangen, hörten wir Gebrüll. Es war nicht menschlich und doch auch nicht tierisch, und es kam aus einer der verlassenen Grabhöhlen. Ich erinnerte mich sofort: das war der Kinderschreck, den gabs schon seit vielen Jahren. Geht nicht zu den Grabhöhlen, sagte man den Kindern, dort ist der wilde Mann, der euch fängt und frißt, hört ihr, schon rasselt er mit seinen Ketten!
Manchmal hörten wir Kinder es sogar wirklich. Dann hatte er wieder einmal die Ketten zerrissen, mit denen ihn zu fesseln bisweilen gelang, wenn er im Tiefschlaf lag.
Der Mann war ein Kranker, ein Fallsüchtiger, ein Tobsüchtiger, ein gewalttätiger Irrer. Er ist besessen, sagte man, und seine Kraft kommt von den Dämonen, die er in sich hat.
Rabbi, wohin gehst du! Der Mann ist gefährlich.
Doch Jeschua ging weiter, geradewegs auf die Höhle zu, aus der das Brüllen kam.
Rabbi, der Mann bringt dich um!
Jeschua wies uns mit einer strengen Geste zurück und ging weiter. Wir zitterten vor Angst.
Doch kam alles anders als wir fürchteten. Unbegreiflich anders. Als Jeschua vor dem Höhlengrab stand, stürzte der Irre heraus. Das war kein Kinderschreck, kein schwarzer Mann; so wie er war, so stellten wir uns Beelzebul, den obersten der Dämonen, vor. Das war kein Mensch mehr. Er drohte mit den Ketten und schrie Unverständliches. Jeschua blieb stehen. Da blieb der Irre

auch stehen. So standen sie sich gegenüber auf drei Schritte. Plötzlich ein Schrei, und der Irre stürzte zu Boden. Jeschua beugte sich über ihn, berührte ihn sanft und sprach mit ihm. Was er sagte, hörten wir nicht. Der Irre bäumte sich noch einmal auf und schlug mit Händen und Füßen um sich. Dann lag er still. Jeschua fuhr fort, ihm über das verfilzte Haar zu streichen und mit ihm zu sprechen wie zu einem Kind, das es zu beruhigen galt. Nach einer Weile sagte er zu uns: Jetzt schläft er. Wenn er aufwacht morgen früh, wird er sich an nichts erinnern, er wird gesund sein.
Wir zitterten noch lange, und im Weggehen wandte sich immer wieder einer von uns um.
Am Abend wagte ich die Frage: Rabbi, wer bist du, daß du so etwas kannst?
Er sagte: Wollt ihr es lernen? Also hört: zuerst einmal dürft ihr keine Spur von Angst haben.
Das sagst du so, Rabbi! Das ists ja, daß einem so einer Angst macht. Wieso hattest du keine Angst?
Wovor sollte ich mich fürchten? Der Mann war ein Kranker. Sein Leib und seine Seele stritten gegeneinander, und niemand half ihm. Alle hatten Angst vor ihm, das machte ihn stark. Als er sah, daß ich furchtlos war, ergab er sich dem Stärkeren, und stärker ist immer der, der nichts für sich wünscht und fürchtet.
Ja, aber: er war doch ein Kranker, und du hast ihn geheilt. Wie machst du das? Liegt das Heilende in deinen Händen? Sag uns dein Geheimnis!
Was redet ihr, als sei ich ein Zauberer. Es ist kein Geheimnis. Sehr einfach ist das. Wann wird ein Mensch krank? Wenn seine Säfte aus dem Gleichgewicht kom-

men. Wodurch wird das Gleichgewicht gestört? Wenn er vergißt, daß er ein Kind des Ewigen ist, dem kein Unheil etwas anhaben kann. Woher kommt dieses Vergessen des hohen Schutzes? Aus dem Mangel an Liebe. Wird ein Mensch nicht geliebt, so fehlt ihm der Schutz. Dann fallen ihn negative Kräfte an, und er wird krank. Gibt man ihm Liebe und Vertrauen, so wird sein Gleichgewicht wiederhergestellt, und er wird gesund.

Wir verstehen, Rabbi. Aber wer kann so lieben wie du?

Als sollte die Belehrung fortgesetzt und das Gesagte sofort bestätigt werden, erlebten wir am nächsten Tag eine andre Heilung.

Noch ehe wir Kefarnachum erreichten, sprengte ein Berittener und Behelmter heran, ein Römer, ein Hauptmann, sprang vom Pferd, grüßte den Rabbi militärisch und sagte: Rabbi, mein Sohn, mein einziger, liegt im Sterben. Komm, hilf ihm!

Ich bin kein Arzt und kein Zauberer.

Rabbi, ich bin Hauptmann und habe Offiziere und Soldaten unter mir. Wenn ich zu einem sage: Komm! so kommt er, und wenn ich sage: Geh! so geht er.

Ich bin kein Hauptmann und habe keine Soldaten.

Du hast andere Befehlsgewalt. Rabbi: ein Wort von dir, und die Krankheit entläßt meinen Sohn.

Das also glaubst du, Mann?

Zu uns sagte er: Hätte Jisrael diesen Glauben!

Zum Hauptmann sagte er: Da du die Kraft hast, zu glauben, ich könne heilen, hast du auch die Kraft, deinen Sohn selbst zu heilen. Traust du dir diesen Glauben zu?

Wenn du sagst, es sei so, dann ist es so.

Reite jetzt heim. Dein Sohn ist gesund.

Der Hauptmann grüßte militärisch, saß auf und sprengte davon.

Wir waren verstört. Sprachlos waren wir. Ich hatte Angst: wie, wenn der Sohn inzwischen gestorben war?

Aber Jeschuas Wort: dein Sohn IST gesund! Hatte er das wirklich gesagt? Ja, alle hatten es gehört. Kein Zweifel. Nicht: er WIRD gesund. Er IST gesund.

Ich dachte, das kann heißen, seine Krankheit sei auf dem Höhepunkt sozusagen umgekippt. Eine Krise, und dann die Genesung, ganz plötzlich, das gab es. Dann wäre Jeschua ein Hellseher. Auch das gab es. Daß er Ungesprochenes, nur Gedachtes hörte und in Zeit und Raum Fernliegendes sah, das hatten wir schon oft erlebt. Warum solls nicht jetzt so sein?

Wieder einmal dachte ich: WER bist du, wer um alles bist du.

Hinter mir gab es einen Wortwechsel: Jehuda und Jochanan.

Jehuda: Also, das ist etwas Neues, eine Heilung aus der Ferne, das macht Eindruck, das überzeugt, das kann uns Hunderte von Anhängern einbringen.

Und Jochanan: Daß du immer in Zahlen denkst! Immer hast du etwas zu zählen: Münzen, Entfernungen, Menschen.

Und du? Du überläßt das Zählen mir, es ist deiner nicht würdig, dafür bin ich gut genug. Einer muß sich die Hände dreckig machen beim Geldzählen, einer muß ausrechnen, wie lang das Geld reicht und wie weit es ist von hier bis dort, einer muß auf dem Erdboden bleiben,

damit die andern fliegen können. Und dann von oben herunterschauen, nicht wahr!
Der Streit wäre sicher weitergegangen, wäre nicht plötzlich von der Stadt her Geschrei gekommen, Freudengeschrei, das war bald klar, und aus dem Stadttor quoll eine Menge Volks, voran der Hauptmann, zu Fuß jetzt und ohne Helm und ohne Rücksicht auf militärische Haltung, er lief, er stolperte, er mußte sich aufhelfen lassen, und er schrie: Mein Sohn lebt! Mein Sohn ist gesund!
Unser Einzug in die Stadt Kefarnachum war peinlich großartig. Wie einen aus gewonnener Schlacht siegreich heimkehrenden Helden feierte man Jeschua. Inzwischen war auch die Nachricht von der Heilung des Grabhöhlenmenschen eingetroffen: Der Rabbi hat mit dem Dämon gesprochen, mit Beelzebul selbst, nein, es waren viele Dämonen, und als der Rabbi sie austrieb, fuhren sie in die Schweine, und sie ertränkten sich im See.
Ich lachte laut. Die armen Schweine. Was für Schweine? Natürlich nicht jüdische. Wir aßen ja kein Schweinefleisch. Es waren griechische Schweine von drüben, aus der Dekapolis, und nun waren sie ertrunken in unserm jüdischen See. Dummes Volk, sagte ich, aber wer hörte mich schon in all dem Festgeschrei.
Und dann noch zu allem hin die Nachricht aus Nain: Der Rabbi hat ein totes Kind auferweckt, es lag schon im Grab, es hat schon gestunken, und als der Rabbi rief: Komm heraus! da kam es heraus und sprang herum und lebte. Geht nach Nain und seht selbst!
Rabbi, sagte ich, verbiete doch dieses Geschwätz. Es schadet deinem Ruf.
Jehuda sagte: Laßt ihnen doch ihren Glauben. Hauptsa-

che, sie haben eine Hoffnung. Lahme gehen, Blinde sehen, Tote stehen auf, das haben sie gehört, das steht in der Heiligen Schrift, das gilt ihnen als Zeichen.
Wofür, Jehuda, wofür?
Wofür denn? Von wem ists gesagt?
Schweig doch, Jehuda! sagte Jeschua zornig. Wir bleiben nicht hier. Geht ihr unauffällig weg, einige hierhin, einige dorthin. Wir treffen uns in Schimons Haus.
Er zog seinen Mantel eng um sich und ging weg.
Jehuda sagte: Er wills nicht sein und wills nicht sein. Wenn er nur wollte!
Er knirschte mit den Zähnen.
Jochanan sagte: So aber gehts nicht. So wird alles verfälscht. Es wird aus Geist Grobstoffliches. So werden sie nie aufsteigen. So wird ihnen das Friedensreich immer ein Traumland sein, das von Milch und Honig überfließt. Was für ein törichtes Volk.
Ehe jemand in der Stadt es bemerkte, waren wir verschwunden. Einige Tage verbargen wir uns in den Häusern unsrer Freunde am See. Dann aber spürten sie uns auf und riefen nach dem Rabbi.
Ehe er sich ihnen zeigte, sagte ich:
Rabbi, kein Wunder mehr, ich bitte dich! Sonst läuft alles falsch. Sie müssen lernen, dich zu sehen, dich, nicht Wunder oder was sie für Wunder halten. DU bist das Wunder, Jeschua! Steig nicht zu ihnen hinunter, reiß sie zu dir hinauf!
Was für eine Menge Volks ihn erwartete! Von überall her waren die Leute gekommen. Man hörte Aramäisch, Hebräisch, Griechisch, Phönizisch, Syrisch. Einen solchen Zulauf hatte nicht einmal der Täufer gehabt.

Das Volk lagerte sich an den Abhängen. Es mußten viele hundert sein. Tausend vielleicht, oder mehr. Und immer noch kamen Nachzügler. Was erwarteten sie? Was für ein Traum führte sie her? Was für eine verzweifelte Hoffnung? Hoffnung: worauf? Törichtes Volk, hatte ich gesagt. Ich nahms zurück in meinem Herzen. Armes Volk, sagte ich, zu lang zu schwer geprüftes Volk. Immer hat es dem Ewigen vertraut und dem heiligen Bund. Daß es immer noch hoffte, das war ein Wunder. Soviel Glaube, soviel Hoffnung kann doch nicht zuschanden werden.

Das Volk hatte sich gesetzt, es wurde still. Auch Jeschua setzte sich. Er setzte sich an den Fuß des Hügels.

Seine Rede war ein Meisterwerk an Offenheit und Verschlüsselung. So war sie, daß Jochanan vor Freude weinte und Jehuda sich begeistert die Hände rieb und sagte: Endlich!

Was aber sagte der Rabbi? War es denn so unerhört neu? Das eigentlich nicht. Das, was er uns im kleinen Kreis in Abend- und Nachtgesprächen gesagt hatte und oft auch so nebenbei, das faßte er jetzt zusammen, das fügte er zu einem Ganzen, und er sagte es öffentlich vor einer großen Menge Volks, die keineswegs nur aus Juden bestand. Er sprach über alle Grenzen hinweg. Das war es, was Jochanan begriff und was in seine hohe Weltsicht sich fügte, und was Jehuda, besessen von der innerjüdischen Not, nicht hörte. Was Jehuda hörte, das war die Beschreibung des befreiten Jisrael, die Voraussage von der radikalen Veränderung der politischen Lage.

Wer heute hungert, wird gesättigt werden. Wer jetzt

seines Eigentums beraubt wird, wird es hundertfach erstattet bekommen. Wer jetzt eingekerkert wird, wird frei sein. Wer jetzt weint, der wird lachen. Wer jetzt verfolgt wird, der wird Frieden finden.
Das Volk klatschte Beifall. Jeschua fuhr fort: Ihr, die ihr arm seid und unterdrückt, ihr findet Gerechtigkeit. Kein Herr wird mehr über euch sein und euch zu Unfreien machen. Die Schuldtürme öffnen sich, die Schulden werden gelöscht. Der Herr umarmt den Knecht, und es wird fürder weder Herren noch Diener geben, weder Reiche noch Arme. Jeder wird haben, was er braucht, und weil alle gleich viel besitzen, wird kein Neid mehr sein, kein Diebstahl, kein Raub, kein Mord. Das Lamm wird neben dem Wolf liegen. Ein jeder ist Bruder und Diener des andern. Nicht mehr die Gewalttäter werden herrschen, sondern die Friedensstifter.
Das Volk sprang auf, weinte und tanzte vor Begeisterung. Mitten in den Freudentaumel rief eine starke Stimme: Was aber geschieht, ehe es soweit ist? Was geschieht mit unsern Unterdrückern? Was mit den Feudalherren, den Reichen, den Priestern? Die gehen doch nicht von selbst, die muß man vertreiben! Erledigen muß man die Schlangenbrut!
Einige schrien: Nieder mit ihnen! Nieder mit den Herren!
Schon schrien es viele. Da stand Jeschua auf und hob die Hand.
Schlecht redet ihr! Falsch denkt ihr! An Gewalt denkt ihr! Das böse Rad dreht ihr weiter! Aus Pflugscharen schmiedet ihr neue Waffen, aus Winzermessern Dolche! Und ihr glaubt, so trete Besserung ein? Mit Gewalt

Gewalt vertreiben? Mit Mord Frieden stiften? Das neue Haus auf dem Totenacker bauen? Den Mörtel mit Blut mischen? Das also soll das Neue sein, das ihr erhofft! Und ich soll euch dabei helfen? Ihr Toren!

Da kam kein Beifall. Aber auch kein Widerspruch. Eine große Stille.

Und nocheinmal erhob Jeschua die Stimme: Nichts wird sich ändern, wenn ihr nicht euch selbst ändert! Kein Friede wird sein auf Erden, wenn ihr nicht Frieden habt in euch. Schließt Frieden mit euern Brüdern, Frieden mit denen, die ihr für eure Feinde erklärt! Den Bruderkuß allen!

Jehuda knirschte mit den Zähnen, dann murmelte er: Friede den Römern. Bruderkuß dem Herodes. Umarmung mit den Priestern.

Laut sagte er und sehr böse: Ich will meine Feinde lieben, wenn noch einige leben nach der großen Reinigung, dann!

Ein paar lachten, aber nur kurz, dann war wieder Stille. Niemand wußte mehr etwas zu sagen.

Es war dunkel geworden, für viele zu spät, den weiten Heimweg anzutreten. Es stellte sich heraus, daß die meisten nicht damit gerechnet hatten, keine Unterkunft zu finden und keine offenen Läden. Sie hatten Hunger.

Jehuda sagte: Rabbi, das Volk hungert!

Er sagte es vorwurfsvoll, als sei es Jeschuas Schuld, und er sagte es herausfordernd. Er gab nicht auf. Was der Rabbi auch sagen mochte: die große Aufgabe blieb ihm. »Das Volk hungert«, das hieß: Gib du ihm Brot! Und das hieß: Übernimm endlich deine Rolle.

Rabbi, was tun? Wir können die Leute nicht heimschikken. Es sind Kinder dabei, die hungern.
Jeschua sagte: Wieviel Vorrat haben wir?
Vorrat? Was für Vorrat? Einen Korb mit Fladenbroten und einen mit getrocknetem Fisch. Gerade soviel, wie wir für uns brauchen.
Bringt die Körbe! Und jetzt teilt aus!
Austeilen?
Teilt aus!
Wir teilten also aus: kleine Stücke Fladen und kleine Fetzen Trockenfisch. Ein hoffnungsloses Tun. Wir teilten weiter aus und weiter. Da sahen wir, daß die, die etwas bekamen, es noch einmal teilten, und viele legten etwas dazu aus ihrem eigenen, zuerst verhohlen gesparten Mundvorrat, und so ging das Teilen fort, keiner bekam viel, doch jeder bekam etwas, und zuletzt fanden auch wir selber noch einen Rest in den Körben, wir wußten nicht, wie das zugegangen war.
Als wir alle gegessen hatten, senkte sich große Ruhe über uns. Die Nacht war warm und voller Sterne, und der halbe Mond gab Licht. Jeschua schlief, wie meist, auf dem Rücken, die Arme verschränkt unterm Kopf. Ich konnte nicht schlafen. Ich schaute ihn an. Ohne die Augen zu öffnen, sagte er: Schlaf! Du hast einen weiten Weg vor dir.
Was meinte er damit? Warum sagte er nicht: wir? Doch fiel ich alsbald in tiefen Schlaf.
Sehr früh wurden wir wach. Die Leute mußten heim zur Arbeit. Der Hügel leerte sich. Auch wir waren bereit zum Aufbruch. Jedoch: wir kamen nicht weit, nicht einmal bis Chorazin. Ein ganzer Landstrich war in Be-

wegung. Leute folgten uns, Leute liefen uns entgegen, kreisten uns ein und bedrängten uns. Und was für Volk das war: lauter Kranke. An Krücken humpelten sie, auf Bahren trug man sie, und das ganze Elend versammelte sich um Jeschua. Wie schmutziges Wasser, das gegen einen Felsen aufschäumt. Gestank nach Eiter und getrocknetem Blut, nach Schweiß, nach ungewaschenen Kleidern, nach Armut. Nie lernte ich unempfindlich zu sein gegen Gerüche und gegen das Häßliche. Wie ertrug Jeschua das? Die Kranken drängten sich an ihn, um ihn zu berühren, einer stieß den andern weg, manche wurden zu Boden geworfen.

Jehuda war es, der Ordnung schuf. Er schrie Befehle. Er hieß die Leute rechts und links des Weges sich aufstellen. So konnte Jeschua zwischen ihnen hindurch gehen, sie berühren, ein paar Worte mit ihnen reden. Jehuda hielt sie im Zaum, doch war er ungeduldig und im Zwiespalt mit sich selbst, das sah ich. Er stand auf seiten der Armen, doch war ihm Flickwerk, was Jeschua tat. Ein paar Heilungen, hundert Heilungen, tausend: was bedeutete das, wenn ganz Jisrael krank war und im Elend? Nicht Kranke heilen, nicht Almosen geben: die Wurzeln ausreißen!

Er murrte, er knurrte die Leute an, doch liebte er sie, denn sie waren ihm, was sie waren: die Ausgebeuteten, die Beraubten, die, denen das Erstgeburtsrecht abgelistet worden war von den Schlauen, den skrupellos Tüchtigen, den Geschäftemachern, den Römerfreunden, denen, die buckelten vor Priestern und Hofbeamten.

Es kamen freilich nicht nur Arme, denn, so stellte Jehuda befriedigt fest: auch die Reichen wurden krank, aber sobald sie kranke Reiche waren, stand Jehuda auf ihrer Seite, denn jetzt waren sie die Minderheit und diese Minderheit litt und mußte unterstützt werden. Aber er wollte nicht dulden, daß sie wie Arme behandelt wurden, nämlich kostenlos. Ich sah, daß man ihm Geld zusteckte. Jeschua bemerkte es lange nicht, doch als ers bemerkte, packte ihn Zorn. So zornig habe ich ihn seit der Tempelszene nicht gesehen, und auch später nie mehr.

Gib mir den Beutel, Jehuda!

Der hielt ihn fest mit beiden Händen.

Jehuda, den Beutel!

Jehuda drückte ihn an seine Brust. Da riß ihn Jeschua ihm weg und leerte ihn aus, mitten unters Volk. Jehuda schrie vor Wut und dann vor Triumph: die Armen kämpften um das Geld wie Hunde um Knochen.

Jehuda stampfte und schrie: Gebt das Geld zurück, sofort!

Sie gaben es erschrocken zurück und begriffen nichts. Große Verwirrung.

Da siehst du, Rabbi, rief Jehuda, wohin Almosengeben führt! Flickwerk!

Jeschua gebot ihm und allen Schweigen. Er sprach zum Volk:

Was wollt ihr von mir? Heilung eurer Leiden? Dies ist euer Leiden: das Habenwollen!

Einer schrie: Sag das den Reichen! Wir haben doch nichts.

Rede ich vom Haben? Vom Haben-Wollen rede ich. Ihr habt nicht, doch wollt ihr haben, nichts als haben. Und

hättet ihr, wärs immer nicht genug. Reich oder arm: alle seid ihr krank. Eure Wünsche sind krank, eure Seelen sind krank, darum sind eure Körper krank.
Einer rief: So heile unsre Seelen, Rabbi!
Komm her du, sagte Jeschua, nimm den Krug da, geh zu dem Schutthaufen und füll den Krug mit Sand und Steinen. Schwer ist er jetzt, nicht wahr? Was schleppst du da, Freund? Dreck ists!
Die Leute lachten.
Jeschua sagte: Willst du's leichter haben? Nun, so leer' den Krug aus! Ist dir nicht leichter jetzt? Und nun geh zur Zisterne, wasch den Krug aus und schöpfe klares Wasser! Und jetzt: trink! Wie ist dir, Freund?
Die Leute verstanden und klatschten.
Einer aber rief: Das, was du Dreck nennst, ist aber eben keiner! Es ist Macht, und wer die Macht hat, ist Herr.
Von welcher Macht redest du, Freund? War Herodes, der Große, mächtig? Wo ist jetzt seine Macht? Der Aussatz hat ihn aufgefressen, ihn und seine Macht. Leert eure Krüge aus, Freunde! Verwerft eure törichten Wünsche, und ihr seid gesund.
Einer rief: Du hast gut reden: euer Beutel ist voll.
Jeschua sagte: Hast du noch nicht gegessen heute?
Doch.
Wer noch nicht gegessen hat, der soll sich melden.
Keiner.
Wer von euch hat nur ein Paar alter Sandalen?
Drei oder vier traten vor. Jeschua gab Jehuda den Beutel zurück: Gib ihnen Geld für neue Sandalen!
Jehuda murmelte: Du glaubst auch alles. Berufsbettler sind die da.

Jeschua fuhr fort: Ist einer unter euch, der kein Geld hat für ein Nachtquartier?
Wieder meldeten sich einige. Der Beutel leerte sich. Als er leer war, zeigte er ihn den Leuten und sagte: Ich habe nur ein einziges Paar Sandalen und nur einen Mantel. Ich habe kein Haus und kein Stück Land. Ich habe weder Kuh noch Esel. Die Füchse haben Höhlen, die Vögel Nester. Ich weiß tagsüber nie, ob ich nachts ein Dach überm Kopf haben werde. Und ich entbehre nichts.
Eine Frau rief: So redest du, weil du keine Kinder hast. Wenn dein Kind hungert, kannst du nicht sagen: ich sorge mich nicht, die Raben werden schon Brot bringen, und Wachteln werden mir vor die Füße fallen.
Jeschua sagte: Recht erinnerst du dich und uns alle an das, was unsern Vorvätern in der Wüste geschah. Ihnen fiel Brot vom Himmel, als sie hungerten. Warum aber? Weil sie dem Höchsten vertrauten. Siehst du die Sandlilien dort? Wer nährt, wer kleidet sie? Als unsre Väter durch die Wüste zogen, da hatten sie nur eines im Sinn: das verheißene Land zu finden. Doch als Mosche zu lange auf dem Sinai war, um mit dem Höchsten zu sprechen, verloren sie Geduld und Vertrauen, sie machten sich den goldenen Stier und opferten ihm und vergaßen Weg und Ziel, und der Höchste beschloß ihr Verderben. Wäre da nicht einer gewesen, Mosche, der dem Höchsten die Versöhnung abgerungen hätte: ihr wärt nicht hier, die Gebeine eurer Väter lägen verstreut in der Wüste. Doch sie bekehrten sich, zerstörten den Abgott, reinigten ihre Herzen und richteten ihre Sehnsucht von neuem aufs verheißene Land. Und so erreich-

ten sie es, so seid ihr hier. Auch euch ist Land versprochen: das Friedensreich. Doch wie eure Vorväter setzt ihr euer Heil leichtfertig aufs Spiel. Wie sie habt ihr euch einen Abgott gemacht und opfert ihm euer Leben. Seht ihr nicht, daß euer Abgott aus Lehm und Dreck besteht? Seht ihr nicht, daß er Risse und Sprünge hat? Ein Windstoß, und er zerfällt zu Staub. Ein zweiter Windstoß: der Staub wird zur Sandwolke, die euch begräbt. Zerstört den Götzen, ehe es zu spät ist! Richtet eure Herzen auf das Eine Notwendige: das Reich des Friedens und der Liebe! Alles übrige, Freunde, wird euch dazugegeben werden. Wenn ihr mir nur glauben würdet! Mitten im verheißenen Land lebt ihr, und ihr seht es nicht. Öffnet eure Augen: schön ist die Erde, und eines nur ist nötig, um aus dieser Erde das Paradies zu machen: Liebe! Liebt einander, Freunde, gebt euch den Friedenskuß, versöhnt euch untereinander, so wird der Ewige euch seine Liebe offenbaren. Glücklich könntet ihr sein, Freunde, wenn ihr nur wolltet!

Das Volk hatte in großer Stille zugehört. Es vergaß, daß es gekommen war, Heilungen zu erbitten. Ich weiß nicht, ob sich einige ereigneten. Großes hatte sich ereignet. Das Volk ging schweigend hinweg.

Als wir allein waren, sagte Joachanan: Schön hast du gepredigt, Rabbi!

Jehuda sagte: Schön, ja. Schön.

Jeschua sagte: Was hast du wider mich, Jehuda?

Ich habe wider dich, daß du schön redest.

Rede deutlich! Heraus mit dem Gift!

Gut also, wenn du's wissen willst. Mosche war auf dem Berg. Viel zu lang ließ er sein Volk allein. Ein führerloses Volk verliert den Weg. Zu langes Warten macht die Hoffnung stumpf. Woher sollte das Volk wissen, daß Mosche nicht tot war, sondern wiederkehren würde? Überforderung, Rabbi! Und das andre: daß der Ewige das nicht bedachte, daß er den Mosche zu lang bei sich behielt! Mußte er denn nicht wissen, daß das Volk verzweifelte? Was für ein gefährliches Spiel wurde da gespielt? Nachher aber: wer war schuld an der Verirrung mit diesem goldenen Stier? Wer denn: das Volk. Nicht Mosche, nicht Adonai. Das Volk. Rabbi: Jisraels Warten dauert zu lang. Wer kann es ihm zur Schuld anrechnen, wenn es aufgibt?

Was erwartest du, Jehuda?

Was denn: den Retter Jisraels!

Und worin besteht diese Rettung?

Was für eine Frage! Das Wasser steht uns bis zum Hals. Kein Fußbreit unsres Lands gehört wirklich uns, dem Volk. Fremde Soldaten fressen unsre Äcker kahl und unsre Ställe leer! Und unsre eigenen Herren, was sind sie? Räuber sind sie, Wucherer, Ausbeuter. Und du fragst, worin die Rettung besteht?!

Jehuda: du willst Gewalt mit Gewalt vertreiben?

Wie sonst?

Falsch denkst du, Jehuda. Du meinst, das Heil komme von außen. Es kommt aber von innen. Fahr nicht auf, hör mir zu. Du meinst, die Befreiung liege in der Umkehrung der Verhältnisse: wer oben ist, soll gestürzt werden, wer unten ist, soll aufsteigen. Und dann, so meinst du, stehe das Zeitenrad still, und alles wäre gut für immer. Kurz denkst du, Jehuda. Viel zu kurz. Zerstörung geschieht rasch, Aufbau braucht Zeit, Geduld,

Vertrauen. Klingt dir das schlecht im Ohr, Ungeduldiger?

Schlecht, sehr schlecht. Geduld, Vertrauen: Schafstugenden, Rabbi! Als obs jetzt nicht auf jedes Jahr ankäme, auf jeden Monat, jeden Tag! Zeit, das ist unsre Lebenszeit, Rabbi, Jisraels Wirklichkeit ist das!

Jehuda, ich sage dir: Jisraels Zeit ist nicht in Jahren und Tagen zu zählen. Was zu zählen ist und was zu messen ist, vergeht. Was bleibt, das ist der Bund zwischen Adonai und Jisrael. Adonai aber ist kein jüdischer Stammesgott, und Jisrael ist nicht Jisrael allein. Jisrael, das ist das Warten der Menschheit auf das Friedensreich.

Jehuda sagte: Wer soll das verstehen. Wer überhaupt kann dich verstehen, Rabbi?

Du, Jehuda! Du kannst es, doch du willst nicht. Warum eigentlich bleibst du bei mir?

Aus Eigensinn, Rabbi.

Eines Tages, Jehuda, wird dein Eigensinn gebrochen sein. Du wirst die Geduld verlieren und mich verlassen. Wohin aber wirst du gehen, Freund? Jehuda: mein Tod wird auch der deine sein.

Mag sein, sagte Jehuda und ging weg. Jeschua schaute ihm lange nach, dann zog er seinen Mantel eng um sich.

Keiner von uns wagte eine Frage. Mir war kalt inmitten der Tageshitze.

Am Abend sagte Jeschua: Wir gehen nicht nach Chorazin, sondern nach Nazareth. Der Todestag Josefs naht. Ich will an sein Grab gehen.

Als ich allein mit Jeschua war, sagte ich: Muß das sein?

Deine Familie, Rabbi, du weißt, was sie über dich denkt. Und überhaupt: Nazareth. Ein unfreundlicher Ort. Laß uns doch lieber auf die andre Seeseite gehen, in die Dekapolis, nach Hippo vielleicht, was meinst du? Ein wenig Ruhe wäre gut für dich.
Er lächelte. Schlau fängst du's an. Warum sagst du nicht rundheraus, daß du nicht nach Nazareth willst? Was fürchtest du? Die Begegnung mit der Familie, die sich die meine nennt, oder was sonst?
Man mag dich nicht in Nazareth. Du weißt: kein Prophet galt je in seiner Vaterstadt.
Wir gingen trotzdem.
Wie die Stimmung gegen ihn war, merkten wir an der Art, wie man uns grüßte: schief von der Seite her, oder gar nicht, und sich in die Häuser flüchtete, als käme der Aussatz mit uns in die Stadt. In seiner Familie hatte niemand Zeit für uns: alle machten sich draußen zu schaffen. Kaum daß man uns zum Sitzen einlud. Erst als alle andern hinausgegangen waren, brachte seine Mutter Brot, Schafskäse und Wein und setzte sich zu uns. Wir wußten nicht recht, was wir reden sollten. Bisweilen traf sich Jeschuas Blick mit dem seiner Mutter, das war wie eine flüchtige Begegnung auf einer hohen Brücke, da war kein Bleiben. Wir brachen bald auf.
Gehst du mit zum Grab? fragte ich sie, und sie schaute fragend zu ihrem Sohn.
Wie du willst, sagte er.
Mir tat es weh, daß er nicht freundlicher zu ihr war; freilich: unfreundlich war er nicht, nur fremd, unsäglich fremd.
Komm! sagte ich, und da ging sie mit. Wir gingen als

letzte. Schwer kam die Frage über die Lippen: Mirjam, ist es wahr, was sie herumerzählen, daß er eine Tote auferweckt hat und Kranke heilt und Dämonen austreibt? Sag: ist das alles wahr?
Ja und nein, sagte ich. Heilkraft hat er, das haben viele. Was die Dämonen angeht, so handelt es sich um Kranke, um Fallsüchtige, um Irre. Ihnen kann er helfen. Und die Tote, die er auferweckte, die war noch nicht wirklich tot, und er fühlte das. Freilich, daß ers fühlte, das war sehr viel.
So also ist das, und im Grunde ganz natürlich.
Das klang erleichtert und zugleich enttäuscht. Und sonst? Was tut er sonst? Wie lebt er?
Warum bist du in Sorge um ihn?
Wie soll ich nicht in Sorge sein. Er sollte sich nicht so viele Feinde machen. Wir merken es schon hier. Man liegt uns in den Ohren, wir sollten ihn heimholen und ihm verbieten, das Volk aufzuhetzen. Er sei entweder ein Aufständischer oder ein Irrer.
Denkst auch du so?
Ich weiß nicht. Er war mir immer nah und fern zugleich. Mein Kind war er nie.
Was sagst du da? Du hast ihn doch geboren.
Das schon.
Nun?
Ich weiß nicht, wer er ist.
Seltsame Rede.
Weißt du es denn, Mirjam?
Ja und nein. Manchmal ja, manchmal nein. Was ich weiß, ist dies: wichtig ist nicht, was er tut, und auch nicht einmal, was er sagt. Wichtig ist, daß er DA ist.

Wie meinst du das?
Es geht etwas aus von ihm, eine gute Kraft. Schon sein Auftreten allein bewirkt etwas.
Was denn?
Schwer zu sagen. Vielleicht so: plötzlich ist Hoffnung da und auch dies: man weiß mit einem Mal, was wichtig ist, was nicht. Oder vielleicht sag ich besser so: er kommt und öffnet ein Tor, und aus dem Tor kommt Licht.
Du liebst ihn, Mirjam.
Viele lieben ihn.
Ich wünschte, er würde eine Familie gründen und irgendwo seßhaft werden.
Ich mußte hellauf lachen. Er und eine Familie und seßhaft! Ich sagte: Einen Löwen hast du geboren, und jetzt willst du ihn zum Hofhund machen? Das geht nicht.
Sie lächelte, doch nur flüchtig. In meinen Träumen ist er kein Löwe, sondern ein Lamm, und es wird von Wölfen gerissen. Mirjam, ich habe Wahrträume.
Deine Ängste werden zu Träumen. Träum' sie nicht!
Was geschehen muß, das wird geschehen.
Wir waren am Grab angelangt. Ich fragte mich, was Jeschua dachte und was ihm der Tote unter diesem Grabhügel wirklich war. Ich kam zu keinem Schluß.
Als wir vom Grab zurücktraten, stand für einige Augenblicke Jeschua neben seiner Mutter, und er legte seinen Arm um ihre Schultern. Eine flüchtige Geste, sparsam, sehr selten, auch später. Sie nahm sie gelassen hin, mit einem kleinen Lächeln, das mir ins Herz schnitt. Doch als wir davon redeten, daß wir uns um

Nachtquartiere sorgen mußten, bot sie ihm keines an.

So verteilten wir uns auf die Herbergen in der Stadt. Freundlich war man dort nicht.

Am Tag darauf war Schabbat, und Jeschua ging mit uns in die Synagoge, er hielt sich an die Gesetzesvorschriften.

Wie es üblich war, reichte man dem Gast die Schriftrolle und zeigte ihm, bis wohin man gelesen und wo er fortzufahren hatte, und Jeschua las. Es waren die Worte des Propheten Jeschajahu.

»Der Geist des Höchsten ruht auf mir, der Herr hat mich gesalbt. Er ists, der mich gesandt hat, den Armen frohe Botschaft zu bringen, die Fesseln zu lösen, die Trauernden zu trösten und ein Jobeljahr auszurufen.«

Weiter las er nicht. Er gab die Rolle zurück. Nun war es an ihm, die Stelle zu deuten.

Er saß eine Weile still, und alle Augen hingen an ihm. Dann fing er an zu sprechen. Was sagte er? Das war nur die Wiederholung des Jeschajahu-Wortes:

Ich bin gesandt, ein Jobeljahr auszurufen.

Wieso klang dieser Satz plötzlich anders, so als ließe eine alte Handschrift eine andre durchscheinen, eine noch ältere? »Ich bin gesandt.« Dieses Ich, was war das denn? Die Schriftgelehrten schauten sich beunruhigt an. Er ließ ihnen Zeit nachzudenken. Dann sagte er zum dritten Mal: Ich bin gesandt, ein Jobeljahr auszurufen.

Jetzt hörten sie schon nur mehr dieses ICH.

Und wieder eine Pause.

Da sagte einer der Schriftgelehrten: Du redest vom Jobeljahr. Jetzt ist aber kein Jobeljahr. Seit dem letzten sind nicht einmal zwanzig Jahre vergangen, bis zum nächsten sinds dreißig.
Du hörst, was ich sage. Es gibt Jobeljahre, die ihr errechnet, und Jobeljahre, die sich euren Rechnungen entziehen.
Sie schüttelten die Köpfe.
Und wer stellt so ein Jobeljahr auf, wenn nicht das Gesetz der Zahl?
Jeschua sagte: Nicht Gesetze bestimmen es, sondern die Not des Volkes.
Einer der Schriftgelehrten sagte: Erklär dich besser. Hast du nicht gesagt, du bist es, der das Jobeljahr ausruft? Mußten wirs so verstehen? Wer aber bist du, daß du das könntest?
Wer ich bin, das werdet ihr später wissen. Was ich ausrufe, ist das Jahr des Heils. Frage an euch: was geschieht im Jobeljahr?
Als sie nicht gleich antworteten, um nicht etwa unversehens in eine Falle zu geraten, gab er selbst die Antwort:
Das Jobeljahr ist das Jahr der Befreiung der Sklaven, des Erlassens aller Schulden, der Rückgabe gekauften oder enteigneten Landes, der Wiederherstellung der Gerechtigkeit.
Das wissen wir, riefen sie, doch ist nun einmal kein Jobeljahr.
Recht sagt ihr: es ist kein Jobeljahr, das Unrecht herrscht, geraubtes Gut wird nicht zurückerstattet, enteignetes Land nicht zurückgegeben, Schulden werden

nicht erlassen, Sklaven nicht freigegeben, Besitz wird nicht geteilt. Kein Jobeljahr!
Was machst du uns Vorwürfe? Sind wir etwa schuld, daß kein Jobeljahr fällig ist? Liegts an uns, daß alles schief und krumm ist? Geh doch zu Herodes, geh zu Pilatus, geh zum Hohen Rat! Und überhaupt: wie trittst du hier auf, als wärst du wer weiß was, du Zimmermannssohn! Stichts dich, den Propheten zu spielen? Oder gar den Messias?
So schrien sie durcheinander.
Da stand Jeschua auf, und es ging etwas aus von ihm, das sie schweigen machte. Er ließ sie eine Weile warten. Sie wußten nicht weiter, sie traten von einem Fuß auf den andern. Schließlich sagte einer, der sehr alt war, seine Stimme zitterte: Sag uns, wer du bist.
Jeschua sagte: Ich bin der, der die Schrift erfüllt, und sie erfüllt sich jetzt.
Ich erschrak. Was meinte er damit? Was war dieses Jetzt? Diese Stunde, oder dieser Abschnitt unsrer Geschichte, oder ein aionenlanges Jetzt? Und wenn das Jetzt jetzt ist: was erfüllt sich?
Da ging ihnen auf, was er gesagt hatte, und sie schrien:
Er münzt die Worte des Jeschajahu auf sich! Haben wir doch recht gehört: Ich, der Gesalbte des Herrn, Ich, der die Schrift erfüllt. Unerhörtes Wort.
Einer trat dicht vor Jeschua hin und schrie ihm ins Gesicht: So sags doch rundheraus, wofür du dich hältst! Sag doch: Ich, der Messias. Sag: Ich, der Menschensohn!
Da drängten sich alle gegen ihn und drohten ihm und

schoben ihn zur Synagoge hinaus und weiter. Zum Felsen! schrien sie. Der Fels aber war der, von dem man früher Gotteslästerer stürzte. Als wir das begriffen, warfen wir uns zwischen Jeschua und seine Verfolger. Besonders Jehuda war es, der schrie und fluchte und handgreiflich wurde. Da aber wandte Jeschua sich um und blieb stehen, und mit einem Mal wurde es still, und man hörte ihn mit ruhiger Stimme sagen: Was ihr tun wolltet, das werden andre tun zu gegebener Zeit. Ihr aber: dankt dem Ewigen, daß er euch vor Blutschuld bewahrte.

Er zog seinen Mantel eng um sich und ging zwischen ihnen hindurch und aus der Stadt hinaus. Niemand folgte uns.

Wir verließen den Stadtbereich mit Erbitterung. Sie richtete sich nicht nur gegen die Schriftgelehrten. Warum nur hatte Jeschua sie so herausgefordert. Mußte das sein. Was kam dabei heraus. Diese Provinzlehrer, wie sollten sie ihn verstehen. Jedoch: daß sie ihn töten wollten, das war höchst unbegreiflich. Dazu hatten sie keine Vollmacht. Die konnten nur die Römer geben im besetzten Land. Und worauf hatten sie ihr Urteil gegründet? Auf seine Worte? Was eigentlich hatten sie gehört, das sie so in Wut versetzte? »Ich bin der, der die Schrift erfüllt.« Hat er sich für den Messias ausgegeben? Und hätte ers getan: darauf stand nicht Tod. Viele zogen im Land herum und hielten und erklärten sich für den Messias, und niemand warf auch nur einen Stein nach ihnen. Was war denn nun wirklich vorgegangen? Dunkel war die Szene, der Angriff und die Abwehr. Ein Blick von ihm, und sie waren wie gelähmt.

Wie verprügelte Hunde standen sie da. Und er ging einfach hinweg. Aber sein Wort, das schwarze Wort: Was ihr tun wolltet, das werden andre tun zu gegebener Zeit. Was sah er voraus? Was beschwor er herauf?
Der einzige, der zufrieden war, mehr als zufrieden, war Jehuda. Rabbi, wunderbar hast du gesprochen. Ganz große Rede war das. Das Jobeljahr! Das ists. Die Aufhebung der Lohnsklaverei, die Rückgabe enteigneter Güter, die Landaufteilung, der Besitzausgleich. Zurück zum Leben unsrer Urväter, da alles allen gehörte, ehe sie nach Kanaan kamen und den Baal an Stelle Adonais setzten. Zurück zu jenem Zustand der Gerechtigkeit! Vorwärts zu ihm! Und du, Rabbi, du bists, der uns führen wird! Du bist der dazu Gesandte, der Gesalbte!
Was war über Jehuda gekommen? Er erschrak über sein eigenes Wort, als hätte ein andrer aus ihm gesprochen. Doch erlaubte er sich keine Zurücknahme. Was gesagt ist, ist gesagt. Der Gesalbte, der Gesandte. Was immer er gesagt hatte: gemeint hatte er den Aufstand, der, und nur der, den Rechtszustand in Jisrael herstellen konnte, die alt-neue Gesellschaftsordnung, und gemeint hatte er Jeschuas Führerrolle.
Jeschua hörte sich im Gehen Jehudas große Rede an und sagte nichts, sodaß auch Jehuda verstummte.
So wanderten wir schweigend weiter und fragten nicht einmal, wohin, bis Jeschua sagte: Nach Kefarnachum.
Jedoch, wir kamen nicht dorthin.
Schlimme Nachricht hielt uns auf: Herodes war dem Wahnsinn verfallen, nachdem er den Täufer hatte umbringen lassen. Er schlief nicht mehr, er irrte im Palast

umher und schrie: Der Täufer ist nicht tot, er ist wiedergekehrt aus dem Totenreich, bringt ihn um, sonst bringt er mich um!
Und er gab Befehl, diesen neuen Täufer zu töten. Alle wußten, daß der Wahnsinn aus ihm sprach. Jedoch: wer konnte sicher sein, daß sich nicht willfährige Hände fänden.
Wir müssen fliehen, Rabbi!
Und wir flohen. Lange Nachtwanderungen, bei Tag Schlaf in Verstecken. Immer fanden wir einen leeren Schafstall, eine Höhle, eine Feuerstelle, und immer eine Quelle, eine Zisterne, eine Dattelpalme und wilde Beeren und Kräuter, und die Flucht wurde uns zu einer Zeit der Freude. Keine Schriftgelehrten, keine Kranken, keine Anforderungen, und der Rabbi ganz allein mit uns, und wir entdeckten, was wir vergessen hatten: daß wir allesamt jung waren und scherzen konnten, auch Jeschua. So hatten wir ihn nie gesehen, und so sollten wir ihn nie mehr sehen. Einmal machten wir einen Wettlauf, und er siegte. Wir vergaßen, daß wir Flüchtlinge waren und von geheimen Häschern Gesuchte. So kamen wir über die Grenze ins Syrophönizische, und bei Tyros ans Meer. Wir waren Binnenländer und hatten das Meer nie gesehen. Wir liefen hinein und waren wie Kinder und bespritzten uns mit Wasser und tauchten, fast alle von uns waren am See aufgewachsen, wir schwammen wie Fische. Glücklich waren wir, ganz einfach glücklich, auch Jeschua, und glücklich erschöpft schliefen wir am Strand.
Aber der Friede dauerte nicht lang. Als wir am Strand lagen, sah uns eine Frau, und das war kein Zufall, sie

hatte gehört, wer weiß von wem, daß der Wunderrabbi, der große Arzt, gekommen sei, und sie bedrängte ihn: Meine Tochter ist eine Besessene, komm, Rabbi, treib ihr den Dämon aus!

Laß den Rabbi in Ruhe, sagte Jehuda, und red nicht von Dämonen, krank ist sie, hol einen Arzt, wir kennen das alles.

Die Frau sagte: Drei Ärzte habe ich gerufen, und keiner hat sie geheilt, denn es ist keine Krankheit, es ist ein Dämon, Rabbi, treib ihn ihr aus!

Sie hatte etwas so Hartnäckiges, so wild Gläubiges, daß Jeschua zurückwich. Er sagte: Du bist eine Griechin, nicht wahr? Warum wendest du dich nicht an eure Priester und eure Götter? Bin ich ein Grieche? Ich bin ein Jude, Frau!

Sie sagte: Jude oder Grieche: du bist einer, der heilen kann wie Äskulap, doch Äskulap ist tot.

Jeschua lächelte, aber er machte keine Miene, ihr zu helfen, im Gegenteil, er sagte: Wem gibt man das Brot: den eigenen Kindern oder den streunenden Hunden?

Die Frau war eine Griechin und hatte den griechischen Witz: Ja, sagte sie, natürlich den Kindern, doch fallen Brösel vom Tisch für die Hunde.

Jeschua lachte hellauf. Die Frau ließ sich nicht beirren. Sie blieb weiter vor ihm stehen und schaute zu ihm auf.

Jehuda sagte in Aramäisch: Die bleibt stehen, bis sie ihn dazu bringt, daß er ihr den Willen tut; die kriegen wir nicht los; die will ihr Wunder, und so wie wir den Rabbi kennen . . .

Kein Wunder, nur kein Wunder!

Schimon sagte: Aber ihr Glaube, ihre Hoffnung! Wie kann er sie enttäuschen.
Jeschua sagte nichts, er schaute die Frau an, und sie schaute ihn an; es war zu sehen, daß sie ihm das Wunder abringen wollte, koste es, was es wolle. Ihm aber traten Schweißtropfen auf die Stirn. Schließlich sagte er: Geh heim, Frau. Deine Tochter ist gesund.
Was sollte das heißen? Glaubte er gar nicht an die Krankheit? Oder war es wie bei jenem Hauptmann, dem er Heilkraft zuschrieb? Hieß es: Geh und heile dein Kind selbst?
Was immer die Frau verstand: sie stieß einen Freudenschrei aus und lief weg.
Jetzt ists aus mit unserm Frieden, sagte ich. Jetzt wird sich das ganze Elend Sidons an deine Fersen heften, Rabbi! Und es wird herüben sein wie drüben: sie fordern Wunder.
Laß sie kommen. Sie fordern äußere Zeichen, weil ihr inneres Auge blind ist. Es sind einige unter ihnen, die sehend werden.
Was ist mit jenem Mädchen, Rabbi?
Es ist geheilt.
Nichts weiter. Es war geheilt. An Hand der Mutter sprang es uns entgegen und lachte.
Die Mutter fiel Jeschua zu Füßen: Rabbi, in der Stunde, in der ich bei dir war, hatte das Mädchen einen schweren Anfall, doch plötzlich lag es still. Und das war in jenem Augenblick, in dem du sagtest: das Mädchen ist gesund.
Steh auf, Frau! sagte Jeschua, und schrei es nicht herum, ich bitte dich.

Zu spät: die Stadt wußte es bereits und da kam auch schon das Heer der Kranken, das ganze Elend kam auf uns zu. Ich war dieser Szenen überdrüssig und dachte: Der Tag ist schön, Jeschua braucht mich nicht, ich geh ans Meer.

Mirjam! Du willst fliehen?

Leugnen half nichts vor ihm, und jeder Fluchtweg war mir versperrt.

Eine ganze Woche blieben wir in Tyros und in der Umgebung. Dann wanderten wir südwärts, am Meer entlang bis Ptolemais. Dort bekamen wir Nachricht aus der Heimat: alles war ruhig. So wagten wir den Grenzübergang und kehrten heim. Für kurze Zeit hielten wir uns am Nordufer des Sees Kineret verborgen. Schimon und Andreas hatten dort verschwiegene Freunde. Jehuda aber, den man da oben nicht kannte, machte den Kundschafter.

Es ist ganz ruhig, sagte er. Kommt heraus aus euren Höhlen, Wüstenfüchse! Und ihr wilden Tauben: fliegt aus! Frühling wirds!

Du bist so guter Laune, Jehuda. Du bist mir unheimlich, wenn du dir auf diese Art die Hände reibst. Hast du nicht schon wieder Brandgeruch in deinem Bart? Was hast du mit deinem Dolch geschnitten? Schilf und Gras?

Du lebst von Einbildungen, Mirjam. Mein Dolch setzt schon Rost an wie mein Bauch Fett, was willst du.

Woher deine gute Laune?

Gefalle ich dir besser, wenn ich murre und knirsche und schwarze Prophezeiungen ausstoße?

Tatsächlich ja, Jehuda. Die heitere Rolle steht dir nicht.

Recht hast du. Es ist die meine nicht. Ich habe sie gestohlen. Sie gehört dem Liebling, dem Halbgriechen, dem Philosophen. Der braucht nur schön zu reden. Der braucht sich die Hände nicht dreckig zu machen. Der riecht nie nach Rauch. Der schwebt hoch oben. Aber eines Tages wird sich zeigen, wer Jisrael mehr liebt, er oder ich.

Was redest du da? Woher dieser Zorn, so aus heiterm Himmel? War etwas zwischen Jochanan und dir?

War? Es ist und wird sein, und es ist nicht nur zwischen ihm und mir. Aber was weißt denn du.

Er schluchzte hart auf.

Jehuda, lauf nicht weg. Setz dich. Laß uns vernünftig miteinander reden.

Vernünftig? Der einzige Vernünftige unter euch bin ich. Ich bins, der die Lage Jisraels sieht, und ich bins, der handelt. Ihr seht sie auch, und ihr beschwätzt und beweint sie, das ist alles.

Du handelst, Jehuda? Wie denn?

Das mal dir selber aus. Meinst du, ich geh zu meinem Vergnügen herum und sammle Nachrichten und kläre die Leute auf und schaffe feste Gruppen und Sammelstellen? Das ist das, was ich Handeln nenne, und das ist das Vernünftige, das Notwendige. Wie sonst kommt Befreiung und Änderung?

Jehuda, der Rabbi ist andrer Meinung: nichts Äußeres ändert sich, ehe das Innere der Menschen sich ändert.

Ja ja, ich habs ihn sagen hören. Klingt schön. Mir stehts aber bis hier oben. Die Menschen ändern? Stemm' du einen Mühlstein den Berg hinauf! Das geht. O ja. Das braucht nur Zeit, und eben die haben wir nicht. Andersherum muß es gehen: die Lage muß man ändern, und die Menschen werden sich anpassen, freiwillig oder unter Zwang. Kennst du die Geschichte unsres Volks nicht? Feierst du nicht Chanuka mit uns? Was feierst du da? Die Erinnerung an den Widerstand der Makkabäer. Bist du keine Makkabäertochter?

Jehuda, es gab eine Zeit, in der ich bereit war zu kämpfen. Dann aber habe ich den Dolch weggeworfen.

Und wenn ich dir einen neuen bringe? Du willst nicht? Nein? Du gibst auf? Du läßt mich im Stich? So also stehts.

Er sprang auf und lief davon, in die Nacht hinein, stumm vor Zorn. Er schrie nicht. Warum aber höre ich immer noch seinen Schrei? Ist es unsre Schuld, daß er sich von uns verraten fühlte? Daß er sich von seinem so groß Geliebten aufgegeben glaubte? Daß er sich als den Ungeliebten sah? Und hatte er nicht recht? Haben wir ihn nicht fallengelassen?

Bis über seinen Tod hinaus, bis heute blieb er der Ungeliebte, der Verlorene. Nur ich sah jenen Blick, mit dem Jeschua ihn anschaute bei der Verhaftung: das war der Blick der Liebe, und der gab ihm den Todesstoß.

Der Rabbi konnte unser Gespräch nicht gehört haben, doch noch am selben Abend, als Jehuda zurück war, spät, rief er uns zu sich.

Die unter euch, die Fischer sind, wissen, daß im ausgeworfenen Netz nicht nur gute Fische sich finden, sondern auch allerlei andere. Was tut man mit denen? Man wirft sie ins Wasser zurück. Ist es so? Hört weiter: ein Bauer säte Weizen, er wuchs schön auf, doch war viel Unkraut darunter. Die Saat war aber frei von Unkraut-

samen gewesen. Wie kam das Unkraut auf den Acker? Laß es uns ausreißen, sagten die Arbeiter. Der Bauer aber sagte: Laßt beides wachsen bis zur Zeit der Ernte. Wenn ihr jetzt jätet, ist Gefahr, daß ihr nicht nur Unkraut, sondern auch Weizensprößlinge ausreißt.
Worauf wollte der Rabbi hinaus mit diesen Geschichten?
Philippos, der strenge Täufer-Schüler, sagte: Ja, Rabbi. Aber wenn ein Baum schlechte Früchte bringt, haut man ihn um. Hast du nicht selber einmal einen Feigenbaum verflucht, weil er im Winter keine Feigen trug?
Was redest du, Philippos! Unsinn redest du, und Unwahres. Wer hat dir das erzählt? Und du glaubst es?
Geschehen oder nicht, verflucht oder nicht, Rabbi: du bist die große Überforderung.
Verlange ich von euch Feigen im Winter? Hat der Bauer nicht Nachsicht mit dem Unkraut? Wartet die Hausfrau nicht mit Geduld, bis der Teig durchsäuert ist? Und sucht der Hirte nicht nach jedem verlorenen Schaf? Was also redest du von Verfluchung. Nicht Verdammung und Zerstörung will ich, sondern Leben. Um Frieden zu bringen, bin ich gekommen. Doch ehe Friede ist, entsteht Entzweiung.
Jehuda warf mir einen triumphierenden Blick zu. Wasser auf seine Mühle, so wie ers verstand. Er verstand falsch.
Jeschua fuhr fort: Nicht, als wollte ich Entzweiung. Ich will nichts als Frieden. Jedoch kommt Friede nur durch Entscheidung. Die Wahrheit ist ein scharfes Messer. Man kann nicht zwei Herren dienen und nicht in zwei Lagern zugleich kämpfen. Man kann nicht beim Eintritt

in ein Haus grüßen: der Friede sei mit euch! wenn man den Dolch unterm Mantel trägt. Man kann nicht neuen Wein in alte Schläuche füllen, ohne daß sie reißen. Man kann nicht sagen: ich halte das Gebot der Liebe, wenn man nur seine Freunde liebt, die andern aber haßt. Entscheidet euch! Es steht euch frei, mich zu verlassen und euch unter jene zu mischen, die glauben, den Frieden mit Gewalt herbeizwingen zu können. Ich aber sage euch: wählt Jisrael den Weg der Gewalt, so wird es durch Gewalt umkommen, und kein Stein Jeruschalajims wird auf dem andern bleiben, und Füchse und Eulen werden in den Tempelruinen hausen.

In dieser Nacht schlief ich schlecht. Wir alle schliefen schlecht. Ich stand schließlich auf und schlich mich hinaus. Einen Steinwurf weit weg sah ich eine Helligkeit, als fiele der Mond auf einen Felsen. Doch war der Mond längst untergegangen, und die Nacht war dunkel. Ein Feuer war das auch nicht. Es war ein stetiges weißes Licht. Ich ging einige Schritte näher, dann hielt mich etwas, als dürfe ich eine Grenze nicht überschreiten. Aber ich sah, daß dieses Helle ein Mensch war.

Mirjam!

Seine Stimme. Zugleich erlosch das Licht, und ich vermochte die Grenze zu überschreiten.

Komm her, Mirjam! Näher. Setz dich. Kalte Hände hast du.

Die deinen sind warm, Rabbi.

Warum zitterst du, Mirjam?

Das Licht, Rabbi! Was war das?

Das hast du gesehen? Es ist nichts Besonderes.

Ich wagte nicht weiterzufragen, aber ich sehnte mich danach, meinen Kopf auf seine Knie zu legen, und schließlich tat ichs. Er aber schob mich sanft von sich.

So nicht, Mirjam. Zerreiß die Schnur, ehe sie dir zur Fessel wird.

Ein hartes Wort für eine Liebende, Rabbi.

Er strich mir übers Haar. Geh schlafen, Mirjam, es wird kühl.

Ich ging. Wie er mich überforderte!

Doch schlief ich danach traumlos bis zum Morgen. Er selbst weckte mich: Wach auf, Nachtwandlerin. Wir ziehen südwärts!

Sein Haar war feucht vom Tau.

Du hast ja nicht geschlafen, Rabbi!

Der Tag wurde heiß, und viel Staub war in der Luft, doch wir gingen unentwegt. Wenn der Rabbi nicht müde war, waren auch wir nicht müde.

So wenig müde war er, daß er am Abend noch predigte in einer kleinen Stadt. Ich aber schlief bei seiner Rede ein. Ich wachte erst auf vom Kindergeschrei und vom Schelten der Unsern:

So laßt ihn doch in Ruhe, er ist todmüde. Versteht ihr denn das nicht, daß auch so einer einmal schlafen muß?

Und dann seine Stimme: Kommt nur, kommt!

Eine Schar von Kindern stürzte auf ihn zu, und die noch nicht laufen konnten, wurden ihm von den Müttern zugeschoben. Den Segen, Rabbi, den Prophetensegen!

Wie sie ihn bedrängten, und wie er sich alles gefallen ließ von den Kindern! Sie wurden kühn und kletterten

auf seine Knie und küßten ihn, und er scherzte mit ihnen.
Sehr hübsch war das Bild, und sehr neu für uns: der Rabbi mit Kindern.
Jochana sagte: Schau dir das an. Der Rabbi als Vater.
Plötzlich fing sie an zu weinen.
Möchtest du zurück zu deinen Kindern? fragte ich sie.
Darf ich nicht weinen und trotzdem beim Rabbi bleiben?
Da weinte auch Schoschana, die keine Kinder hatte, und Schulamit weinte, weil ihre Söhne, obwohl immer in ihrer Nähe, sich ihren Fürsorglichkeiten so hartnäckig entzogen, und ich weinte, weil sie weinten.
Jochana verstand meine Tränen falsch. Wenn du das so siehst, Mirjam, kommt dir da kein Wunsch nach Kindern?
Nein, sagte ich. Von wem auch. Und jetzt Schluß mit solchen Reden. Wir haben gewählt, ein für alle Mal. Nur nichts Halbes.
Endlich gingen die Mütter mit ihren Kindern, das Geschrei und Gezwitscher verlor sich in der Ferne.
Jeschua schaute den Kindern nach, dann sagte er: Wer nicht zum Kind wird, findet den Vater nicht.
So wenigstens hörte ich seine Rede. Die andern behielten sie anders im Ohr. Wie so oft, hörte jeder seine eigene Stimme: Wenn ihr nicht werdet wie diese Kinder, könnt ihr nicht ins himmlische Reich eingehen. Oder: Nur Kinder finden das Himmelreich. Oder: Kinder leben im Himmelreich. Oder: Diese Kinder werden das Friedensreich erleben.

Wir rätselten herum.
Nur Jehuda glaubte, verstanden zu haben: Das heißt doch klipp und klar, daß diese Generation das Friedensreich erlebt.
Du hörst, was du hören willst. So aber hat er nicht gesagt.
Schimon sagte: Was der Rabbi meint, ist: so voller Vertrauen müssen wir sein, so unbefangen vor Adonai wie Kinder vor ihrem Vater.
Ja ja, sagte Jehuda, und glauben, daß dieser Vater uns nährt und kleidet und allen Unfug, den wir angestellt haben, zurechtrückt und uns sieben mal siebzigmal verzeiht. So meinst du.
Schimon hörte den Spott nicht. Ja, so meine ich, so ists von ihm gemeint.
Philippos sagte: In der Rede des Rabbi liegt eine Verwerfung der Erwachsenen, das heißt der Klugen, der Gerissenen, der Mißtrauischen, der Geschäftemacher und Machthaber. Kind sein heißt: besitzlos, machtlos sein, sich führen lassen.
Thomas sagte: Führenlassen von wem? Vertrauen auf wen? Glauben wem? Allzu vertrauensvolle Kinder taugen nichts. Schafe, die den Wolf nicht wittern, werden zerrissen.
Jochanan sagte: Höher müßt ihr denken. Was Schimon sagte, ist richtig, nur möchte ich es anders sagen: Kind sein heißt, noch fühlen, vielmehr dessen gewiß sein, daß eine Urharmonie besteht, in die alles sich einfügt.
Das ist mir zu hoch, sagte Jehuda, mir sticht zuviel Mißklang ins Ohr, als daß ich an diese Harmonie glauben könnte.

Ich sagte: Jehuda, wofür arbeitest du?
Was fragst du? Für die Befreiung Jisraels.
Das heißt, daß du Jisraels Glück und Friede willst. Das aber ist Harmonie. Woher weißt du etwas von Harmonie? Auch du hast deine Erinnerung an die Urharmonie. Auch du hast deinen Traum, Jehuda. Ists nicht vielleicht so gemeint: Kindsein heißt, einen großen Traum haben? Wer zu träumen aufgibt, der gibt sich selber auf.
Schimon sagte: Josefs Träume in Ägypten.
Ja, sagte ich, doch nicht nur Josef war ein Träumer. Ganz Jisrael träumte, und wovon? Von Kanaan, dem Land, wo Milch und Honig fließt. Und es folgte dem Traum, und wie im Traum zog es durch das Meer und durch die Wüste, und immer, wenn es den Traum zu träumen aufhörte und die Hoffnung aufgab, wurde es mit Unheil geschlagen, damit es weiter dem großen Traum folgte, der es führte. Hätte Jisrael nicht geträumt, wären wir nicht hier.
Jochanan sagte: Ist Jisrael denn angekommen? Ist dies hier das gelobte Land, das geträumte? Wäre es dies, würde Jehuda nicht weiterträumen. Wir haben nie etwas andres als unsre Träume, und sie sind unsre Wirklichkeit.
Nun ja, sagte Jehuda, so siehst es du. Ich seh es anders. Meine Träume sind um ein gutes Stück näher an der Wirklichkeit als die deinen.
Mir ging die Rede vom Kindsein noch am nächsten Tag im Kopf herum, und schließlich fragte ich Jeschua selbst und sagte ihm unsre Rätsellösungen.
Sag mir die deine, Rabbi!

Beantworte du mir eine Frage: wo ist das Kind, das du einmal warst, Mirjam?
Daraus bin ich geworden. Das ist in mir. Das war ich und bin ich und werde ich immer sein.
Was ist denn das, was war und bleibt?
Nun eben: ich.
Was ist das? Weißt du es nicht? So frage ich dich anders: Woher kommt das, was du Ich nennst?
Von meinen Eltern und Ureltern.
Falsch. Von denen kommt die Gestalt, in der dein Ich erscheint auf dieser Erde. Dein Ich, und jedes Ich ist älter als alle Ahnen. Es ist so alt wie das Urlicht. Du bist ein Funke aus diesem Licht. Der Mensch ist Licht vom Licht, Geist vom Geist, Kind des Ewigen.
Aber hast du nicht gesagt, man muß Kind WERDEN? Jetzt sagst du, man IST Kind von jeher.
Was man ist, das muß man werden. Das göttliche Kind muß immer neu geboren werden. Unaufhörlich geschieht göttliche Geburt.
Rabbi, du gibst dem Menschen einen hohen Rang. Warum aber ist der Mensch so ungöttlich klein und böse?
Sein Rang wird ihm nicht genommen werden, solange das göttliche Kind in ihm nach dem Vater schreit.
Kinder schreien nach der Mutter, Rabbi!
Der Ewige ist Vater und Mutter.
Und wenn der Mensch den Schrei des göttlichen Kindes erstickt?
Göttliches ist unsterblich. Mirjam: immer wieder denkst du in Jahren und Jahrhunderten. Göttliches wird mit anderm Maß gemessen, und alles kommt zum Ziel. Ein jedes Kind findet heim. Lies du nach beim Prophe-

ten Jeschajahu. Da steht: Vom Nichts seid ihr. Doch da steht auch: Ihr seid Götter. Versuch, das zu begreifen, Mirjam.

Einige Tage später wurde von ganz andrer Seite her und auf ganz andre Art die Frage der Unsterblichkeit aufgeworfen, und zwar von zwei Schriftgelehrten, die eigens aus Jeruschalajim kamen, um mit Jeschua zu reden. Es waren Sadduzäer, und sie fielen auch gleich mit der Tür ins Haus.

Rabbi, wir haben da einen Streitpunkt, wir und die Pharisäer. Ein alter Streit ist das, du weißt. Sag uns nun du deine Meinung. Wir schätzen sie. Sag: glaubst du wirklich, und ist zu glauben, daß ein Mensch, einmal gestorben, aufersteht zu neuem Leben?

Ihm war klar, worauf sie zielten: wissen wollten sie, auf welcher Seite er stand, auf der ihren oder auf jener der Pharisäer, die an die Auferstehung glaubten, die sie selber leugneten. Daran zu glauben oder nicht zu glauben bezeichnete das Lager, in dem man politisch stand. Tatsächlich aber war ihnen die Vorstellung des Fortlebens nach dem Tod ganz fremd und auch ohne Interesse. Sie kamen nicht um Belehrung, keineswegs. Man konnte ihre Frage also eine Falle nennen. Darum antwortete er, wie sie es verdienten, mit einer Gegenfrage:

Was steht darüber in der Schrift?

Sie sagten: So steht im 49. Psalm: »Gräber sind ihr Haus für ewig, ihre Wohnung immerdar. Wie Schafe rennen sie zur Unterwelt hinab, ihre Gestalt zerfällt. Der Mensch gleicht dem Vieh, das stumm zugrunde geht, und keiner erblickt mehr das Licht.«

Es reizte mich zu sagen: Ihr denkt nicht scharf genug,

wenn ihr meint, daß mit dem Zerfall der Gestalt auch der Geist zerfällt. Ich hätte ihnen gerne gesagt, was Jeschua mich gelehrt hatte über die Unsterblichkeit. Was würde er ihnen sagen?
Er sagte: Erklärt euch!
Nun gut, Rabbi, höre: Mosche hat geschrieben, und so ist es unser Gesetz geblieben: wenn ein Mann stirbt und eine Ehefrau hinterläßt, aber kein Kind, so muß der Bruder des Verstorbenen die Witwe heiraten. Richtig? Gut, höre weiter. Es waren sieben Brüder. Der erste starb und hinterließ eine kinderlose Frau. Der Bruder des Verstorbenen nahm sie zur Frau. Doch starb er und hinterließ die Kinderlose. Der dritte Bruder nahm sie zur Frau, doch starb auch er, kinderlos. Der vierte Bruder tat nach dem Gesetz, doch auch er starb, und so waren schließlich alle sieben tot, und ganz zuletzt starb auch die Frau.
Ich konnte mein Gelächter nicht unterdrücken, ich lachte und lachte.
Was lacht die Frau? sagte der eine der Sadduzäer. Das ist ungehörig.
Jeschua lächelte.
Ich sagte: Ich lache, weil mir eure Geschichte gefällt. Sie ist so lustig wie der Kindervers vom Bauern, der den Knecht ausschickt, damit er das Getreide mähe, der aber nicht zurückkommt, sodaß der Bauer einen andern schickt, ihn zu holen, der auch nicht zurückkommt, und so fort und ohne Ende. Wie gut, daß es nur sieben Brüder waren und nicht zwölf oder zwanzig.
Die Sadduzäer waren zornig. Einer sagte: Rabbi, schick diese Frau hinaus. Was haben Frauen hier zu sagen?

Jeschua achtete nicht auf ihren Zorn. Er sagte: Was wollt ihr mit dieser Geschichte? Heraus mit der Sprache!
Rabbi, die Pharisäer glauben an die Auferstehung der Toten. Sag uns, wenn es eine Auferstehung der Toten gibt: welchem der sieben Männer gehört dann die eine Frau?
Ich dachte: Allen sieben.
Jeschua aber sagte: Keinem.
Wie das?
Wie das? Weil Heirat und Zeugung zum Vergänglichen in Raum und Zeit gehören. Im großen Weltenschabbat wird nichts mehr begonnen und nichts mehr beendet.
Sie schwiegen und dachten nach. Jeschua fuhr fort: Kennt ihr nicht die Stelle aus den Heiligen Schriften, da der Höchste aus dem brennenden Dornbusch zu Mosche spricht: Ich bin der Gott Avrahams, der Gott Jisraels, der Gott Ja'akovs? Meine Frage an euch: ist der Höchste ein Totengott? Hütet er Tote in der Unterwelt, herrscht er über Staub oder über ein undenkbares Nichts? Ich sage euch: er ist ein Gott der Lebendigen, oder aber: er ist nicht. Ist er aber, so müssen diejenigen, die zu ihm gehen, wieder aufleben. Scheint euch das nicht folgerichtig?
Sie schwiegen nachdenklich.
Er fuhr fort: Ihr erwartet den Messias und sagt, er sei der Sohn Davids. Kennt ihr den Psalm, in dem David vom Messias spricht und ihn seinen Herrn nennt? Wie kann der, welcher erst kommen wird, zugleich der sein, welcher, wie es im Psalm heißt, zur Rechten Davids sitzt?

Darauf wußten sie keine Antwort. Wie hätten sie diese Rede verstehen können. Von uns verstand sie zuerst nur Jochanan, und er übersetzte sie in seine Sprache: Der logos war von Ewigkeit her, also ist er der Immer-Gegenwärtige und der Ewig-Künftige.
Jeschua, schon im Weggehen, wandte sich noch einmal um und sagte: Gut hast du gesprochen, Jochanan. Ich sage euch: ehe Avraham war, bin Ich.
Damit ließ er uns stehen. Der Satz hätte doch heißen müssen: Ehe Avraham lebte, war Ich. Aber er hieß so, wie er eben hieß, und das Ich war auf eine erschreckende Weise betont, als gäbe es kein andres Ich außer ihm.
Es gab Augenblicke, in denen uns Jeschua erdrückend groß erschien, selbst mir. Doch nahm er sich immer sehr rasch zurück wie einer, der etwas herzeigt, es aber sofort wieder zudeckt, ehe man genau sieht, was da ist, und man weiß später nicht, ob man überhaupt etwas gesehen hat.
Mich beschäftigte die Frage, ob denn alle Menschen wiederbelebt werden.
Alle! antwortete der Rabbi.
Aber werden sie alle in gleicher Weise weiterleben: die Gerechten wie die Ungerechten? Gibt es da einen Richter, der darüber entscheidet?
Er sagte: Bist du nicht fähig, von irdischen Vorstellungen freizukommen? Habe ich dir nicht vom göttlichen Kind erzählt?
Ich verstand ihn nicht. Jene hohe Erkenntnis war mir wie weggewischt. Wie so oft, bekam ich aber tags darauf seine Antwort, indem Jeschua meine Frage zum Ge-

genstand seiner Predigt machte. Wir haben diese Predigt hundertmal wiederholt, bis zuletzt keiner mehr den echten Wortlaut wußte. Doch blieb der Kern und verlor nichts von seiner Kraft.

So war die Erzählung:

Am Ende der Zeit werden alle Völker der Erde sich versammeln und große Verwirrung und Furcht wird sein. Da tritt einer auf und setzt sich auf den Richterstuhl. Mit einer einzigen Bewegung seiner Hand teilt er die Menschenschar, und jedem weist er seinen Ort an, zur Rechten oder zur Linken. Doch weiß keiner noch, warum er hier und nicht dort ist. Die Verwirrung dauert nicht lang, denn nun spricht der Richter, und er sagt zu denen auf der rechten Seite: »Ihr habt mir zu essen gegeben, als mich hungerte; ihr habt meine Wunden verbunden und mir Arznei gegeben; ihr habt mir Obdach gegeben, als ich aus meinem Haus verjagt wurde; ihr habt mir eure Tür geöffnet, als ich verfolgt war, heimatlos, ein Flüchtling vor den Mächtigen; ihr habt mir zu Recht und Freiheit verholfen, als ich ins Gefängnis geworfen wurde, weil man meinen Schrei nach Gerechtigkeit falsch verstand; ihr habt Frieden gestiftet in meinem Namen und euch dafür schlagen lassen. Kommt nun, Freunde, in mein Reich.« Zu den andern aber: »Ihr habt gepraßt, als ich hungerte; ihr habt mich auf die Straße gesetzt und mir mein Haus genommen; ihr habt mich angespuckt, weil ich ein Geringer war aus fremdem Land; ihr habt mich den Verfolgern ausgeliefert, als ich um Herberge bat für eine Nacht; ihr habt mich für euch arbeiten lassen, und als ich schwach wurde, habt ihr mich davongejagt; ihr habt mir meinen Lohn vorenthalten, weil ihr Waffen kauftet, um Krieg zu führen. Ihr habt mich geschlagen und getötet, als ich für Frieden und Gerechtigkeit eintrat. Geht mir aus den Augen!« Da sagten die also Angesprochenen, die einen wie die andern: »Wir sind dir nie begegnet, wie konnten wir dir Gutes oder Böses tun?« Er aber sagte: »Ihr seid nie einem andern begegnet als mir. Was ihr einem lebenden Wesen getan oder verweigert habt, das habt ihr mir getan oder verweigert.«

Die Hörer gingen schweigend auseinander.

Mir aber kamen Fragen, und ich fand die Antworten nicht.

Rabbi, hilf mir die Geschichte verstehen. Wer hat da Richtervollmacht? Wer kann da aufnehmen und verstoßen? Sag doch: wer ist der Richter?

Weißt du es nicht? Ist der Richter ein andrer als der zu Richtende?

Rabbi, ich wüßte nicht, wohin ich mich stellen würde aus eigener Einsicht. Mir wäre lieber, du wärst mein Richter.

Ich bin es.

Rabbi, du redest widersprüchlich. Erst sagst du, der Mensch richte sich selbst. Jetzt sagst du, daß du der Richter bist.

Ist dies ein Widerspruch?

Das versteh, wer kann.

Du wirst es eines Tages verstehen.

Nie! rief ich und lief davon. Ich fühlte mich verfolgt. Er redet Wahnsinnsworte, dachte ich, und damit macht er auch mich wahnsinnig.

Einen ganzen Tag blieb ich weg. Nie mehr kehre ich zurück, dachte ich. Dieses Leben mit ihm ist unerträglich. Ich muß mich retten.
Natürlich kehrte ich zurück.
Er stand auf der Schwelle der Hütte, in der wir einige Nächte verbrachten.
Wir haben uns gesorgt um dich, Mirjam. Thomas und Philippos suchen dich.
Und du? Du hast dich nicht gesorgt? Du bist meiner so sicher, wie?
Er schaute mich lange an. Prüfend. Wirds dir zu schwer mit mir?
Ja, schrie ich, du bist unerträglich.
Willst du mich verlassen?
Ich dachte: Wohin soll ich gehen? Ich lebe von deiner Gegenwart.
Aber ich sagte aufsässig: Jedes Seil reißt, wenn man es zu straff spannt.
Komm jetzt, sagte er, das Abendessen ist bereit.
Das war alles.
Vom Entlaufen war nicht mehr die Rede.
Ein paar Tage war Ruhe.
Ich wäre nicht so ruhig gewesen, hätte ich gewußt, was Thomas und Philippos erlebt hatten an dem Tag, an dem sie mich suchten. Sie waren von berittener Polizei aufgehalten und nach Waffen durchsucht worden. Sie hatten keine. Man ließ sie laufen.
Als ich die Sache hörte, erschrak ich. Jehuda! dachte ich, er macht sich und uns verdächtig, zu oft verschwindet er in der Nacht, zu oft kommt er mit leerem Beutel heim, zu oft reibt er sich die Hände. Immer öfter rieb er

sie, und immer öfter pfiff er vor ingrimmiger Zufriedenheit.
Schließlich konnte er die Neuigkeit nicht mehr für sich behalten. Er zog mich beiseite: Mirjam, unsre Sache klärt und macht sich.
Unsre Sache? Was für eine Sache?
Was für eine? Das fragst du? Also höre: Es gibt da einen unter den Aufständischen, einen großartigen Kerl. Ein Kopf ist der, sag ich dir, und Erfahrung hat er und einen genauen Plan. Der hat seine Leute in der Hand. Wer als Nächster ausgeraubt, erpreßt, entführt, umgebracht wird, das bestimmt er. Klug ist er: nie läßt er seine Leute die Römer selbst angreifen, nur Juden, nur solche, die den Römern ihre Hand geben oder auch bloß den kleinen Finger. Ganz Jeruschalajim zittert. Soviel die Polizei auch sucht: die Leute sind ungreifbar. Sie arbeiten in kleinsten Gruppen, ohne feste Basis, bald hier, bald dort, bald bei Nacht, bald am hellen Tag, und ehe man sie auch nur sieht, sind sie verschwunden mitsamt Geld und Geiseln. Das geht alles nach dem Plan, den dieser Kopf ausgearbeitet hat. Und stell dir vor: er tritt nie selber auf. Von seinen Leuten hat ihn kaum einer gesehen. Es ist, als gäbe es ihn nicht. Aber es gibt ihn. Ich habe ihn getroffen. Bar Abba heißt er.
Wie du ihn bewunderst, Jehuda! Einen Gewalttäter bewunderst du! Warum läufst du nicht zu ihm über? Dieser Bar Abba ist doch nach deinem Herzen! Das ist ein Mann, nicht wahr? Ganz anders als unser Rabbi. Sags doch offen! Warum bleibst du noch bei uns?
Jehuda senkte den Kopf.
Soll ich dirs sagen, Jehuda? Weil du dir in den Kopf ge-

setzt hast, daß der Rabbi Jisraels Befreier ist, er, und kein anderer. Und wenns nun ganz anders geht?
Er warf den Kopf hoch: Spielverderberin du! Kannst du nicht ertragen, wenn ich glücklich bin?
Jehuda! Du bist ja nicht glücklich. Todunglücklich bist du, und auf dem falschen Weg, und hast dir den richtigen versperrt. Bar Abba wählst du statt Jeschua. Gewalt und Unheil wählst du statt Frieden.
Er hörte mich nicht mehr an, er lief weg. Wie er floh vor seiner eigenen Erkenntnis! Wie er sich kopfüber in den Abgrund stürzte, den er selber gegraben hatte. Sollte ich mit dem Rabbi über ihn reden? Sollte er ihn nicht zu einer Entscheidung zwingen? Ich sagte nichts. Das Unkraut mit dem Weizen aufwachsen lassen. Doch mir stand kein Urteil zu.
Wir waren damals auf dem Weg nach Süden und kamen vor Jericho. Da fuhr mir ein Messer durchs Herz: der Balsamwald, der meinem Vater gehört hatte und den mein Bruder verkaufte, um den Erlös in sein Wüstenkloster mitzubringen, der Balsamwald war nicht mehr da! Abgeholzt. An seiner Stelle ein neuer Palast des Herodes. Als hätte ihm nicht genügen können, was er von seinem Vater ererbt hatte: die Villen, Bäder, Paläste, die Rennbahn, das Theater. Noch ein Palast also. Und das auf dem Boden, der so fruchtbar war.
Was weinst du, Mirjam? Vergänglich ist alles. Hängt dein Herz an einem Balsamwald?
Darüber weine ich nicht.
Worüber denn?
Stünde Jeschajahu hier, er riefe aus, wie ers ausrief und aufschrieb vor tausend Jahren: »Wehe jenen, die Haus

an Haus reihen, bis kein Raum mehr vorhanden ist und ihr allein Grundherren seid inmitten des Lands.«

Vor achthundert Jahren, Mirjam, wenn du's genau nimmst. Weißt du aber auch den nächsten Vers? »Aus vielen Häusern wird Schutt und Wüste, die andern stehen menschenleer.« Nichts bleibt, wie es ist. Eines Tages wird hier wieder fruchtbares Land sein, Schafe weiden hier, und in den Häusern wohnen Menschen voller Hoffnung. Über das Vergehen des Vergänglichen zu weinen, ist töricht.

Rabbi, das Vergängliche ist schön, und Unvergängliches ist nicht zu sehen und als wäre es nicht.

Rückfällige, du! Vergeßliche! Kleingläubige!

Rabbi, manchmal denke ich: du bist nur ein Traum – mein Traum, vergänglich wie alles.

Ich aber bin DA! Ich bin der, der DA ist. Ich bin der Bleibende. Ich bin der unvergängliche Traum, der Wirklichkeit ist.

Das Wort, nicht lauter gesprochen als die vorhergehenden, dröhnte mir in den Ohren wie der Klang des Widderhorns. Mir schwindelte.

Komm jetzt! sagte Jeschua, und es war wieder seine gewöhnliche Stimme.

Irgendjemand hatte in Jericho unser Kommen gemeldet. Schon strömte uns viel Volk entgegen. Es gab solch ein Gedränge in den engen Gassen, daß mir angst und bange wurde. In der Menge konnten nicht nur Aufständische sein, sondern auch Spitzel aus Jeruschalajim. Wir standen unter Verdacht. Wie sehr, das sollten wir einige Zeit später erfahren. Noch geschah nichts. Nichts, als daß Jeschua plötzlich vor einem Maulbeerbaum stehenblieb und ins Geäst hinaufrief: Was tust du da oben? Komm herunter!

Der also Angesprochene rief: Wenn ich doch so kurz geraten bin, Rabbi! Bin ich unten, sehe ich dich nicht.

Jeschua lachte. Komm, du sollst mich besser sehen, ich will bei dir zu Abend essen, wenn du mich einlädst, Zachäus!

Zachäus (woher kannte Jeschua ihn?) rutschte den Stamm herunter vor Jeschuas Füße. Er war wirklich sehr klein, und man konnte ihn für ein Kind halten, als er jetzt vor Freude sprang: Du, Rabbi, willst mein Haus beehren?

Die Leute ringsum tuschelten: Zu diesem Zöllner geht er, zu diesem Oberdieb, dem Betrüger, weiß denn der Rabbi nichts von ihm?

Zachäus hatte wohl gehört, was sie murrten. Er ließ seinen Kopf hängen.

Jeschua zog ihn am Haarschopf hoch: Ists wahr, was sie sagen?

Es ist wahr, Rabbi.

Da lachte Jeschua. Zu den Umherstehenden aber sagte er: Und ihr? Ihr habt noch nie betrogen, nie Bestechungsgelder gegeben oder angenommen, nie Überpreise verlangt? Gerechte seid ihr also allesamt? Nur dieser eine da ist ein Sünder?

Da zogen sie sich verlegen und verärgert zurück.

Zachäus aber sagte: Rabbi, du hast mir mein Herz umgewendet wie einen Sack, und schau, was da herausfällt: Diebsgut, Rabbi! Aber ich schwöre dir: noch heute gebe ich alles zurück, was unrecht Gut ist in meinem Besitz. Nicht nur das: das Vierfache will ich denen geben, die ich

betrogen habe, und die Hälfte meines Besitzes den Armen.
Genug, genug! murmelte Jehuda, genug der Zerknirschung.
Jeschua aber legte seinen Arm um Zachäus und sagte laut: Ich bin gekommen, um verirrte Schafe zu suchen, und ich finde sie. Komm, führ mich in dein Haus.
Jehuda sagte: Ich geh anderswo essen. Ich kann solches Getue und Gerede nicht leiden. Das Geld den Armen geben, was solls. Nach drei Tagen haben sie es verputzt. Mit Geld muß man umgehen können, sonst rutscht es einem zwischen den Fingern durch, und dann suchs im Sand!
Das Peinliche im Umgang mit Jehuda lag darin, daß man ihm nie ganz recht und nie ganz unrecht geben konnte. Er war gegen die Reichen, und setzte doch aufs Geld, denn, sag was du willst, Geld macht glücklich, freilich nur, wenn alle es haben und wenn alle gleich viel haben. Gleichheit, das war für ihn Gleichheit an Besitz, und Gerechtigkeit hieß für ihn: den Besitzenden ihren Besitz wegnehmen und an alle verteilen. Dann wird Friede sein. Das war seine Rechnung. In seinem Denken ging sie glatt auf.
In Jericho blieben wir nur einen Tag, denn die Stadt war voller Soldaten und voll berittener Wachen. Sie war schon zu nah an der Hauptstadt und auch zu nah an Alexandrion, wo Herodes seine Schatzhäuser hatte und wo schon einmal ein großer Raubüberfall gelang. Der Ort war schwer bewacht.
Wir übernachteten außerhalb Jerichos und hielten uns verborgen. Jedoch schon am nächsten Morgen hatte es sich herumgesprochen: Der Wunderrabbi ist da!

Wieder und wieder das gleiche Schauspiel.
Ich ging zwischen den Gruppen der Wartenden hindurch und tat, als kennte ich den Rabbi nicht, und fragte aus ihnen heraus, was sie von ihm hielten und von ihm erwarteten.
Warum bist du hergekommen, wenn du nicht weißt, wer er ist? Das ist nichts für Neugierige, Frau!
Ein andrer sagte: Er ist ein Wundertäter. Hast du nicht gehört, was er im Galil tat? Er rührt die Kranken an, und schon sind sie gesund.
Und wie er predigt! Von seinen Worten schon wird dir besser.
Man sagt, er sei Elija, der Prophet, der wiedergekommen ist.
Ein andrer hinter vorgehaltener Hand: Er ist auf unsrer Seite und gegen die Römer und die Reichen. Wenn der das Volk hinter sich bringt, da kann was in Bewegung kommen, verstehst du?
Ein andrer gab ihm einen Stoß: Schwätz nicht! Gefährliche Worte sagst du. Wer weiß, wer die da ist.
Ich ging weiter mit meiner Frage. Einer sagte: Misch dich da nicht ein. Man weiß nicht, was da ausgekocht wird.
Was denn?
Dieser Rabbi, der redet fromm, und hinterher merkst du, daß du einen Aufruf zum Umsturz gehört hast. Giftsamen ist das, was er streut. Das geht ihm nicht gut aus.
Ein Junge, der das hörte, sagte: Mich hat er von der Fallsucht geheilt.
Einer nahm ihn beiseite: Wer hat dir beigebracht, das herumzusagen? Wieviel Geld hat man dir gegeben?

Der Junge rief laut: Ihr schlechten Kerle ihr! Ich sag die reine Wahrheit, und das wißt ihr. Was hat euch der gute Rabbi Böses getan?
Ich zog den Jungen mit mir und brachte ihn zu Jeschua und erzählte, wie er ihn tapfer verteidigt hatte. Jeschua legte ihm die Hand auf den Kopf und sagte: Auf solche wie dich baue ich mein Reich.
Der Junge sagte: Ich will bei dir bleiben.
Jeschua sagte: Du bist zu jung. In ein paar Jahren wirst du einer der Meinen sein. Wie heißt du?
Stephanos.
Zu mir sagte der Rabbi: Er wird mein Schicksal teilen.
Was willst du damit sagen, Rabbi? Deine Rede macht mich frieren.
Am Abend, als das Volk, geheilt oder nicht, auf jeden Fall getröstet, sich verlaufen hatte und wir unter uns waren, erzählte Jeschua jene Geschichte, die mich mit einem Schlag verstehen ließ, was er mit dem meinte, das er sein Schicksal nannte und das auch den Jungen treffen würde:
Ein Mann legte einen Weinberg an, verpachtete ihn und begab sich außer Landes. Zu gegebener Zeit schickte er einen Boten, den verabredeten Teil an Trauben und Wein zu holen. Der Pächter schlug ihn und schickte ihn mit leeren Händen fort. Der Besitzer schickte einen zweiten Boten. Ihm erging es wie dem ersten. So schickte er einen nach dem andern. Vergeblich. Einige wurden sogar totgeschlagen. Zuletzt schickte er seinen eigenen Sohn. Sie werden meinen Sohn erkennen und nicht wagen, Hand an ihn zu legen, denn er ist der Erbe

und also ihr künftiger Herr. Der Pächter aber sagte: Wenn ich den Sohn töte, ist kein Erbe mehr da, und das ganze Weingut fällt an mich, denn der Herr ist fern und kommt nicht wieder. Und also erschlug er den Sohn. Was wird der Herr des Weinbergs tun, wenn er davon erfährt?
Aug um Aug, Zahn um Zahn: der Herr wird kommen und den Pächter samt seinen Helfern und Helfershelfern töten lassen.
Ein andrer sagte: Was für ein törichter Herr! Lernt nichts aus seinen Erfahrungen.
Was für ein schlechter Menschenkenner, dieser Herr. Er hätte sich den Pächter vorher genauer ansehen müssen.
Er hätte schon den Boten bewaffneten Schutz geben müssen, und gar seinem eigenen Sohn, nach all dem, was vorgefallen war.
Ich sagte: Rabbi, die Geschichte ist schrecklich und ganz unbegreiflich. Warum schickte er seinen Sohn in den Tod? Denn das war es, was er tat. Mußte er dies nicht voraus-wissen?
Wenn aber der Sohn aus eigenem Entschluß ging?
Das hätte der Vater ihm verbieten müssen.
Wenn sich der Sohn nicht aufhalten ließ?
Der Vater hätte Tür und Tor versperren müssen, Eisenriegel vorlegen, Wächter aufstellen. Ist nicht der Vater Herr? Muß ihm der Sohn nicht gehorchen?
Er gehorcht.
So hat ihn doch der Vater geschickt?
So ist es.
Wie kannst du dann sagen, er sei aus eigenem Entschluß gegangen?
Jeschua antwortete nicht. Mir ließ die Geschichte keine

Ruhe. Was war es, das er uns mit ihr sagen wollte? Dunkel schien sie und furchtbar. Ich wollte sie nicht verstehen.
Am nächsten Tag aber hielt ich Jeschua am Ärmel fest: Rabbi, diese Geschichte! Wer ist der Vater, wer ist der Sohn, wer sind die Boten, was für einen Sinn hat das Ganze?
Du bist doch sonst so klug im Rätselraten.
Wie kannst du scherzen? Die Geschichte macht mir angst.
So hast du sie also verstanden?
Rabbi: Jisrael hat viele seiner Propheten getötet. Wer aber ist der, dessen Tod noch aussteht?
Warum wagst du nicht zu verstehen?
Rabbi, wer aber ist der Vater, der den Sohn in den Tod schickt?
Wer ist Vater, wer Sohn?
Damals schob ich dieses Wort beiseite. Was ich begriff, war dies: er sprach von seinem Tod.
Jeschua, sagte ich, dein Tod wird der meine sein.
Er schlug mit der flachen Hand auf meinen Arm: eine Züchtigung. So also denkst du, Mirjam? Meine Sache im Stich lassen? Das Erbe nicht antreten?
Du bist mein Leben, Rabbi, und wenn du gehst, nimmst du mein Leben mit dir, auch wenn ich hierbleibe, solang du es befiehlst.
Was redest du von Leben und von Tod, Unbelehrbare? Mit meinem Sterben besiege ich den Tod. Ich bin der Bleibende, ich bin der Lebendige, ich bin das Leben. Wer mich liebt, der lebt und lernt den Tod nicht kennen.

Damit ließ er mich stehen. Nichts begriff ich von alledem. Nichts, als daß er sterben würde. Mich täuschte nicht, daß er vom Sieg sprach. Es gibt Siege, die Niederlagen sind. Heute weiß ichs besser: es gibt Niederlagen, die Siege sind. Die Niederlage eines Göttlichen muß immer der Sieg des Göttlichen sein.

Das weiß ich jetzt. Damals lief ich hinaus und irrte durch die Felder. Er wird sterben. Er wird eines Tages nicht mehr da sein. Wann aber? Wie er davon sprach, das war nicht wie von etwas, das in weiter Zeitferne lag. Wie, wenn er fortgeht, ehe sein Werk getan ist? Was für ein Werk aber? Teilte ich nicht doch, tief verborgen, die Hoffnung Jehudas? Wollte ich nicht Handgreifliches: den Sieg meines Volkes über die Römer, die Freiheit Jisraels? Wer hier eine Sache im Stich ließ, war das nicht Jeschua?

Ich warf mich in ein Dorngesträuch. Mochten mir die Dornen Gesicht und Arme zerkratzen.

Ich schlief ein.

Es war Jehuda, der mich traf. Er berührte mich mit der Fußspitze, als sei ich ein Kadaver, doch in seinen Augen stand Angst. Er tat es mit ungeschickter Behutsamkeit, die schon fast Zärtlichkeit war. Aber gleich darauf reute es ihn, ein Gefühl gezeigt zu haben, und er sagte rauh: Also komm schon! Seit Stunden warten wir mit dem Essen auf dich. Und dann früh ins Bett. Auf gehts! Nach Jeruschalajim gehts! Dich freuts nicht?

Ach Jehuda: der Boden Jeruschalajims ist heißer Boden.

Umso besser. Auf heißem Boden werden Trauben eher reif.

Ja, Trauben schon. Wir aber verbrennen uns die Füße.
Ach du schwarze Prophetin! Komm!
Rabbi, sagte ich am Abend, willst du wirklich nach Jeruschalajim? Es gibt so viele andre Orte, in denen die Menschen auf deine Predigt warten.
In den Wind gesprochen.
Wir gingen aber vorsichtshalber in kleinen Gruppen. Jeschua nahm mich mit, Jochanan, Schimon, Thomas und Philippos. Friedliche Leute. Unauffällige. So meinten wir. Warum aber diese schiefen Blicke hier, warum die Jubelgrüße dort? Mir wäre hundertmal lieber gewesen, man beachtete uns nicht. Warum nur mußte wieder etwas geschehen, was die Blicke mit Gewalt auf uns zog? Und wessen Blicke, was für Blicke!
Am Schaftor saß ein Bettler. Er war blind. Ich sagte: Jehuda, gib ihm etwas.
Aber Jeschua hielt uns zurück: Flickwerk!
Dann fragte er den Bettler, der ihm seine Hand entgegenstreckte: Wie lang bist du schon blind, Freund?
Seit meiner Geburt. Warum fragst du?
Jeschua zog ihm die Augenlider hoch und drehte ihm das Gesicht zur Sonne.
Er ist wirklich blind, sage Jeschua.
Natürlich bin ich blind. Bist du ein Arzt?
Ich bin einer, der heilen kann.
Ich zog Jeschua am Ärmel: Rabbi, nein, nicht hier auf dem heißen Boden! Nichts, was nach Wunder aussieht, ich flehe dich an.
Er schüttelte meine Hand ab: Du willst nicht, daß ich helfe, wo ich helfen kann?

Zum Blinden sagte er: Halte ganz still. Ich werde dir etwas auf die Augen reiben, es tut nicht weh. Willst du, daß ich dich heile? Glaubst du, daß ich es kann?
Heile mich, Herr, wer du auch bist.
Da nahm Jeschua ein wenig Erde, vermischte sie mit Speichel und legte den Teig auf die blinden Augen.
Das kühlt schön, sagte der Blinde.
Und jetzt, sagte Jeschua zu Schimon, führ ihn zum Teich und wasche ihm die Augen aus.
Rabbi, sagte ich, was soll ich wünschen: daß er sieht, oder daß die Heilung mißlingt?
Wer fragt nach deinen Wünschen? Schweig und warte.
Wie streng er sein konnte. Zu keinem andern war er so streng.
Ich schwieg also und wartete. Wir saßen alle da und schwiegen und warteten.
Was für ein Geschrei kam da vom Teich her?
Ich sehe, ich sehe!
Der Blinde kam führerlos und lief, ohne zu stolpern. Wo ist der, der mich heilte?
Man brachte ihn vor Jeschua. Ich sehe, Herr, ich sehe! Wer bist du, Herr, daß du einen Blinden sehend machst?
Ich sagte rasch: Er ist ein Arzt, das hast du doch gemerkt.
So mach alle Blinden im Land sehend! rief der Bettler.
Es hatte sich eine Menge Volks angesammelt. Ist das nicht der Blinde? Sieht er denn jetzt? Siehst du wirklich? Was für eine Freude für deine Eltern!

Einer sagte: Was Freude. Sie haben doch von seiner Bettelei gelebt.
Wir aber zogen uns zurück.
Jehuda sagte: Siehst du, Rabbi.
Aber er redete nicht weiter.
Was dann geschah, wurde uns einige Tage später berichtet: man führte den ehemals Blinden in den Tempel, und er mußte den Priestern genau berichten, was geschehen war, dreimal, fünfmal, ein großes Ausgefrage, ein Hin und ein Her, was hat der Mann getan, was gesagt, womit deine Augen gesalbt, hattest du eine Entzündung an den Augen, hattest du schon vorher Heilsalbe gebraucht, warst du denn wirklich und wahrhaftig blind von Geburt, oder haben deine Eltern dich für blind ausgegeben oder gar dich geblendet, damit du beim Betteln Mitleid erregst, hast du nicht deine ganze Familie ernährt mit Betteln?
Der ehemals Blinde wurde zornig. Und wenn ich es euch hundertmal sage, ihr glaubt es nicht.
So sag uns, wer der Mann war, der dich, angeblich, heilte?
Ich bin nicht angeblich blind gewesen und jetzt nicht angeblich geheilt. Wer mich geheilt hat, weiß ich nicht. Ich weiß aber, daß vor ihm keiner sich meiner erbarmt hat. Ihm ging mein Elend zu Herzen. Ihm, keinem andern. Wer er auch ist: ein Gerechter ist er, ein Barmherziger. Wer von euch hat mir je Mitleid gezeigt?
Da wiesen sie ihn aus dem Tempel.
Er aber lief in der Stadt herum und erzählte allen, was sich ereignet hatte, auch vom Ausgefrage im Tempel und daß »die da oben« einfach nicht glauben wollten,

was er doch beschwören konnte. Wer ihn geheilt hatte, das aber wußte er nicht. Einer fragte ihn: Sprach der Mann unsre Sprache oder vielleicht Galiläisch?
Das weiß ich nicht.
Es wird der Wunderrabbi gewesen sein.
Und so sprach es sich weiter herum und kam wieder vor unsre Ohren.
»Die da oben«, das war sicher, legten einen neuen Stein zu den andern. Der Schuldberg wuchs.
Am Tag darauf kam ein Mann zu uns nach Bethania: Rabbi, nimm mich unter deine Jünger auf!
Weil du glaubst, ich sei ein Wundertäter, oder warum kommst du?
Du bist der erste Gerechte, der mir begegnet ist in meinem Leben.
So komm!
Ich muß nur erst noch nach Hause gehen. Mein Vater ist alt und sehr krank. Ich muß ihn ordnungsgemäß begraben und mich um das Erbe kümmern. Dann komme ich.
Jeschua sagte: Laß die Toten ihre Toten begraben. Wer die Hand an den Pflug gelegt hat, der darf nicht nach rückwärts schauen.
Der Mann ging.
Er kommt nicht wieder, sagte Schimon. Warum auch warst du so hart zu ihm? Hat er nicht wirklich Pflichten, die vorher erfüllt werden müssen?
Vorwand war das, unernste Rede. Wer mir folgen will, muß es sofort tun.
Vogel friß oder stirb, sagte Jehuda.
Wer das Neue will, aber den Rückweg offenläßt, wird

diesen Rückweg gehen. Die Brücke muß abgebrochen, die Schnur zerschnitten werden. Vater und Mutter, Haus und Hof muß man verlassen. Eines nur ist notwendig.

Harte Rede, sagte ich.

Hast du dir den Rückweg offengelassen? Ja oder nein?

Du weißt es, Rabbi: nein!

Am nächsten Tag kam wieder einer, der Jeschuas Jünger sein wollte. Wohin du gehst, Rabbi, geh ich auch.

Das hörte sich an wie der Treue-Eid eines Verschwörers.

Jeschua sagte: Wohin gehe ich denn, wohin du mir folgen könntest? Mein Heim ist die Straße, mein Ziel ist nicht das deine, mein Reich ist nicht von hier.

Der Mann ging rasch weg.

Eines Nachts hörte ich Schritte vor dem Haus. Schritte, die vom Tal herauf aufs Haus zugingen, und Schritte, die vom Haus weggingen. Es waren nicht Jehudas Schritte, die waren immer mehr ein Laufen als ein Gehen. Was ich hörte, waren ruhige Schritte, und sie gingen schließlich nebeneinander, verloren sich, kamen wieder. Jeschua. Aber wer war der andre? Es stand mir nicht zu, hinauszugehen oder auch nur nachzuschauen. Es war auch nichts, was mich beunruhigt hätte. Aber sicher war, daß Jeschua nicht zufällig draußen war zu dieser Nachtstunde. Das war eine Verabredung. Es gab keinen Zeugen des Gesprächs. Doch Jochanan erfuhr, wer der Besucher war, und er erfuhr auch, in einem ebenfalls geheimen Nachtgespräch, was

geredet wurde, und in einem andern Nachtgespräch erfuhr auch ich es.
Nikodemus, obwohl ein alter Mann und in hohem Rang unter den Ratsherren, habe Jeschua mit einer Höflichkeit begrüßt, wie man sie nur noch Älteren und Ranghöheren erweist. Er habe auch sofort Grund und Absicht seines Kommens erklärt, und auch die Wahl der nächtlichen Stunde: er kam nicht als Abgesandter des Hohen Rats, er kam aus eigenem Antrieb und insgeheim, und zwar als Freund, wenn er sich so nennen dürfe, jedenfalls sei sein Kommen ein freundschaftliches. Dann kam er zur Sache:
Rabbi, ich war oft unter deinen Hörern in der Synagoge, und wo immer du geredet hast, und was du sagtest, nahm ich auf und überdachte es und fand es lebendiges Wort. Wie Mosche in der Wüste aus dem Felsen Wasser schlug, so hast du meinen Geist berührt und Erstarrtes zum Fließen gebracht, und ich fragte mich, und ich frage: Wer ist dieser? Was ist es, das ausgeht von ihm? Mit welcher Vollmacht redet er? Ist er ein Prophet, erstanden in dunkler Zeit? Was ist es, das mich zwingt, ihm zuzuhören? Ist es denn Neues, was er sagt? Oder sagt er alte Wahrheit neu? Ich hörte deine Reden vom Himmelreich. Es ist, hast du gesagt, der Sauerteig, der das Mehl durchdringt, sodaß es Brot wird. Du hast gesagt, es ist der Schatz, den einer in seinem Acker findet und für den er alles andre hingibt. Du hast gesagt, es ist das Senfkorn, das kleinste aller Samenkörner, das, wenn es aufwächst, zum Baum wird, zu dem die Vögel von überallher kommen, um in seinen Zweigen zu wohnen. Du hast gesagt, es sei der Acker, auf dem Weizen und Un-

kraut gleicherweise wachsen, und das Netz, in dem brauchbare und unbrauchbare Fische sich fangen. Das alles habe ich bedacht und verstanden. Aber es blieb mir eine Frage: dieses Himmelreich, wo ist es?

Jeschua antwortete: Du sagst, du habest meine Bilder verstanden. Und doch fragst du, wo dieses himmlische Reich sei. Meinst du, man könne dir sagen: Lauf hierhin, lauf dorthin, da ist es? Oder man könne dir sagen: Warte ein Jahr, warte hundert Jahre, dann kommt es? Ich sage dir: es ist hier, und es ist jetzt.

Aber hast du nicht selbst von Ort und Zeit gesprochen? Weizen und Unkraut brauchen die Frühsommerzeit, um aufzuwachsen, der Senfsame braucht Jahre, um zum Baum zu werden. Ist das nicht klare Rede von Künftigem? Was erst kommt, das ist nicht schon da.

Ist der Baum nicht im Samen? Ist nicht alles Künftige auch Gegenwart? Ist nicht alles Dort auch ein Hier und alles Innen auch ein Außen und alles Oben auch ein Unten?

Aber als der Ewige dem Mosche Kanaan verhieß, da war das Volk in der Wüste, und Kanaan war in Raum und Zeit weit weg.

Wäre Kanaan nicht im Geist des Mosche gewesen und nicht in der Hoffnung des Volks, so wäre es nie gefunden worden. Kanaan war mitten in der Wüste, denn es war in den Herzen der Wüstenwanderer. Hoffnung ist Wirklichkeit.

So wäre also, sagte Nikodemus, das Himmelreich schon da?

Es ist mitten unter euch.

Wie aber findet man es?

Wer Augen hat zu sehen, der sieht es.
Wer aber hat sehende Augen?
Der, dem sie geöffnet sind vom Geist.
Und was sieht er?
Er sieht die Wirklichkeit.
So wäre also Nicht-Wirklichkeit alles, was nicht Geist ist?
So ist es.
Also ist aller Streit um Irdisches unwirklich? Also zählt weder Macht noch Besitz, weder Sieg noch Niederlage?
Was zählt, Nikodemus, das ist einzig die Liebe, denn wo Liebe herrscht, da ist das Himmelreich. Wo Liebe ist, da ist Friede. Wo Friede ist, da ist das Himmelreich. Geh und stifte Frieden!
Das also war es, was in jener Nacht geredet wurde, so wie Nikodemus es dem Jochanan weitergab und wie Jochanan es mir weitergab.
Zwischen Jochanan und mir aber entstand ein Streit um das Wort Jeschuas: Das Himmelreich ist schon da, es ist mitten unter euch. Jochanan sagte: Der Rabbi meinte: es ist in euch. In euerm Innern.
Bleib doch genau am Wort, Jochanan. Wie hat es dir Nikodemus übermittelt: So: in jedem von euch? Oder: mitten unter euch?
So oder so, Mirjam, ist da ein Unterschied?
Da ist ein Unterschied! War Kanaan im Herzen einzelner oder war es die Hoffnung des ganzen Volks? War es der Traum von einigen, oder war es die Feuersäule, die ein ganzes Volk führte? Ist das Himmelreich nur ein Inneres? Blieb Kanaan das Traumland, in das sich jeder

rettete inmitten der Wüstenbedrängnis? Kam Jisrael nicht schließlich in ein wirkliches Land, das Kanaan hieß und jetzt Erez Jisrael heißt?

Recht hast du, und unrecht auch. Ist Kanaan die Erfüllung? Sinds nicht nur einzelne, die Kanaan wirklich fanden?

Wenn das so ist, dann konnten jene erleuchteten einzelnen unter unsern Vorfahren in der Wüste bleiben, und die Wüste wurde ihnen zu Kanaan. War es aber das, was der Ewige seinem Volk verheißen hat? Nein, Jochanan, nein! Er hat eine sichtbare, eine greifbare Erdenwirklichkeit versprochen.

Weiß man, wie es der Ewige gemeint hat? Weiß man, wie es ihm unsre Väter im Mund umdrehten? Und selbst wenn du recht hast: viele kamen an im erdenwirklichen Kanaan und wissen es bis heute nicht. Wer das Reich nicht in seinem Innern hat, der findet es nie und nirgends.

Warum nur habe ich immer das Gefühl, als suchtest du Gründe, dich aus unsrer Erdenwirklichkeit hinauszuflüchten ins Unverbindlich-Geistige? In ein Kanaan über den Wolken, wo alles in schönster Ordnung ist? Es ist aber nichts in Ordnung! Siehst du das denn nicht, Schlafwandler?

Er ging gekränkt weg, denn er hatte recht gut verstanden, daß ich ihn gegen Jehuda ausspielte. Freilich: wenn ich mit Jehuda redete, verteidigte ich Jochanan. Ich, das Weizenkorn zwischen den Mühlsteinen. Was aber war Wirklichkeit? Und was meinte Jeschua, wenn er sagte: Mein Reich ist nicht von dieser Welt.

Hart war die Schule, die ich durchlaufen mußte.

Nikodemus war nicht der einzige, der nach Bethania kam, um Jeschua zu sehen, zu hören, seine Hand zu berühren, eine Weile seine Kraft aufzunehmen. Viel einfaches Volk kam, aber auch Schriftgelehrte, und es war nicht immer, wie bei Nikodemus, sofort klar, in welcher Absicht sie kamen.
Da waren jene beiden Alten, denen es um die Schabbatfrage ging.
Rabbi Jeschua, wir haben gesehen, rein zufällig, im Vorbeigehen, wie deine Jünger Weizenähren abrupften, die Körner aushülsten und sie aßen.
Nun, und? fragte Jeschua.
Jehuda fuhr auf: Die Ähren sind vom Feld unseres Freundes Lazarus. Meint ihr, er verweigerte sie uns? Haltet ihr uns für Diebe?
Und Schimon sagte: Eine Handvoll wars. Nicht mehr, als ein kleiner Taubenschwarm aufpicken könnte bei kurzem Einflug.
Darum gehts nicht.
Worum denn?
Darum, daß Schabbat war, als das geschah, und du, Rabbi Jeschua, bist nicht eingeschritten.
Schimon sagte eilig: Der Rabbi hat es nicht gesehen.
Jeschua aber sagte: Ich habe es gesehen.
Und hast geschwiegen?
Sie aßen aus Hunger.
Aber am Schabbat! Es ist uns verboten, am Schabbat zu ernten.
So ist es.
Ja wie denn nun: du weißt, es ist verboten, und läßt es deine Jünger tun?

Wißt ihr, was David tat, als ihn und seine Begleiter hungerte? Nun? Ihr seid Schriftgelehrte. Wißt ihr es oder wißt ihr es nicht?
Sie schwiegen verstockt.
So sage ich es euch: David ging zum Hohen Priester Achimelech in den Tempel und bat um Brot. Der Priester sagte: Es ist Krieg, ich habe keins mehr außer den Schaubroten im Heiligtum, auf denen der Blick des Höchsten ruht. Gib sie mir, sagte David, uns hungert. Das ist unerlaubt, sagte Achimelech, unerlaubt mit einer Ausnahme: wer sich des Weibes enthält und rein ist, der darf sie essen. Wenn es das ist, sagte David, dann ists ja gut. Wir sind Soldaten und haben seit langem keine Frau zu Gesicht bekommen. Da gab ihm Achimelech die Brote, und sie stillten ihren Hunger.
Das ist eine andre Sache. In unserm Fall gehts um den Schabbat.
In beiden Fällen gehts ums Gesetz, sagte Jeschua, und in beiden gehts ums Lösen des Gesetzes.
Gesetz ist Gesetz. Kennst du die Stelle in der Thora nicht, wo vom Schabbatschänder die Rede ist? Höre: Als die Jisraeliten in der Steppe waren, trafen sie einen Mann, der am Schabbat Holz sammelte. Sie ergriffen ihn und brachten ihn zu Mosche und Aharon und vor die ganze Gemeinde. Doch war unentschieden, was mit ihm geschehen sollte. Da ging Mosche zu Adonai und fragte um Rat. Adonai sagte: Führt den Mann aus dem Lager und steinigt ihn zu Tode. Und so geschah es.
Jeschua sagte: Kennt ihr die Stelle aus der Geschichte der Makkabäer? Sie waren mitten im Kampf mit den Syrern. Da hörten sie Schofarblasen: Schabbatbeginn.

Sie ließen ihre Waffen sinken. Da wurden sie von den Syrern, die keinen Schabbat kennen, überfallen und getötet.
Da gingen die beiden Alten verstimmt hinweg.
Auch für uns war die Frage nicht gelöst.
Rabbi, du hältst den Schabbat und hältst ihn nicht. Du gehst in die Synagoge und feierst Pesach, Purim, Jom Kippur und was sonst anfällt. Aber du läßt uns am Schabbat Körner abstreifen, Feigen pflücken, Kräuter sammeln.
Ist das Arbeit?
Nach dem Gesetz: ja.
Was ist Arbeit?
Pflügen, Graben, Ernten, Haus bauen.
Das sind Arbeiten. Was ist Arbeit in ihrem Wesen?
Wir dachten nach.
Jochanan fand als erster die Antwort: Arbeit, das ist Verändern.
Jeschua sagte: Recht hast du. Nun sag mir aber auch, woher der Schabbat kommt.
Das wußten wir alle: Der Schöpfer der Erde und des Himmels ruhte am siebten Tag.
Er ruhte: er veränderte nichts. Das war sein Ruhen. Das Nicht-Verändern war Stillstand der Zeit. Das war der große Schabbat.
Jochanan sagte: Der große Schabbat ist also das Aufhören der Zeit und damit jeder Veränderung. Wenn keine Zeit ist und also keine Veränderung, dann gibt es auch keine Veränderung vom Leben zum Tod. Dann ist also der große Schabbat das Reich des ewigen Lebens in Frieden. Ist es so, Rabbi?

Und, sagte Schimon, weil der Ewige am Schabbat ruhte und gar nichts veränderte, darum dürfen auch wir nichts verändern. Als wir Körner abstreiften, veränderten wir etwas. Also war es doch ein Brechen des Schabbat.

Schimon, sagte Jeschua, ist der Mensch für den Schabbat da, oder der Schabbat für den Menschen? Hat der Ewige den Schabbat eingesetzt, um Menschen Fesseln anzulegen? Er hat ihn gemacht als Tag der Freude, als Tag der Freiheit, als Vorgeschmack des ewigen Schabbat. Wie soll er ein Tag der Freude und Freiheit sein, wenn der Mensch angstvoll gefangen ist im Netz der Gesetze und Vorschriften?

Jehuda sagte: Willst du den Schabbat so nach und nach abschaffen?

Jeschua antwortete: Ich will ihn vielmehr ausdehnen aufs ganze Jahr, auf hundert Jahre, auf die ganze Zeit.

Jehuda lachte: Das heißt die Arbeit abschaffen, Rabbi!

Ja, sagte Jeschua, das heißt es. Der Mensch ist nicht für die Arbeit da, die Arbeit ist für den Menschen da.

Damit überließ er uns wieder einmal unserm eigenen Denken.

Schon kurze Zeit danach tauchte die Schabbatfrage wieder auf, und dieses Mal wars eine offene Falle für Jeschua, und nicht nur ich sah sie, und ich sah nicht nur diese eine, sondern noch eine und noch eine. Da zog sich etwas zusammen.

Jeschua war mit einigen der Unsern zum Essen eingeladen. Der Hausherr war ein Schriftgelehrter, und unter

den übrigen Eingeladenen waren jene beiden Alten, die Jeschua wegen der Schabbatfrage bedrängt hatten. Dieses Mal war davon nicht die Rede, und das Mahl verlief angenehm. Jochanan erzählte mir nachher, daß jedoch trotz aller Freundlichkeit Spannung in der Luft lag und die Gäste bei jedem Schritt vor dem Haus aufhorchten. Und schließlich kam der so offensichtlich Erwartete: zwei Männer führten einen andern, der von der Wassersucht aufgequollen war und schon kaum mehr atmen konnte, weil ihm das Wasser am Herzen stand.
Rabbi, du siehst, ich bin sehr krank. Viele Kranke hast du schon geheilt. Ein Wort von dir, und ich bin gesund. Heile mich!
Jeschua sagte: Heute ist Schabbat. Weißt du nicht, daß man am Schabbat keine Handreichung tun darf?
Rabbi, wenn du mir heute nicht hilfst, jetzt sogleich, bin ich vielleicht morgen tot. Rette mich!
Jeschua schaute die Schriftgelehrten an, einen um den andern, dann fragte er: Ist Heilen Arbeit?
Sie schwiegen.
Er sagte: Wenn einem von euch am Schabbat ein Kind in den Brunnen fällt, oder auch ein Esel, was tut ihr da?
Keine Antwort.
Ihr Heuchler, sagte er leise, doch scharf genug.
Dann stand er auf und ging zu dem Kranken: Glaubst du wirklich, daß ich dich heilen kann, oder haben dich diese Männer hergerufen, damit du Zeuge bist, wie ich den Schabbat übertrete?
Der Mann senkte den Kopf und schwieg.

Nun, sagte Jeschua, du siehst: ich heile dich nicht, denn es ist Schabbat.
Rabbi, verzeih mir. Aber Schabbat hin, Schabbat her: ich bin todkrank. Ich bin das Kind im Brunnen. Zieh mich heraus!
Da strich Jeschua mehrmals über seinen Rücken, seine Brust, seine Schenkel.
So, und jetzt geh hinaus und schlage dein Wasser ab!
Die Tischgesellschaft tat, als sei nichts geschehen und auch nichts Besonderes zu erwarten.
Wenig später kam der Mann zurück: Rabbi! Ganze Bäche gingen ab von mir. Ich bin ganz leicht und leer! Schaut mich an, ihr Männer!
Jeschua sagte: Von jetzt an gib besser acht auf dich. Halte deine Seele rein, dann reinigt sich auch dein Leib, und nie mehr werden dir die Wasser der Angst und des schlechten Gewissens bis zum Mund steigen. Geh in Frieden. Und ihr, was gedenkt ihr mit mir zu tun, da ich am Schabbat heilte? Werdet ihr mich vor die Stadt hinausführen und mich zu Tode steinigen?
Sie lächelten sauer und brachten die Rede rasch auf anderes. Im Sanhedrin legte man einen neuen Stein zu den andern.
Rabbi, der Sommer ist heiß in Jeruschalajim. Wann gehen wir in den Norden?
Wollt ihr gehen? So geht.
Rabbi! Ohne dich?
Wir blieben. Warum eigentlich? Es kam nichts Gutes heraus. Die Fallensteller waren am Werk. Jeschua und einige der Unsern, nur Männer natürlich, waren bei ei-

nem Schriftgelehrten zum Essen eingeladen. Schimon berichtete:

Wir kamen von der Straße, und da wir schon spät dran waren, setzten wir uns sofort zu Tisch. Wenn du mich fragst, warum wir uns nicht Hände und Füße wuschen, kann ich dirs nicht sagen. Eben vielleicht, weil es so spät war. Aber vielleicht, du kennst ja den Rabbi, hat er eine Absicht damit gehabt. So oder so: man vermerkte es übel. Ich hörte das Getuschel hinter dem Rücken des Rabbi: Sie haben sich nicht gereinigt, das ist gegen die Vorschrift. Sie sagten nicht: sie haben vergessen, sich zu reinigen. Nein: sie haben sich nicht gereinigt. Sofort wars Absicht und Verstoß. Und ich glaube wirklich, es war Absicht, denn Jeschua nahm den Stier bei den Hörnern. Was ist wichtiger: frisch gewaschene Füße und Hände oder ein reines Herz?

Das kam ihnen unerwartet. Er ließ ihnen gar keine Zeit zur Antwort. Er redete gleich weiter: Was macht den Menschen unrein: das, was er anfaßt und in den Mund schiebt, oder das, was aus seinem Mund herauskommt an Bösem, an Lüge, Haßwort, Verleumdung, Kränkung, Lästerung? Aus sechshundert Vorschriften habt ihr euch einen Turm gebaut, und in dem sitzt ihr und merkt nicht, daß es ein Gefängnis ist.

Und weil er schon bei dieser Rede war, fuhr er auch gleich fort: Streng nehmt ihrs mit den kleinen Gesetzen. Wenn ihr nur auch die großen so streng hieltet!

Da fuhr einer auf: Wovon redest du, was für Gesetze halten wir nicht?

Er gab darauf nicht geradezu Antwort. Er sagte: Schöne Grabmäler baut ihr den Propheten, die von euern Vätern des Landes verwiesen, den Löwen vorgeworfen, ins Meer gestürzt, vor dem Alter ermordet wurden. Wer euch die Wahrheit sagt, den nennt ihr Sturmvogel des Unheils, und bringt ihn um, und schon sinnt ihr auf neuen Mord, Prophetenmörder ihr!

Was redest du da? Wen bringen wir um?

Er sagte: Als könnte ich nicht in euern Augen und Herzen lesen.

Da schrien sie: Du bist nicht bei Trost. Wir wollen niemandes Tod!

Er sagte ruhig: Ihr übertünchten Gräber ihr!

Das war stark. Danach war eiskaltes Schweigen. Mir blieb jeder Bissen im Hals stecken. Als wir endlich draußen waren, sagte ich: Rabbi, wozu ist das gut, daß du sie angreifst? Die schlagen sich jetzt zu deinen Feinden!

Da sagte er, und er sagte es so laut, daß die im Haus es hören mußten: Soll ich mich fürchten vor denen, die nur den Leib töten können, und auch das nur, wenn es der Ewige ihnen erlaubt?

Was Schimon erzählte, stimmte. Das Wort Prophetenmörder war gefallen. Das war nun der Gipfel. Viel hatten sie schon zu hören bekommen von diesem Rabbi: Wölfe im Schafspelz, Blinde, Taube, Schlangengezücht, Becher außen blitzblank, innen voller Dreck; Narren, die das Wasser seihen, weil eine Mücke hineinfiel, aber ganze Kamele schlucken; Leute die den andern Leuten Splitter aus dem Aug ziehen, selber aber Balken drin haben; alter Wein in alten Schläuchen; Tote, die ihre Toten begraben.

Es stimmt: das alles hat er über sie gesagt. Öffentlich.

Sprache des Volks. Genau das, was man sich zuflüsterte hinter vorgehaltener Hand, von Ohr zu Ohr in den Schenken, oder auch, was man hinausfluchte, wenn man sicher war, daß kein Spitzel in der Nähe war.
In den Kreisen der Schriftgelehrten und auch der Priester begann man sich zu fragen, woher dieser Mensch, dieser Zimmermannssohn aus dem Provinzstädtchen Nazareth, diese Sicherheit im Auftreten habe, diesen überscharfen Verstand, diese Kenntnis der Schrift, diese Kühnheit der Rede. Er spricht, als habe er Auftrag und Vollmacht. Wer steht hinter ihm? Wer schützt ihn? Oder: wer stachelt ihn dazu auf? Welche Partei? Oder gar die Römer? Oder die Essener? Oder bildet er sich wirklich ein, er sei ein Prophet wie Jeschajahu oder Jeremija? Oder (das sagten die Pharisäer) ist er vielleicht doch, wer weiß, und wie Herodes es fürchtet und im Wahn ausschreit, der wiedergekehrte Täufer? Wurde der etwa gar nicht ermordet? Aber der Täufer taufte, dieser Jeschua tauft nicht, und er fastet auch nicht wie jener, er ist, das kann man schon sagen, ein Fresser und Säufer, und er hat auch Frauen als Jüngerinnen, das hätte der Täufer nie geduldet. Jedoch: er und die Seinen heiraten nicht und zeugen nicht, und sie haben keinen Besitz. Und sie reden auch, wie der Täufer, vom nahen Ende der Zeit. Ist dieser Nazarener nun harmlos, oder ist er gefährlich? Und wem gefährlich: den Römern, den Pharisäern, den Sadduzäern, dem Herodes und den andern Herren, den Grundbesitzern, den reichen Kaufleuten? Viele Anhänger hat er, viel zu viele, zu seinen Predigten kommen sie von weit her und, das muß gesagt werden: er predigt gut. Sehr gut. Freilich oft dun-

kel und mit doppeltem Boden. Oder auch nicht. Manchmal ists überdeutlich und scharf gezielt auf Greifbares. Dies alles überbrachte uns Jehuda, der seine Augen und Ohren überall hatte, und wo er sie nicht selber hatte, waren die seiner Kundschafter.

Wann gehen wir endlich, Rabbi?

Kurz nach dem Laubhüttenfest brachen wir auf. Als wir Jeruschalajim zum letzten Mal sahen, blieb Jeschua stehen.

Jeruschalajim, Jeruschalajim, nicht lange, und deine Mauern stürzen ein, dein Tempel wird zum Schafstall, deine Höfe werden zu Schutthalden.

Was sagst du da, Rabbi?

Ihr habt es gehört. Gehen wir!

Die Wanderung war schön, und Jeschua schien heiter, bei den Predigten waren überall viele Hörer, und mehr als zwanzig schlossen sich uns an, und daß unser Leben rauh war, daß wir oft nur Brot und Wasser und einen Fetzen Trockenfisch und Wildbeeren hatten, daß wir nie wußten, wo wir übernachten würden und meist in Höhlen und Schafställen schliefen, daß uns Jeschua oft langes Schweigen gebot, daß wir bei Regen so gut wie bei Sonnenschein wanderten, kurzum: daß das Leben mit Jeschua eine Überforderung war, das schreckte sie nicht.

So kamen wir denn einige Wochen später wieder in den Galil und in die Nähe des Berges Tabor.

Jeder von uns trug diesen Berg im Gedächtnis: hoch und nackt und einsam und abgerundet wie von Menschenhand geformt erhebt er sich aus der Ebene. Hier gab es die große Schlacht unserer Vorväter mit den Kanaanitern, die mit tausend eisernen Streitwagen ausrückten und zwanzig Jahre lang Jisrael hart bedrängten. Es war in jener Zeit, als eine Frau, Deborah, Richterin war in Jisrael. Die Männer holten ihren Rat ein, denn sie war klug. Sie war es, die beschloß, die Jisraeliten sollten, statt in der Verteidigung zu bleiben, endlich zum Angriff übergehen. Sie selbst zog mit dem Heer zum Berg Tabor, auf dem der Feind lagerte. Am Fuß des Tabor prallten die Heere aufeinander, der Feind wurde vernichtet, ihr flüchtender Anführer von einer Frau namens Jaël erschlagen. Eine schreckliche Geschichte, wahr und wirklich. Ein unheimlicher Berg, auch wenn er Jisraels Sieg verkündete. Nie kam es uns in den Sinn, dort hinaufzusteigen. Jetzt aber sagte Jeschua: Ich habe Lust, da hinaufzusteigen.

Wir wunderten uns.

Jeschua sagte: Kennt ihr nicht Deborahs Siegeslied? So hört: »In den Tagen Samgars und Jaëls verschwanden die Karawanen; die sonst auf offenen Wegen gingen, suchten verschlungene Pfade. Es verschwand das freie Volk, bis du aufstandest, Deborah, dich erhobst als Mutter in Jisrael. Mein Herz dem Gebietenden Jisraels! Ihr Freiwilligen aus dem Volk, rühmet den Herrn. Die ihr reitet auf hellgrauen Eselinnen, beim Klang der Trompetenspieler am Brunnen! Dort preist man die Heilstat des Herrn am freien Volk in Jisrael. Auf, auf denn, Deborah! Sing dein Lied!«

Er bückte sich und nahm eine Handvoll Erde auf. Bluttränkte Erde, sagte er. Wir gehen über Leichenfelder und begrabene Waffen, und freuen uns unerlaubter Siege.

Aber, Rabbi, wir mußten uns wehren, und oft genug erlitten wir Niederlagen.
Siege und Niederlagen, gleich unerlaubt. Du sollst nicht töten. Nicht in der Verteidigung, nicht im Angriff. In Stein gegraben hat Mosche das Gebot. Vergeblich! Ihr Mörder!
Er bedeckte sein Gesicht mit dem Saum seines Mantels.
Wir waren schwer betroffen.
Rabbi, warum lädst du uns die Sünden unsrer Vorväter auf? Sind wir Sündenböcke?
Nehmt ihr euch aus? Seid ihr nicht Söhne und Töchter Jisraels? Seid ihr nicht Erben? Erbt der Erbe nur das Gold und nicht auch die Schulden? Ihr seid im Schicksal, bis es zuendegelebt ist.
Wann wird das sein?
Am Ende dieser Zeit.
Und wann kommt das Ende?
Wenn das Schicksal abgelebt ist.
Rätselwort.
Aber du, Rabbi, du bist doch auch ein Erbe Jisraels?
Ich bin der Sündenbock.
Noch ein Rätselwort. Es folgte keine Auflösung. Wir gingen weiter.
Da hinauf, Rabbi?
Wenn es euch zu weit ist, so bleibt hier.
Er stieg weiter auf.
Wir waren müde.
Ich sagte: Aber wir können doch den Rabbi nicht allein lassen. Komm Schimon, und du, Jochanan, gehen wir mit!
Jeschua stieg sehr schnell.

Als wir andern etwas unterhalb des Gipfels ankamen, sahen wir dort oben ein weißes Licht, das uns blendete, und im Näherkommen sahen wir: es hatte eine Gestalt, und diese Gestalt war Jeschua.
Er selber war zu Licht geworden.
Ich hatte das schon vordem gesehen, aber Schimon und Jochanan fielen vor Schrecken auf die Knie, und auch ich zitterte.
Heute weiß ich, was es war, das da geschah: die Verwandlung seines Erdenleibs in Geist. Die Vorwegnahme war das. Vorwegnahme seiner und unsrer Verwandlung in das, was wir alle sind: Kinder des Lichts, Kinder des ewigen Geists.
Wir vermochten keinen Schritt weiterzugehen, als sei da eine Grenze gezogen. So warteten wir und schauten, bis schließlich das Licht erlosch. Zuletzt stand es noch eine Weile auf seinem Scheitel. Man konnte es für einen weißen Vogel halten oder für eine große Blüte. Dann war alles vorüber, und Jeschua kam den Berg herunter. Ich sah, das Licht war noch in seinen Augen.
Rabbi! rief ich. Mehr brachte ich nicht über meine Lippen.
Er aber sagte: Wer hat euch erlaubt, mir zu folgen?
Schimon sagte: Mirjam hatte Sorge, dich so allein gehen zu lassen. Da nahm sie uns mit.
Jeschua sagte: Schweigt über das, was ihr gesehen habt. Schweigt bis zur Stunde der Erfüllung.
Jochanan sagte: Als Mosche vom Berg Sinai kam, nachdem er vierzig Tage bei Adonai gewesen war und die Gesetzestafeln erhalten hatte, leuchtete sein Antlitz, so steht geschrieben, und das Volk fürchtete sich.

Ich dachte: Damals war der Ewige ein loderndes Feuer, so steht geschrieben. Wir aber sahen kein solches Feuer, wir sahen ein weißes Licht, und das erregte uns keine Furcht.
Schimon sagte: Rabbi, laß uns doch hier bleiben und Hütten bauen. Hier ist heiliger Boden.
Jeschua sagte: Überall ist heiliger Boden. Das Hier, auf dem du bleiben willst, ist kein Ort, und das Jetzt, das du festhalten willst, ist keine Zeit.
Wir schwiegen über das Gesehene und Gehörte bis nach Jeschuas Tod und Verwandlung. Um die genaue Wahrheit zu sagen: wir vergaßen es, als sei uns Erinnerung verboten.
Was ich nicht vergaß, das war die Geschichte jener Deborah.
Rabbi, es ist verboten zu töten. Aber Deborah hat zum blutigen Kampf aufgerufen, Jaël hat getötet, Jehudit hat getötet, und sie tat es für Jisrael, und sie tat es mit einem Gebet auf den Lippen: »Herr aller Macht! Schau in dieser Stunde herab auf das Tun meiner Hände zur Erhöhung Jisraels.« Und dann schlug sie dem Assyrer Holofernes, der betrunken schlief, das Haupt ab und trug es fort in einem Sack und brachte es nach Betyla und rief: Macht auf das Tor, der Ewige, er sei gepriesen, ist mit uns! Und sie zeigte ihnen das blutige Haupt. Man lobte und ehrte sie dafür. Rabbi, wurde sie schuldig vor dem Höchsten?
Auch für sie galt das Gebot: Du sollst nicht töten.
Rabbi, der Ewige selbst mordet! Als er unsre Väter aus Ägypten führte, machte er ihnen eine Furt durchs Meer. Als ihnen die Ägypter folgten, ließ er eine

Sturmflut kommen, und sie ertranken. Da stand eine Frau auf, Mirjam mit Namen, Aharons Schwester, und sie rief alle Frauen zusammen und zog ihnen mit Paukenschlägen voran, und sie tanzten, und Mirjam sang: »Singt dem Ewigen, denn Roß und Reiter warf er ins Meer.« Mirjam besang den Tod der Feinde, sie besang die Mordtat des Höchsten.

Würdest du nicht Triumph schreien, wenn die Römer besiegt wären?

Ich senkte meinen Kopf.

Er sagte: Sei du die andre Mirjam, jene, die weint über den Tod eines jeden. Weit ist der Weg, den Jisrael ging, noch weiter jener, den es zu gehen hat, denn es ist nicht angekommen. Es wandte Gewalt an und litt Gewalt. Es wird Gewalt anwenden, und es wird schrecklich dafür büßen. Viele werden getötet, wenn sie töten. Die Überlebenden werden gejagt und über die Erde zerstreut. Du, Mirjam, wirst es erleben. Aber auch die Sieger werden sich ihres Siegs nicht freuen. Auch sie werden zu Besiegten, und von ihrem Reich und ihrer Macht bleibt kaum eine Spur. Kein Sieg dauert, kein Krieg bringt Befreiung.

Wie aber, Rabbi, sollte Jisrael frei werden ohne Kampf?

Er zog seinen Mantel eng um sich und ging hinweg. Als er spät am Abend zurückkam, sah er aus wie einer, der unter die Räuber gefallen war. Auch ging er hinkend.

Was ist dir geschehen, Rabbi?

Er zog sich schweigend zurück.

Was geschehen und was nicht geschehen war, hörte ich einige Tage später.

Rabbi, wagte ich zu sagen, du leidest.
So ist es: ich leide.
Du leidest in einer besonderen Art. Als du neulich spät zurückkamst, hast du ausgesehen wie nach einem Zweikampf.
Du hast recht gesehen.
Und wer war dein Gegner?
Man hat nie einen andern Gegner als sich selbst.
Erklär mir das.
Ich träume schwere Träume, Mirjam. Es ist immer der gleiche Traum. Er ist jener, den ich geträumt habe damals in der Wüste, nach meinem langen Fasten.
Sag ihn mir.
Ich blickte über die Wüste hin und sah Jisraels Not in vielerlei Gestalt, und ich begann zu hadern mit dem Ewigen: Warum greifst du nicht ein, siehst du nicht, wie deinem Volk die Elendswasser bis zum Mund steigen, wie lange noch wartest du, oder hast du dich abgewandt von deinem Volk, den Bund gebrochen, deinen Sohn verstoßen? Als ich so im Sand lag, hörte ich eine Stimme: Was heulst du wie ein Kind nach seinem Vater? Warum tust nicht du, was der Vater verweigert? Bist du nicht der Erbe der Macht? Erprobe deine Macht: wirf dich in die Luft, sie wird dich tragen. Schaff dir ein Zeichen: mach Brot aus diesen Steinen, daß kein Kind Jisraels mehr hungert. Schlag Wasser aus diesem Felsen, daß keiner mehr dürstet auf den Staubwegen. Auf, auf! Und dann mach Dolche aus den Winzermessern und Schwerter aus den Pflugscharen und zieh gegen die Feinde Jisraels, du wirst siegen, denn du bist stark. Dann wirst du einziehen in Jeruschalajim,

hoch zu Roß, und sie werden dich zum König ausrufen, und du wirst dein Land reich machen und das Volk glücklich.

Warum zitterst du so, Rabbi? Ist dein Traum nicht gut?

Daß du nicht begreifst! Böse ist er, grundschlecht! Falsch! Du weißt nicht, wer zu mir redete.

Du selbst doch. Hast du nicht so gesagt?

Ich selbst. Einer gegen einen. Wenn zwei gleich Starke gegeneinander kämpfen, wer wird siegen?

Damit ließ er mich stehen.

Als sich seine Schritte in der Nacht verloren hatten, hörte ich andre, wenige nur. Da war einer, der zugehört hatte: Jehuda.

Mirjam, so ist also doch Hoffnung? Wird er tun, was Jisrael von ihm erwartet?

Laß mich in Ruhe, du! Und wenn du schon ungebetener Hörer warst, dann hast du auch gehört, was der Rabbi sagte: der Traum ist falsch und grundböse. Warum hörst du nicht auf, ihn zu versuchen?

Ich bin die Stimme Jisraels, der Notschrei bin ich. Daß du das nicht verstehst? Und daß du nicht verstehst, wer er ist.

Wer ist er?

Der, der Jisrael befreien kann.

Heute denke ich: Jehuda war der einzige von uns, der Jeschua für den Messias hielt und sich selber für den Schicksalsboten, der nicht schweigen darf, ehe die Botschaft gehört ist. Wie er sich verzehrte in seinem Glauben, wie er ganz und gar aufging in seiner brennenden Hoffnung, und wie er alles mißverstand und so zum

Versucher wurde und unwissentlich die Durchkreuzung des Weltenplans wollte!
Jeschua kam nicht mehr auf seinen Traum zurück. Nicht nur, daß er nicht mehr davon sprach: es schien, als kehrte der Traum nicht wieder. Als wir weiterwanderten, war er eher fröhlich, doch erriet ich nicht, was in ihm vorging.
Einmal sahen wir am Weg einen toten Hund liegen, halbverwest und stinkend. Jochanan wandte sich ab und hielt sich die Nase zu. Jeschua aber beugte sich über den Hund und sagte: Was für schöne Zähne er hat.
Jehuda sagte: Die nützen ihm nichts mehr. Zähne ohne Hund sind so überflüssig wie Hunde ohne Zähne.
Der Ausspruch war rätselhaft, doch keiner von uns fragte, wie er gemeint war. Jeschua aber sagte, und das sagte er zu uns allen: Wovor graut es euch? Verwandlung muß sein. Was Erdenstoff ist, kehrt zur Erde heim. Was Geiststoff ist, kehrt zum Geist heim.
Es lag mir auf der Zunge zu fragen: Ist ein Hund nur Erdenstoff? Was ist das, das ihn lebendig macht? Ist es nicht der Atem des Ewigen?
Was ich sagte, war dann nur dies: Einmal, als ich klein war, hatte ich einen Hund, ich liebte ihn sehr, und er liebte mich.
Jeschua sagte, und viel ernster, als es der Anlaß erwarten ließ: Wo Liebe ist, da ist die Spur des Geistes.
Schimon sagte: Rabbi, du und Jochanan und Mirjam, ihr redet so oft vom Geist. Was eigentlich ist das: der Geist?
Jeschua antwortete: Nichts andres als die Ur-Energie,

die unendliche Sympathie. Du kannst es Liebe nennen.
Wie immer, nahm Jeschua dieses Gespräch zum Anlaß und Kernstück einer Predigt. Sie begann wie eine Ausfragestunde in der Synagogenschule:
Kennt ihr die Zehn Gebote?
Natürlich. Welcher Jude kennt sie nicht. So redeten und riefen wir durcheinander: Du sollst keine Götter haben neben mir. Du sollst meinen Namen nicht entweihen durch falsche Eide. Du sollst den Schabbat halten. Du sollst nicht lügen, nicht stehlen, nicht töten, nicht buhlen, nicht verleumden ...
Er ließ uns reden, bis wir alles aufgesagt hatten. Dann sagte er: Ihr habt ein Gebot vergessen. Welches ist das höchste?
Als wir wieder zu reden begannen, gebot er uns Schweigen, und als alle stillsaßen, sagte er:
So sprach Mosche: »Höre Jisrael! Du sollst den Ewigen, deinen Herrn, lieben mit ganzem Herzen, aus ganzer Seele und mit all deiner Kraft. Diese Worte seien in deinem Herzen. Schärfe sie deinen Kindern ein! Rede davon, wenn du in deinem Hause sitzest und wenn du auf dem Weg gehst, wenn du dich niederlegst und wenn du aufstehst. Knote sie als Denkzeichen an deine Handgelenke und und binde sie dir zwischen die Augen. Schreibe sie an die Pfosten deines Hauses und auf deine Tore.« So sprach Mosche, so hatte der Ewige zu ihm gesprochen. Wie aber liebt man den Ewigen? Auch dies hat Mosche gesagt: »Man liebt den Ewigen, indem man seine Satzungen befolgt. Sechshundert und dreizehn Satzungen hat Jisrael sich gegeben im Laufe der Jahrhun-

derte. Sechshundert und dreizehn Satzungen muß es halten. Ich sage euch: Sechshundert und dreizehn Satzungen halten, das ist Gesetzestreue und Gerechtigkeit, aber es ist nicht Liebe. Wie aber liebt man den Ewigen? Man liebt ihn im Nächsten. Auch dies hat der Ewige dem Mosche gesagt, und Mosche hat es uns gesagt. Wer von euch weiß, was er sagte?

Jochanan sagte: Alle Gebote sind Gebote der Liebe: Du sollst nicht stehlen, nicht lügen, nicht verleumden, nicht töten, weil du lieben sollst.

Es steht geschrieben, du sollst deinen Nächsten nicht bedrücken und berauben: der Lohn des Tagelöhners soll bei dir nicht bis zum Morgen bleiben.

Es war Jehuda, der das rief.

Es steht auch geschrieben: Du sollst einen Tauben nicht schmähen und einem Blinden kein Hindernis in den Weg legen.

Es steht ferner geschrieben: Du sollst deinen Acker und deinen Weinberg nicht ganz und gar abernten, sondern etwas den Armen zur Nachlese lassen.

Es steht geschrieben: Verübe kein Unrecht bei Gericht, ergreife nicht Partei, weder für die reichen Herren noch für die Armen, nur weil sie arm und machtlos sind, sondern richte einzig nach Gerechtigkeit: Aug für Aug, Zahn für Zahn, bei jedermann.

Es steht geschrieben: Am Ende jedes siebten Jahres erlasse deinem Bruder die Schuld. Einen Ausländer magst du drängen, einen Stammesbruder nicht. Kommt ein Stammesbruder zu dir und bittet dich um etwas, so gib es ihm. Hat sich ein Stammesbruder dir als Sklave verkauft, so laß ihn frei im siebten Jahr, denn auch du

warst Sklave in Ägypten, bis der Ewige dich freikaufte.
Ist das alles, was ihr wißt? Muß ich es euch mit Haken und Seilen aus dem Gedächtnis ziehen? Schimon, steht sonst nichts geschrieben?
Tu niemand etwas an, von dem du nicht willst, daß man es dir antue.
Weiter! Jehuda, du!
Warum ich? Bin ich ein Schriftgelehrter?
Jehuda, was steht geschrieben über die Rachsucht?
Nun, was denn. Meinst du das: Hasse nicht deinen Bruder in deinem Herzen?
Weiter! Sag es laut, daß alle es hören!
Du sollst deinen Nächsten lieben wie dich selbst.
Jetzt aber, höre Jisrael! Ich sage euch: Dies alles tun auch die Heiden. Sie tun Gutes denen, die sie lieben. Sie geben denen, die ihnen geben. Sie nehmen jene auf, die ihres Stammes sind. Ihr aber, ihr sollt eure Feinde lieben! Ja, recht habt ihr gehört. Eure Feinde sollt ihr lieben. Denen, die euch auf die linke Wange schlagen, soll ihr die rechte hinhalten.
Jehuda sprang auf: Rabbi, was sagst du da?
Setz dich, Jehuda, höre weiter. Ihr habt gesagt, es steht geschrieben, daß man einzig nach Gerechtigkeit richten dürfe. Ich aber sage euch: Überhaupt nicht richten sollt ihr. Freisprechen sollt ihr, damit auch ihr freigesprochen werdet. Ihr habt gesagt, es steht geschrieben: Nehmt den Stammesgenossen auf und gebt ihm reichlich. Ich aber sage euch: Nehmt jeden auf, der an eure Tür klopft und in Not ist, auch wenn es ein Feind ist, dann wird auch euch aufgetan, wenn ihr an jene Tür

pocht, die ich auftun kann. Ihr habt gesagt, es steht geschrieben: Laßt eure Sklaven frei, wenn sie euch sieben Jahre gedient haben. Ich aber sage euch: macht keinen Menschen zum Sklaven, denn alle sind freigeborene Kinder des Ewigen und also Brüder und Schwestern.

Da aber gab es erneut großes Geschrei: Alles recht und schön, aber was soll das heißen, unsre Feinde lieben? Jisraels Feinde sind Adonais Feinde. Dürfen wir Feinde des Ewigen lieben? Sollen wir etwa die Römer lieben? Uns anbiedern bei ihnen, mit ihnen zusammenarbeiten? Den Herodes umarmen? Die Reichen reich sein lassen? Die Unterdrücker unterdrücken lassen? Weiter Flicken aufs alte Gewand setzen? Ists so gemeint?

Selbst Philippos, der Schweiger, rief: Aber die Essener fordern, daß man die Kinder der Finsternis hasse. Läßt du also auch dies nicht gelten?

Nein, sagte Jeschua, ich lasse es nicht gelten.

Da trat ein Alter vor und sagte:

Rabbi, deine Lehre klingt schön und gut. Aber sie befolgen, heißt: weiter stillhalten und auf den Messias warten, und so haben wir gelebt seit den großen Unruhen unter den Makkabäern. Feige sind wir geworden, Schafe, allzu geduldig unterm Schermesser. Soll das Schaf auch noch den Metzger lieben?

Er wandte sich dem Volk zu: Haben unsre Herzen Rost angesetzt? Sind unsre Zähne denn ganz stumpf geworden? Unsre Feinde lieben, das heißt: Jisrael ein für alle Male und kampflos den Römern überlassen, das Volk Adonais den Heiden übergeben. Schande über Jisrael!

Einer schrie: Dieser Rabbi Jeschua, der Galiläer, ein Verräter ist er! Für die Römer redet er!

Jehuda sprang auf und stürzte auf ihn zu: Verleumder du! Das sollst du büßen.
Ums Haar gab es ein Handgemenge.
Der Alte aber sagte: Rabbi, dieser da ist einer der Deinen. Da schau, wie weit es her ist mit der Feindesliebe bei deinen Jüngern.
Ein andrer rief: So sollen wir denn ewig unter der Herrschaft Roms leben? Oder denkst du, die gehen eines Tages von selber? Oder denkst du, man kann eine Militärmacht wie die römische mit Gebeten aus dem Land locken oder mit Gsch-gsch verjagen wie Hühner aus dem Garten? Geh mir zu. Geschwätz!
Ein andrer: Dieser Rabbi ist einer von denen, die das Lamm braten und essen wollen, ohne es zu schlachten. Ein Träumer ist er, und seine Lehre taugt für Schwächlinge und Weiber.
Das traf mich. Jetzt war ich es, die aufsprang und sich ums Haar auf den Schreier stürzte. Schwätzer du! Als sei Jisrael nicht mehr als einmal von einem Weib gerettet worden, wo die Männer versagten. Vergessen, weggelogen!
Gerede, Gegenrede, Geschrei, Tumult.
Jeschua aber stand da, blickte über die Menge, und schwieg. Mit einem Mal aber wurde sein Schweigen von allen gehört, als habe er einen Schrei ausgestoßen. Schimon sagte nachher, es sei gewesen wie damals auf dem See, da Wind und Wellen sich legten, als der Rabbi schweigend seine Hand ausstreckte über das Wasser.
Als es ganz still war, sagte Jeschua: Ihr habt recht. Zu lange hat Jisrael geschlafen. Ich bin gekommen, es aufzuwecken und ins erloschene Feuer zu blasen, damit es

hoch aufbrenne und alles verzehre, was überständig ist, verdorrt und abgestorben, und um dieses Feuer sollen sich versammeln alle Völker der Erde, und das Lamm wird neben dem Löwen ruhen, und der Mensch wird dem Menschen kein Wolf mehr sein, sondern Freund und Bruder.

Ja ja, riefen einige, mag sein, aber das liegt so weit weg, daß es uns nichts angeht. Rede uns von dem, was jetzt ist und hier ist und was der Friede jetzt und hier bedeutet und wie er zu machen ist, so lang Rom auf Jisrael hockt als Löwe auf dem Beuteschaf.

Jeschua antwortete: Ich habe es euch gesagt, aber ihr habt taube Ohren. Ich sage es euch noch einmal, in andern Worten. Frage: was ist stärker, der Fels oder das Wasser? Das Wasser, denn es unterhöhlt den Fels und zermahlt ihn zu Sand.

Ja ja, rief Jehuda, aber dazu braucht das Wasser tausendmal tausend Jahre.

Jeschua antwortete: Wer greift an, der seiner sicher ist oder der, der fürchtet, angegriffen zu werden? Wer also ist stärker: der, der sich fürchtet und angreift, oder der Furchtlose, der den Angriff nicht als Angriff erachtet? Nicht Angreifen und nicht Zurückschlagen: das ist die wahre Stärke. Zurückschlagen heißt sich schwach fühlen und den Gegner fürchten. Keine Waffe gebrauchen, heißt den Gegner entwaffnen.

Der Alte trat wieder vor. Wir wollen Frieden, aber ehe Frieden wird, müssen wir wieder ein freies Volk sein. Wir werden ein freies Volk, wenn die Römer das Land verlassen. Die Römer verlassen das Land, wenn wir sie dazu zwingen. Sie dazu zwingen aber heißt sie bekämpfen. Kämpfen aber heißt die Waffe gebrauchen. Oder weißt du einen andern Weg?

Höre, Freund: Rom ist stark als Kriegsmacht, Jisrael ist stark als Geistesmacht. Was hat Dauer: weltliche oder geistige Macht? Das Wasser kann den Fels besiegen, nicht der Fels das Wasser. An dir, Jisrael, liegt es zu überdauern oder dich selbst zu zerstören. Du aber hörst und hörst nicht auf mich. Nie hast du auf deine Propheten gehört.

Er zog seinen Mantel eng um sich und ging davon. Wir folgten ihm. Hinter ihm blieb es eine Weile still, dann brach der Tumult von neuem los. Wir hörten ihn noch lange, bis er nur mehr wie Meeresrauschen in unsern Ohren tönte.

Am Abend gab es unter uns noch ein Gespräch darüber.

Ich wagte es, den Rabbi herauszufordern. Rabbi, du sagst, du bringst Frieden. Nun siehst du, was du in Wirklichkeit bringst: Entzweiung. Viele Feinde machst du dir.

Ja, sagte Jehuda, unnötig viele. Deine Rede, Rabbi, ist Salz in die Wunde Jisraels. Siehst du nicht, wie wir uns unsrer Feigheit schämen? Wie unser Stolz sich aufbäumt? Und du sagst: seid geduldig wie Schafe und beharrlich wie Wasser. So kannst du dem Volk nicht kommen, so nicht.

Ich sagte: Jehuda hat recht. Ein Jahr ist lang für den, der hungert und Sklavendienst tut. Rabbi, rundheraus gefragt: Wann wird das Wasser den Fels zum Stürzen bringen?

Jetzt.

Wie das: jetzt?

Als unsre Vorväter in der Wüste unter der Schlangenplage litten, ließ Mosche einen Eisenstab zur Form einer Schlange biegen und an einen Balken binden und aufrichten. Wer zu dieser Schlange aufblickte, der war vom Schlangenbiß geheilt. Sofort geheilt. Sofort!

Rabbi, sagte Jehuda, du redest unverständlich. Einmal forderst du das Warten auf eine ferne Zukunft, und einmal redest du vom Jetzt und Hier. Was gilt nun? Rede klar!

Statt seiner antwortete Jochanan: Wie du die Welt, in der wir leben, für die ganze Welt nimmst, Jehuda! Wie du die kurze Spanne Zeit, in der wir leben, für Zeit schlechthin nimmst! Es liegt an uns, Zukunft zur Gegenwart zu machen und Gegenwart zur Zukunft. Das Friedensreich ist in uns, hier und jetzt.

Hör auf, schrie Jehuda, komm uns nicht wieder mit deinem Gerede vom Geistesreich. Komm herunter auf den Boden, du Halbgrieche, du Philosoph. Wirst du mit deinen schönen Reden auch nur einen Schuldsklaven befreien? Handeln muß man, nicht reden! Rabbi, sprich! Lös uns den Knoten, den du in unsre Gehirne geknüpft hast.

Jeschua hatte still zugehört. Jetzt sagte er: Wer nicht wiedergeboren ist aus dem Geist, der wird immer das Falsche tun, auch wenn er meint, das Richtige zu tun. Wer sich ein Feindbild macht, wird vom Feind angegriffen. Wer liebt, lebt schon hier und jetzt im Friedensreich. Das ist die Lösung aller Fragen.

Dann schwieg er, und als er so dasaß und uns anschau-

te, einen nach dem andern, da ging etwas von ihm aus, das uns den Knoten löste.
Schimon sagte: Rabbi, du hast Worte des Lebens.
Jehuda aber murmelte: Den Knoten löst er, ja, aber dann hast du Fäden in der Hand, und die verwirrt er einem, und du fällst über ein Spinngewebe. Ich geh schlafen.
Ich sagte: Rabbi, du machst zu große Schritte. Hab Geduld mit uns. Du bist unsre Überforderung.
Jeschua sagte: Was zermartert ihr euch eure Gehirne. Das Morgen ist heute, das Ferne ist hier. Liebt, und ihr lebt schon im neuen Aion.
Es ergab sich, daß ich noch einige Augenblicke allein war mit ihm.
Rabbi, ich glaube, ich habe etwas Neues gelernt.
Was denn, meine kluge Schülerin?
Ich habe etwas gelernt, was du nicht gesagt hast. Du hast gesagt, man muß Feinde wie Freunde lieben, aber du hast nicht gesagt, wie man das macht.
Weißt du es?
Es geht nicht über den Willen. Es geht nur über die große Erkenntnis.
Und welche?
Wie soll ich es sagen. Ich habe die rechten Worte nicht dafür. Es ist, wie wenn ich in einer fremden Sprache eine wichtige Botschaft sagen müßte, aber die Sprache nur schlecht kennte.
Versuchs!
Also: den Feind lieben, sagst du. Aber gibt es denn überhaupt Feinde? Ich meine, man ist doch nicht von jeher Feind. Man wirds. Aber warum? Aus Angst, aus Habsucht, aus Neid, aus Eifersucht. Aus all dem macht man

sich selber einen Feind, so wie unsre Väter in der Wüste sich Götzen machten, obwohl sie eigentlich wußten: es gibt nur den Einen Ewigen.
Weiter!
Ja, eben jetzt wirds schwierig. Es gibt nur den Einen Ewigen, das ist eine klare Rede. Aber wenn ich jetzt sage: es gibt nur Einen Menschen, so ist das keine klare Rede.
Mirjam, die Rede ist ungemein klar.
Für mich selber nicht, Rabbi; ich sage etwas, was mir wie ein Blitz einschlug und wie ein Blitz erlosch. Sag du mir, was meine Rede bedeutet.
Wie schuf der Ewige den Menschen? Er ließ das Bild vom Menschen, das er in sich trug, aus sich heraustreten und Erdenwirklichkeit werden, und er hauchte ihm Leben ein. Welches Leben? Es gibt nur eines: das Seine. So wurde der Mensch, und so wird jeder Mensch, und jeder ist gleicherweise göttlicher Geist in irdischer Form, in jedem lebt der Ewige. Wie kannst du dem Ewigen ins Gesicht spucken, wie kannst du den Ewigen schlagen, wie kannst du den Ewigen töten wollen? Das ists, Mirjam, was du hohe Erkenntnis nennst. In der Tat: nicht die Gesetze vermögen das Zusammenleben der Menschen zu regeln. Nicht Furcht vor Strafe hält ab vom Töten des Lebens und der Seele. Nur die Erkenntnis vom Einssein alles Lebendigen schafft das Friedensreich. Sag das den andern! Sag es allen! Sag es tausendmal tausendmal. Dies ist mein Auftrag an dich: Lehre die Einheit alles Lebendigen, lehre die Liebe.
Indem er dies sagte, legte er mir seine beiden Hände auf den Scheitel.

Rabbi, sagte ich, »leg mich wie ein Siegel auf deinen Arm, drück mich wie ein Siegel auf dein Herz. Große Wasser können die Liebe nicht löschen, und Stürme spülen sie nicht hinweg. Denn stark wie der Tod ist die Liebe.«

Er erkannte die Worte aus dem Lied der Lieder. Natürlich kannte er sie. Darum antwortete er: »Wer ist diese, die aus der Steppe heraufsteigt, gestützt auf ihren Geliebten?« Sprich weiter, Mirjam!

»Mein Geliebter war fort, ich suchte nach ihm, aber ich fand ihn nicht. Es fanden mich die Wächter bei ihrer Runde durch die Stadt, sie schlugen und verwundeten mich, den Mantel nahmen mir weg die Mauerwächter.«

Jeschua nahm das Wort auf. »Dann wird man dich fragen: Wohin ist dein Geliebter gegangen. Wir wollen mit dir nach ihm suchen.« Wo, Mirjam, fanden sie ihn? Behalte dieses Wort in deinem Herzen. Höre: »Sie fand den Geliebten im Garten.« Du verstehst nicht. Wie könntest du das verstehen. Eines Tages wirst du dich dieses Augenblicks und dieser Rede erinnern. Geh jetzt schlafen.

Sehr seltsam, höchst verwirrend war mir dies alles. Zuviel neues Wissen, zuviel Freude, zuviel Auftrag, zuviel dunkle Prophezeiung.

Im Weggehen sagte ich: Du meine Überforderung! Gerne wäre ich umgekehrt, um ihm zu sagen: Wie ich dich liebe, du weißt es nicht. Aber ein solches Wort verbot sich von selbst, und es war auch viel zu klein.

Ehe wir am nächsten Morgen aufbrachen, kam ein Besucher: der Alte, der Jeschua widersprochen hatte. Ich

habe, sagte er, die Nacht nicht geschlafen. Rabbi, wenn du auch nicht der Messias bist: ein Großer bist du. Erlaube mir, dich zu lieben wie einen Sohn. Und vielleicht, eines Tages, findest du mich unter deinen Anhängern.
Jeschua umarmte ihn.
Und dies als Wegzehrung. Nimms, als gäbe es dir dein Vater. Es ist alles von meinem kleinen Gut.
Er ließ uns, in ein Tuch eingeschlagen, Fladen und Schafskäse da, einen Schlauch Wein, Oliven und kleine süße Kuchen. Wir hatten für ein paar Tage zu essen, und wir aßen fast feierlich.
Wir hatten gedacht, zu Jom Kippur zuhause zu sein, vielmehr (denn wer von uns hatte noch ein wirkliches Zuhause?) am See Kineret. Aber zu oft wurde Jeschua aufgehalten, und geduldig antwortete er auf alle Fragen, und bereitwillig predigte er, und mit Freude redete er mit den Kindern, so daß wir nur langsam vorwärts kamen. Jom Kippur feierten wir unterwegs, und es war schon Mitte Dezember, als wir endlich in Kefarnachum ankamen. Schimons Frau lief Jeschua entgegen, ihm, nicht Schimon, und es gab Wichtigeres als eine Begrüßung: Rabbi, meine Mutter liegt im Sterben, das Fieber zehrt sie auf. Komm und hilf!
So von der Straße her und müde trat Jeschua an das Krankenbett. Was fehlt ihr?
Wir wissen es nicht. Sie redet irre im Fieber. Schon seit Tagen liegt sie so.
Er setzte sich an das Lager und zählte den Puls.
Fühl, Mirjam!
Der Puls jagte und kam in Stößen wie der Atem.

Ich sagte: Wenn man ihr nasse und kalte Wickel über die Beine machte, das würde das Fieber senken.
Setz dich du jetzt dorthin in die Ecke, und sei still, laß niemand herein. Wenn ich sie über die Krise bringe...
Mit einem Mal hörte das Röcheln auf. Jetzt ist sie gestorben, dachte ich, und fühlte weder Enttäuschung noch Erleichterung. Aber sie war keineswegs tot. Sie fing an zu husten und spuckte Schleim aus, wohin es gerade traf. Kaum konnte sie wieder sprechen, sagte sie: Wo sind Schimon und Andreas? Wo treiben die sich herum, während ihre alte Mutter im Sterben liegt?
Jeschua sagte: Du liegst nicht im Sterben, du bist gesund.
Ach, du bist das! sagte sie, du, dem meine Söhne nachlaufen! Bring sie mir zurück! Mich allein lassen! Die Arbeit im Stich lassen! Nicht einmal Enkelkinder bringen sie zustand. Ein Jahr ist Schimon verheiratet, und nichts rührt sich. Schande über unser Haus! Und du selber hast weder Frau noch Kind. Was seid ihr für Männer! Und wozu ist denn die dabei?
Sie zeigte auf mich.
Holt mir die beiden!
Jeschua erzählte nachher, er habe ihr gesagt: Wenn du schimpfst, füllt sich deine Lunge mit Schleim, dann mußt du sterben.
Es gab großes Gelächter unter uns.
Ich ging hinaus. Im Hof saß die Familie, auch die Klageweiber waren schon da und bereit zu weinen, sobald das Zeichen gegeben würde.
Ist sie tot?

Im Gegenteil: Der Rabbi hat sie geheilt. Bringt ihr zu trinken. Dann ging ich hinaus, um Schimon und Andreas zu suchen. Sie hockten an der Gartenmauer und schliefen.

He, Schimon, Andreas!

Sie fuhren hoch. Ist sie tot?

Der Rabbi hat sie geheilt.

So, sagte Schimon, geheilt. Nun ja.

Ihr sollt hineingehen zu ihr.

Hat das der Rabbi gesagt?

Nein, sie selber.

Dann sag, du findest uns nicht.

Schimon!

Du kennst sie nicht. Wenn sie den Mund auftut, schimpft sie.

Das stimmt, sagte ich; geht aber dennoch hinein. Sie gehört nun einmal zur Familie.

Schon schon, sagte Schimon. Das ist es ja.

Dann gingen sie langsam ins Haus mit gesenkten Köpfen, wie Kinder, die Strafe erwarten. Ich konnte nicht anders, ich mußte lachen. Als ich später Jeschua sah, sagte ich: Viel Freude hat diese Heilung keinem gemacht, vielleicht nicht einmal der alten Frau selber.

Viel Freude hat sie nie gehabt im Leben, Fischerfrauen haben es hart, ihr tägliches Brot ist die Angst um die Ihren, die auf dem Wasser sind.

Ja, sagte ich, und du hast ihr die beiden Söhne genommen.

Ich hätte sie nicht rufen können, wären sie nicht schon längst gerufen. Nicht ich handle, sondern der, der mich gerufen hat aus dem Schoß der Ewigkeit.

Die Heilung sprach sich rasch herum. Es waren die Klageweiber, die es erzählten.
Wenn der so weitermacht!
Ruhige Tage gab es nicht mehr für Jeschua. Einladung folgte auf Einladung, der Hauptmann gab sogar ein Fest, und die Schriftgelehrten baten ihn zu Disputen. Dieses Mal lief alles gut und freundlich ab. Jedoch: es gefiel uns nicht mehr in Kefarnachum. Jetzt, da wir so lange in der großen Stadt oder doch an ihrem Rand gelebt hatten, kam uns Kefarnachum recht dörflich vor.
Rabbi, wie lang bleiben wir hier?
Wohin wollt ihr? Ist dies hier nicht eure Heimat?
Als er dies sagte, wurde uns bewußt, daß weder hier noch anderswo für uns Heimat war.
Schimon aber, der so oft das richtige Wort fand, sagte: Wo du bist, Rabbi, da ist unsre Heimat.
Zu Pesach werden wir in Jeruschalajim sein.
Ein einfacher Satz. Warum wurden mir die Hände kalt? Warum der Schrecken?
Jochanan, fragte ich, habe ich recht gehört: sagte der Rabbi, wir gehen nach Jeruschalajim?
Du hast recht gehört.
Und hat er auch gesagt: es ist das letzte Mal?
Das hat er nicht gesagt. Was redest du da?
Und doch hatte ich es so gehört: das letzte Mal.
Friedlich waren die Tage in Kefarnachum gewesen. Allzu friedlich. Am Tag vor dem Aufbruch kam die Störung. Sie kam aus Nazareth: Jeschuas Familie. Die Mutter und drei Brüder.
Kommst du nicht nach Nazareth? Warum nicht? Ist dir deine Familie nichts mehr wert? Zürnst du der Stadt?

Hast du Angst vor deinen Feinden dort? Wann gibst du das Herumschweifen auf?
Auch so versuchten sie es: Dreißig Jahre alt bist du, schon darüber. Andre in deinem Alter haben ein Haus, eine Familie, eine Stellung in der Gemeinde. Du hast nichts, rein gar nichts. Was ist das: ein Wanderprediger!? Und wovon lebt ihr eigentlich? Von Almosen. Und vom Geld dieser Frauen da. Schande.
Jeschua gab uns ein Zeichen, daß wir schweigen sollten. Sie redeten also weiter: Andern predigst du das Halten der Gebote. Du aber kennst nicht einmal das fünfte: Du sollst Vater und Mutter ehren. Kümmerst du dich um deine Mutter? Und nicht nur das: auch andern Familien nimmst du die Söhne weg und machst aus ehrlichen Fischern und Handwerkern Landstreicher und hinderst sie, Familien zu gründen und nützliche, angesehene Bürger zu werden.
Zuletzt versuchten sie es so: Wohin soll das alles führen? Man sagt, du hältst es mit den Aufständischen und hockst in den Spelunken herum und führst Reden gegen den Staat und gegen die Priester. Das geht dir schlecht aus, wirst schon sehen. Komm jetzt mit uns. Gibs auf, das Herumziehen und das gefährliche Reden. Nimm Vernunft an. Ist doch alles ein Wahn, was du vorhast.
Da sie keine Antwort bekamen, kein Ja und kein Nein, wurden sie verwirrt, und es fiel ihnen nichts mehr ein. Sie versuchten es mit Schreien: So rede doch! Sag was! Nicht einmal eine Antwort sind wir dir wert! Wir kommen eigens den weiten Weg, und du redest kein Wort mit uns? Nicht einmal mit deiner Mutter?

Als wir weiter schwiegen, gaben sie schließlich auf und gingen.
Jeschua machte seiner Mutter ein Zeichen, daß sie bleibe. Er legte seinen Arm um sie und sagte: »Höre Tochter, neige dein Ohr. Vergiß dein Volk und dein Vaterhaus. Der König begehrt deine Schönheit, er ist dein Herr. Tritt ein, Königstochter, in den Palast. Mit Freude und Jubel kommt dir entgegen der König und sein Gefolge. Ich verkünde dir Ruhm durch alle Geschlechter.« Kennst du den Psalm? Denk an diese Worte, wenn du verzagst. Wir sehen uns wieder zum Pesachfest in Jeruschalajim. Leb wohl!
Sie ging hoch aufgerichtet. Ihr Gesicht war verschlossen. Jeschua schaute ihr lange nach, wie sie mit den Dreien fortging. Dann sagte er: Sie versteht, und versteht doch nicht. Ein Schwert steckt in ihrem Herzen, und es ist mir nicht erlaubt, ihr zu ersparen, daß es noch tiefer dringt.
So unfriedlich endeten die friedlichen Wochen.
Es war Mitte Februar, als wir aufbrachen, und wir taten es in aller Stille. Wir vermieden alle Orte am See.
Willst du nicht nach Magdala, Mirjam? fragte Jeschua, und ich fragte: Willst du nicht nach Nazareth? Wir gingen nicht auf den Straßen, sondern auf kleinen Pfaden, abseits von Dörfern. Aber das Geheime blieb nicht drei Tage lang geheim. Kaum waren wir, an der Grenze entlang auf Ziegenpfaden gehend, in die Nähe von Nain gekommen, hatte es sich schon herumgesprochen, und am Nachmittag waren einige hundert Leute da und warteten.
Unter ihnen war ein junger Mann, der einen andern

mit sich vor Jeschua zog wie einen störrischen Esel. Rabbi, dieser da ist mein älterer Bruder. Vor kurzem starb unser Vater und hinterließ diesem da das Landgut mit allem Zubehör. Ich bekam nichts davon, nur etwas Geld. Aber ich will einen Anteil vom Land. Dieser da verweigert es mir. Er sagt, er sei der Erbe und das ganze Land stehe einzig ihm zu, rechtmäßig. Jetzt sag du ihm, Rabbi, daß er mit mir teilen soll.
Jeschua sagte: Bin ich Richter? Was gehen mich eure Streitigkeiten an? Ihr streitet um Wind und Wolken. Du meinst, das Land gehöre dir, und du meinst, ein Teil gehöre dir. Weder dir noch dir gehört es. Es gehört dem, der es geschaffen hat. Ihr habts nur geliehen.
Der Ältere rief: Wenn schon geliehen, so mir geliehen, nicht dem da.
Jeschua sagte: Setzt euch zu den andern, hört zu, was ich sage, dann reden wir weiter. Ein Gutsbesitzer hatte eine reiche Ernte eingebracht, daß seine Speicher sie nicht faßten. So baute er einen neuen, viel größeren und brachte alle seine Vorräte darin unter. Dann ging er durch Haus und Hof und Speicher, lachte und sagte: So, nun bin ich reich, nun will ich auch genießen, nun habe ich auf lange Zeit keine Sorge und keinen Mangel. In der Nacht starb er.
Ja, schon, sagte der ältere der beiden Brüder, aber man stirbt ja nicht gleich. Es bleibt einem doch Zeit zum Haben und Genießen.
Jeschua sagte: Das Leben, so lang es ist, geht dahin wie ein Tag. Wer ist so töricht, daß er den Wind im Sieb und die Wolke mit dem Fischnetz fangen will? Wer tauscht Gold für Kieselstaub, Vergängliches für Unvergängli-

ches? Was nehmt ihr mit über die Schwelle, was habt ihr vorzuzeigen als Frucht eures Lebens? Da wird einer sagen zum Richter: Schau, zehntausend Denare besitze ich. Der Richter aber wird sagen: Du kommst mit leeren Händen; was du für Geld hieltest, das ist als Rauch verweht, du bist ein Bettler. Ich sage euch: sammelt, was unzerstörbar ist, was Motte und Maus nicht frißt, was der Rost nicht zerstört, was Diebe nicht rauben, was kein Steuereinnehmer euch abverlangen und pfänden kann. Wer fragt da, was das ist? Und nun, ihr beiden, was bringt ihr über die Schwelle? Ziehst du dein Land wie einen Schatten hinter dir her? Und du: was für Ketten schleppst du an deinen Füßen? Neid ists und Habsucht. Wie werdet ihr über die Schwelle gelangen?
Der Ältere sagte: Schon gut. Wir verhandeln ja schon. Wenn mein Bruder zufrieden ist mit dem Drittel meines Landes, so mag ers haben.
Ich bins zufrieden, sagte der Jüngere.
So geht in Frieden, sagte Jeschua. Zu uns aber sagte er: Flickwerk!
Ich sagte: Überforderung, Rabbi.
Er sagte laut: Die Straße ist breit und bequem, doch führt sie nur eben aus. Der Pfad ist schmal und steinig, doch führt er steil aufwärts. Wählt!
Es gab noch viel Gerede danach, und so wurde es spät, und die Februardunkelheit kam rasch. Viele, die nahe wohnten, gingen eilends heim. Die aber von weit her gekommen waren, blieben in Höhlen und Schafhütten. Sie machten Feuerchen im Freien und wärmten sich und aßen, was sie mitgebracht hatten. Sehr friedlich war das Bild.

Der Friede wurde jäh gestört. Es war Jeschua, der ihn störte. Wir merkten zuerst gar nicht, worauf er zielte, und nahmen es harmlos.
Da essen sie, sagte er, und wissen nicht, daß sie vergängliche Speise essen und Vergängliches zu Vergänglichem fügen.
Meinte er: verderbliche Speise? Solche, die man nicht bis zum nächsten Tag aufbewahren soll?
Er fuhr fort, aber so, als redete er zu sich selber: Ihren Vorvätern fiel Manna vom Himmel, und sie aßen es wie gewöhnliche Speise, und danach hungerten sie wieder.
Ja, natürlich, sagte Schimon. Man kann sich nie ein für alle Male satt essen.
Aber es gibt eine Speise, die unvergänglich ist und für alle Zeit sättigt.
Was sagst du, Rabbi?
Ich rede vom Brot des Lebens.
Brot ist doch immer Brot des Lebens.
Ich sprach von unvergänglicher Speise.
Jetzt wurden wir alle aufmerksam. Wovon war da die Rede?
Rabbi, sagte Schimon, erklär dich uns besser. Du weißt: wir hinken, du aber fliegst.
Ich werde es euch klar sagen, aber je klarer ich es euch sage, umso weniger werdet ihr begreifen.
Wovon sprichst du überhaupt, Rabbi?
Von mir und von euch. Ich gebe euch Brot, doch ist dies mein Fleisch und mein Blut.
Wir standen mit offenem Mund. Er fuhr fort: Euern Vätern fiel das Brot vom Himmel. Euch bin ICH das

Brot, das vom Himmel kommt. ICH bin die unvergängliche Speise. Wer mich ißt, der wird den Tod nicht kennen.
Jemand sagte: Aber wie sollen wir dich essen, wir sind doch keine Menschenfresser.
Einige lachten. Aber Jeschua sagte: Wer mich nicht ißt, hat nicht teil an mir und an der Zukunft im Reich des Geistes.
Jetzt ging ein Murren durch die Menge, und einer sagte: Er ist wahnsinnig geworden, merkt ihrs nicht, wir haben es immer schon gesagt, daß er ein Irrer ist.
Und einer nach dem andern ging fort.
Jehuda sagte: Jetzt hast du aber eine Menge verspielt und vertan, Rabbi. Welcher gesunde Verstand kann dir folgen? Was soll denn das heißen: dich essen, und Brot ist dein Fleisch? Bei allem Respekt vor deiner Bildersprache: so weit darfst du's nicht treiben, daß dich keiner mehr versteht. Immer war deine Art Sprache deine Stärke, das Volk konnte dich verstehen. Aber das heute ...
Jeschua sagte: Es ist nicht dunkler als vieles andre, was ich früher sagte.
Dann schaute er sich um: wir waren allein. Und dann blickte er einen nach dem andern an und sagte: Nun, wollt nicht auch ihr gehen?
Da war es nun Schimon, der wie so oft das erlösende Wort sprach: Rabbi, wenn wir gingen, wohin denn sollten wir gehen? Wer außer dir hat Worte des Lebens? Was immer du sagst, auch wenn wirs nicht begreifen: es ist ganz gewiß wahr, denn in dir ist nichts als Wahrheit. Öffne unsre Augen, Rabbi!

Jehuda ging kopfschüttelnd davon. Im Hinausgehen flüsterte er mir zu: Jetzt hat er aber das Volk vor den Kopf gestoßen. Das kostet viele Anhänger. Das muß er mit einem schönen großen Wunder wieder wettmachen.

Jochanan, sagte ich, hast du das verstanden? Du hast sicher eine Erklärung. Du hast ja das Verständnis für solche dunkle Rede mit der Milch deiner griechischen Amme eingesogen.

Was ist denn mit dir? Ich hatte keine griechische Amme.

Ich rede von deinem Lehrer. Hast du eine Erklärung oder hast du keine?

Meine Erklärung ist: es gibt Wahrheiten, die man mit dem Erklären nicht erreicht. Man muß sie annehmen, bis sie sich von selber erklären.

Aber man kann nachdenken.

Ich habe schon nachgedacht, und heraus kam dies: bei andern Völkern gibt es Kultfeiern, bei denen man lebende Tiere zerreißt, ihr Blut trinkt und ihr Fleisch ißt. Und warum, wozu? Weil sie glauben, mit dem Fleisch und Blut des Tieres auch seine Lebenskraft aufzunehmen.

Das ist heidnisch.

Es gibt nichts, das nur heidnisch wäre.

Ja, aber doch ißt man die Tiere wirklich. Sollen wir den Rabbi bei lebendigem Leib verzehren? Oder wie? Es kann nur ein Bild sein, ein Symbol.

Ich weiß nicht. Wie ers sagte, klang es nach mehr als nur nach einem Bild und Symbol. Nenn es Mysterium. So nennen die Griechen das, was wahr und doch nicht erkennbar ist, außer man lebt es als Eingeweihter. So wäre das, was der Rabbi meint, nur Eingeweihten zugänglich? Das glaube ich nicht. Nie macht er Geheimnisse aus seinen Lehren. Er sagt sie offen und für alle.

Ja, doch versteht sie dennoch nur der Eingeweihte.

Ach Jochanan, du rechnest dich immer zu den Eingeweihten, den Besondern, den Ausgewählten.

Du nicht?

Nein. Ich nicht. Ich bin eine wie alle.

Zwei Tage dachte und dachte ich und kam an kein Ende, dann gab ichs auf, und als ichs aufgegeben hatte, sprach Jeschua mich an.

Komm her und faß mich am Arm. Was ist es, das du berührst?

Es ist dein Arm.

Sags genau!

Es ist dein Fleisch.

Bin das ICH?

Ja freilich. Oder vielmehr: nein. Es ist die Form, in der du erscheinst.

Meine Kluge! Und jetzt denk weiter. Wenn ich sage: eßt mein Fleisch, trinkt mein Blut, kann ich dann dieses Fleisch hier meinen und das Blut, das in diesen Adern rinnt?

Das doch nicht.

Was aber?

Gesetzt, Rabbi, ich würde dein Fleisch essen können, dann würde dein Fleisch zu meinem Fleisch.

Weiter!

Dann wärst du in mir. Oder vielmehr: du und ich, wir wären eins. Ja, aber, Rabbi, wie geht das zu, daß ich

dich mir so einverleiben könnte? Ist deine Lehre die Speise, die ich essen soll?
Was ist meine Lehre, Mirjam? Mein Wort ist DAS Wort – mein Wort BIN ICH.
So ist das Ganze doch ein Gleichnis?
Ich bin kein Gleichnis, Mirjam! Ich bin DIE Wirklichkeit. Iß mich, Mirjam! Das ist es, was ich ersehne: in jedem von euch Erdenmaterie zu werden, damit ihr Geist werdet. Verstehst du das?
In diesem Augenblick stürzte ich in ein Feuermeer, und im Stürzen rief ich: Rabbi, ich WEISS.
Was wußte ich?
Auf dem Weiterweg nach Jeruschalajim kam Jochanan auf jene Worte Jeschuas zurück. Ich erzählte ihm nichts von meiner Unterweisung durch Jeschua. Aber Jochanan war auf seinem eigenen Weg zum Wissen gekommen.
Es geht ums Eins-Werden, sagte er. Das Wort war beim Ewigen, und der Ewige war das Wort, und das Wort ist Fleisch geworden, und wird immer aufs neue Fleisch, und die Geschichte der Menschheit ist die Geschichte der Menschwerdung des Ewigen Wortes.
Als wir zwei Tagreisen von Jeruschalajim entfernt waren, kam uns ein Reiter entgegen, ein Bote aus Bethania. Rabbi, dein Freund Lazarus liegt im Sterben. Komm rasch! Nimm mein Pferd!
Jeschua sagte: Reite du zurück und sage, der Rabbi kommt zur rechten Zeit. Hast du gehört?
Ja, ich werde sagen, der Rabbi kommt rechtzeitig.
Du hörst nicht zu: du sollst sagen, der Rabbi kommt zur rechten Zeit.

Wir begannen rasch zu gehen, aber Jeschua sagte: Es eilt nicht.

Rabbi, wenn er doch im Sterben liegt!

Ich sage euch: ich komme zur rechten Zeit.

Wir wagten nicht mehr, ihn zu drängen. Als wir in Bethania ankamen, war Lazarus gestorben. So wenigstens sagte man.

Rabbi, sagte Marta, wärst du doch eher gekommen!

Jeschua sagte: Wann ist er gestorben?

Auf die Stunde genau vor drei Tagen.

Schien er dir krank?

Nicht eine Stunde war er krank. Er stand so da und schaute nach oben, dann fiel er um. Wir glaubten, er habe das, was man Starrkrampf nennt, oder sonst einen Anfall, an dem er sterben würde. Da schickten wir dir den Boten. Aber er kam nicht mehr zu sich. So wie er nun gefallen ist, liegt er im Grab. Wir haben den Stein noch nicht vors Grab gerollt. Wir wollten auf dich warten, Rabbi. Aber vielleicht hat die Verwesung schon begonnen.

Jeschua ging auf das Grab zu, und dann ging er hinein.

Jochanan und ich folgten ihm bis zum Eingang, denn auch wir wollten einen letzten Blick auf Lazarus tun. Da wandte sich Jeschua nach uns um und sagte: Was tat Elija, was tat Elischa, als sie Tote wieder ins Leben riefen?

Rabbi, schrie ich, nein, das nicht, um alles: das nicht!

Aber schon tat er es: er streckte sich wie Elija, wie Elischa, auf dem Toten aus, zog ihm das Tuch vom Gesicht und hauchte in seinen Mund.

Jochanan und ich waren vor Entsetzen gelähmt. Da richtete sich Jeschua auf und sagte: Er ist nicht tot. Er war nur fort, weit fort. Seht, er kehrt zurück von der großen Reise.

Und Lazarus richtete sich auf, nieste mehrmals, schaute verwirrt um sich und sagte: Wer bin ich?

So sagte er. Auch Jochanan hat es gehört. Nicht: wo bin ich, sondern: wer bin ich.

Jeschua gab ihm Antwort: Der, der du sein sollst und fortan sein wirst.

Dann führte er Lazarus ins Freie.

Alle, die ihn sahen, schrien, verhüllten ihr Gesicht, flohen und verbargen sich. Auch Jochanan und ich wollten fliehen, doch Jeschua sagte: Ihr bleibt! Was ihr gesehen habt, ist euch ein Zeichen. Versucht, es zu deuten! Und jetzt führt Lazarus ins Haus, daß er sich wasche, und gebt ihm zu essen. Die Reise war lang und anstrengend.

Uns graute davor, Lazarus zu berühren, wir wagten kaum, ihn anzuschauen. Er aber sagte: Ihr beiden also! Euch bin ich begegnet auf meiner Reise.

Ich dachte: Er redet irre. Kein Wunder nach drei Tagen im Grab.

Er schaute uns eindringlich an, als habe er große Mühe, uns zu erkennen. Dann sagte er: So also ist es. Die Hülle ist geborsten.

Dann rief er: Rabbi, ich sehe, ich sehe! Ich sehe alles, wie es ist!

Wir verstanden gar nichts von alledem, als dies: Lazarus lebte wirklich und wahrhaftig. Vielleicht auch noch dies: er war nicht wirklich und wahrhaftig tot gewesen, so wie das Mädchen in Nain nicht tot war. Aber da war ein Unterschied: Das Mädchen war erst eine Stunde zuvor gestorben, die Silberschnur war noch nicht gerissen. Aber Lazarus: drei Tage im Grab! Und was bedeutet die Rede von der Reise?

Ich wagte Jeschua zu fragen: War er im Totenreich?

Es gibt kein Totenreich, Mirjam, denn es gibt keine Toten. Kannst du mir antworten auf meine Frage: wo ist der Falter, ehe er ein Falter wird? Und jetzt frag du nicht weiter. Nimm es hin, wie es ist. Du wirst es eines Tages mit einem Schlag verstehen.

Es dauerte Tage, bis wir den Schrecken halbwegs überwunden hatten. Doch scheuten wir uns weiter vor Lazarus. Er war, wie er immer gewesen war, und doch ein andrer. Nie vorher war mir aufgefallen, daß er Jeschua ähnlich sah. Auch den andern fiel es auf.

Jehuda, der nicht mit uns nach Bethania gekommen war, sondern seines eigenen heimlichen Weges gegangen war, sagte, als wir ihm von dem Ereignis erzählten: Wollte sich der Rabbi so auf Jisrael legen, es stünde vom Tode auf.

Er hatte nicht den leisesten Zweifel daran, daß Lazarus wirklich gestorben war und daß der Rabbi Tote auferwecken könne. Die Geschichte paßte genau in sein Bild.

Sie paßte auch ins Bild, das »die da oben« sich vom Rabbi Jeschua machten. So oder so paßte es. Es paßte ins weiße und ins schwarze Bild. Ins weiße: steht nicht geschrieben, der Gesalbte des Herrn werde daran zu erkennen sein, daß er Blinde sehend macht, Kranke gesund, Lahme gehend und Tote zum Leben auferweckt? Ob wörtlich zu nehmen oder nicht: dieser Rabbi Jeschua ist einer der großen Propheten. Ins schwarze Bild: Ob wahr oder nicht wahr: das Volk glaubt, er könne Tote auferwecken, das Volk glaubt, was es glauben will, das Volk läuft ihm zu, die Schar seiner Anhänger wächst, und was für Volk: die Unzufriedenen, die Aufsässigen, bei denen es nicht viel braucht, und sie machen den Aufstand, und der greift dann um sich, der richtet sich nicht nur gegen die Römer, der richtet sich dann gegen alle, die für Römerfreunde gelten, da wird alles unterhöhlt, da gibts den großen Einsturz. Und dann greifen die Römer ein, und was dann? Noch haben wir die Lage in der Hand. Aber wir müssen handeln, jetzt! Als erstes: die Sache mit diesem Lazarus muß aus der Welt geschafft werden. Man muß ihn beseitigen, irgendwohin bringen, unauffindbar machen. Man muß das Gerücht verbreiten, von Auferweckung könne keine Rede sein, Schwindel sei es. Das wird das Volk verunsichern. Das wird die Anhängerschaft dieses Rabbi spalten. Das wird ihm Feinde machen. Dann muß man ihn kaltstellen. Aber wie? Wie nur. Er ist keiner von den vielen kleinen harmlosen Propheten, die sich für den Messias ausgeben. Er gibt sich nie als etwas aus. Er geht herum und ist da, und das Volk läuft auf ihn zu. Aber gibt er sich nicht doch für etwas aus? Nicht für den Messias. Nicht für was? Unvergessen die Worte: Zerstört den Tempel, und in drei Tagen, wenn ich nur will ... Ihr wißt ja: Ehe Avraham war, BIN ICH. Der weiß, was er sagt, und wozu ers sagt. Wenn das keine Lästerung ist!

So wurde geredet, und täglich brachten die Unsern aus ihren Gängen in die Stadt neue schlechte Nachricht, aber was dort geredet wurde, wo die Entscheidungen fallen, hörten wir nicht.

Wir hörten: Lazarus muß man beseitigen. Dem aber mußten wir zuvorkommen: Lazarus mußte fliehen.

Ja, aber dann können sie sagen, er sei gar nicht auferweckt, und wie steht der Rabbi dann da?

So oder so: die Sache stand schlecht. Eine schwarze Gewitterwand stieg hoch.

Jeschua aber sagte nichts und fragte nichts, und wir wagten nicht ihn anzusprechen. Er war da und war doch nicht da. Nachts hörte ich seine Schritte vor dem Haus, er ging hin und her bis zum Morgengrauen. So vergingen drei Tage, vier, fünf Tage, und sie waren wie aus Blei.

Wo war Jehuda in diesen Tagen?

Als er endlich auftauchte, sprühte er Funken. Er zog mich beiseite: Es ist soweit. Alles ist bereit.

Was ist bereit?

Das, worauf Jisrael wartet.

Du machst mir angst, Jehuda.

Angst? Jetzt Angst? Jetzt, vor dem Sieg? Höre: der Zeitpunkt war nie so günstig wie jetzt. Zum Pesachfest werden zehntausend Pilger in der Stadt sein, und unter den Pilgern die Hälfte sind Aufständische, bewaffnet. Die Römer sind ahnungslos. Sie haben hier in der Stadt nur ein paar Hilfstruppen, Ausländer meistens, Griechen, Syrer, Samaritaner, lauter Angeworbene oder gewaltsam Dienstverpflichtete, die nicht so viel Interesse haben, ihre Haut zu Markt zu tragen für die Römer. In

Syrien liegen fünf römische Kohorten, nicht mehr als zweitausendfünfhundert Mann. Die fressen und saufen und huren dort herum. Pilatus ist irgendwo. Bis der unterrichtet ist und bis der kommt und die Truppen ruft, haben wir die Stadt schon in unsern Händen. Unsre Leute werden einen Ring um die Stadt bilden, da kommt keiner hinein und keiner heraus. Und drinnen ist Bar Abba, verstehst du? Der hat alles organisiert. Glänzend!

Wir hörten Schritte, wir erkannten sie sofort, und Jehuda verschwand.

Was stehst du hier draußen, Mirjam? Finsternis draußen, Finsternis drinnen? Geh schlafen! Die Nacht ist kalt.

Schlafen? Ist jetzt Zeit zum Schlafen?

Noch acht Stunden, und wir gehen nach Jeruschalajim.

Was sagst du? Nach Jeruschalajim? Rabbi, nein! Das nicht. Du darfst es nicht. Du läufst ja offenen Auges in die Gefahr. Weißt du denn nicht...

Ich weiß. Ich weiß, daß mir nichts geschehen wird als das, was geschehen soll.

Damit ließ er mich stehen. Kaum waren seine Schritte nicht mehr zu hören, kamen andre.

Was hat er gesagt? Hast du es ihm erzählt?

Nichts habe ich erzählt.

Aber du mußt es ihm sagen! Du mußt! Was nützt es, wenn alles bereit ist für ihn, und er kommt nicht, oder nicht so, wie das Volk es erwartet! Morgen wird er sich zeigen müssen als der, der er ist. Er wird am Morgen hier vom Volk abgeholt werden. Einen Triumphzug

werden sie ihm machen, wie ihn kein König schöner haben könnte! Aber er muß sich als König zeigen!
Als König? Jehuda, du redest Wahnsinn. Könige sind Menschen und tun Menschliches. Nie wollte ein Prophet König sein. Wieviele Könige hatte Jisrael, und wie gings aus! Schlecht!
Ich sage nicht, er ist König. Ich sage, er muß handeln wie ein König. In königlicher Haltung. Vielleicht geht dann alles unblutig ab. Vielleicht fällt ihm die Macht einfach so zu. Er muß sie nur wollen.
Und wenn er sie nicht will, nicht wollen kann und nicht wollen darf?
Er wird wollen, weil er wollen muß.
Von der andern Seite her kamen Schritte. Du bist noch immer hier draußen in der Nacht? Was für dunkle Fäden werden da geknüpft?
Hast du gehört, was Jehuda will?
Muß ich seine Worte hören, um zu wissen, was er will? Höre, Mirjam, dir gesagt und ihm gesagt: Als Schemuel, der Prophet, alt war, bedrängte ihn das Volk: Gib uns einen König, wir wollen sein wie alle Völker. Schemuel trug die Sache vor den Ewigen, und der Ewige sagte: »Ganz so, wie sie gehandelt haben seit dem Tage, da ich sie aus Ägypten führte, wie sie mich verließen und Götter sich machten, so tun sie auch jetzt. Ich bin es, den sie verwerfen. Ich soll nicht mehr König sein über sie.« So sprach der Ewige. Als sie aber auf ihrem Verlangen bestanden, sagte er: »So sollen sie ihren König haben. Sage ihnen aber: Wenn sie dann Klage schreien über ihren König, so werde ich sie nicht hören.« Mirjam: ich bin nicht Jisraels König. Mein Reich ist nicht von dieser

Welt. Mein Auftrag ist andrer Art. Jetzt ein Königreich ausrufen, das hieße das hohe Spiel verlieren für immer. Nicht Macht und nicht Gewalt will ich, nicht für mich, nicht für Jisrael, nicht für diese Erde. Wozu bin ich gekommen? Um mit meinem Blut den Blutdurst der Völker zu stillen. Damit eines fernen Tages kein Mensch mehr durch Menschenhand stirbt, dafür werde ich sterben.

Rabbi!

Was schreist du? Weißt du es nicht schon lange, Makkabäertochter? Deine Tapferkeit hält keine Waffe in der Hand, sondern den Kelch mit meinem Blut.

Damit ließ er mich stehen. Damit! Meine Zähne klapperten, und ich zitterte, als bebte die Erde unter mir.

Schon war Jehuda wieder da: Hast du es ihm gesagt?

Ehe du kamst, hat er schon gesagt: Wir gehen morgen nach Jeruschalajim. Mehr kann ich dir nicht sagen. Nicht jetzt.

Gut. Lassen wirs dabei. Er geht also in die Stadt. Gut, gut. Alles übrige läuft dann schon richtig ab. Bar Abba und ich haben die Sache in der Hand. Also: auf morgen, oder vielmehr: auf bald. Es geht schon gegen Morgen. Der Tag wird schön!

Ein paar Stunden später rief uns Jeschua zusammen. Seid ihr bereit?

Keiner sagte: Ja, ich bin bereit. Warum dieses Schweigen?

Da rief Jehuda vom Ölgarten her: Sie kommen! Sie kommen!

Jeschua sagte: Bringt mir die Eselin aus dem Stall. Ich reite, damit ich nicht in der Menge erdrückt werde.

Jehuda kam gelaufen: Was Eselin, sie bringen dir ein Reitpferd, Rabbi!
Nein, sagte Jeschua. Kein Pferd. Die Eselin!
Da schlug sich Jehuda auf den Mund: Natürlich die Eselin!
Was hast du mit der Eselin, Jehuda?
Habt ihr nie gelernt, was darüber in der Schrift steht?
Was denn?
»Fürchte dich nicht, Tochter Sion. Siehe, dein König kommt, sitzend auf einem jungen Esel.«
Ich konnte nicht an mich halten. Ich sagte laut: So also willst du's hinbiegen? Wenn das mit dem Esel stimmt, muß es auch mit dem König stimmen, wie?
Jehuda murmelte Unverständliches.
Jeschua sagte: Laß gut sein, Mirjam. Er verstehts nach seiner Möglichkeit.
Jehuda gab mir einen Stoß mit dem Ellbogen: Mußt du immer gegen mich sein, du! Aber es macht nichts: dem Volk wirds gefallen, wenn er nicht hoch zu Roß kommt wie ein Römer.
Dann zog er seinen Mantel aus, faltete ihn sorgfältig und legte ihn dem Esel als Sattel auf.
Jeschua stieg auf, Jehuda führte den Esel.
Armer Jehuda. Er hielt seinen Plan und seine Hoffnung fest wie der Löwe seine Beute.
So zogen wir den Hügel hinunter, und vom Tal her strömte das Volk herauf, Unzählige, sie schwenkten Tücher und Zweige und warfen sie auf den Weg, damit Jeschua darüberreite.
Was riefen sie? Hoschiana, Hoschiana!
Der Ruf, mit dem man einen König begrüßt.

Jehuda, Jehuda, das ist dein Werk! Wie du triumphierst und weißt nicht, daß du deinen Rabbi in den Tod führst! Ich lief mit und war betäubt von Geschrei und Staub und Angst. Was erwartete dieses Volk? Daß der Mann auf dem Esel das freie Königreich ausrief? Ja wie denn? Und die Römer würden sagen: Gut, dann gehen wir aus dem Land. So sollte es gehen? So ging es nie und nimmer. Jisraels Freiheit, sie würde Blut kosten! Törichtes Volk. Es schreit sich selber seinen Untergang zu. Freilich: so klar wußte ich es damals nicht, jedoch war mir kalt vor Angst.

In einer Wegbiegung beugte sich Jeschua zu mir herunter: Dort drüben auf dem Berg haben sie meinen Tod beschlossen, sie wissen nur noch nicht, wie sie mir einen Prozeß machen können.

Dann wurde ich von der Menge abgedrängt, und ich fand mich neben Schimon. Soviel Volk, sagte er, und zum Pesach kommt noch viel mehr zusammen. Pilger. Und zwischen den Pilgern die Spitzel, die Soldaten und die Aufständischen, und mittendrin der Rabbi. Ich habe Angst, Mirjam.

Wer hat nicht Angst, jeder hat seinen eigenen Grund zur Angst.

Schon waren wir auseinandergedrängt, und ich fand mich wieder neben Jeschua, und ich sah, wie ein Mann, ein Schriftgelehrter, neben ihm auftauchte und rief: Rabbi, verbiete doch diesen Aufzug, verbiete dieses Hoschiana-Geschrei, das ist eine Herausforderung, die bezahlst du teuer.

Jeschua sagte: Und wenn ichs dem Volk verbiete, so werden es die Steine schreien.

Am Kidron gab es eine Stauung: die von den Hügeln ins Tal kamen, trafen zusammen mit denen, die aus der Stadt kamen.
Ich drängte mich in Jeschuas Nähe. Als er, eingekeilt, halten mußte, schaute er zur Stadt hinauf und sagte: Jeruschalajim, Jeruschalajim, was habe ich dir getan, daß du auf meinen Tod sinnst? Ich bot dir Frieden, du aber schärfst die Waffen gegen mich. In diesen Tagen sprichst du dir dein Urteil: von nun an wirst du nie mehr Frieden haben bis ans Ende der Zeit.
Diese Worte hörten außer mir Jochanan, Schimon, Jochana und Schulamit. Wir standen am nächsten. Für die andern wurden diese Worte überdeckt vom Hoschiana-Geschrei.
So kamen wir in die Stadt, und es geschah nichts Auffälliges, und nicht auffällig war es, daß vom Norden her ein kleiner Trupp Reiter kam, die lächerlichen Federbüsche auf den Helmen und die verhaßte Standarte mit dem römischen Adler voraus. Kein kriegerisches Aufgebot. Nur die übliche Begleitung des Statthalters. Er kam von Caesarea, wo er residierte, und ritt zur Burg Antonia hinauf. Das Jubelgeschrei, das Jeschua galt, verlor sich in den Nebengassen. Um Pontius Pilatus breitete sich Schweigen aus. Er hatte auch gar keine festliche Begrüßung erwartet. Er wußte, wie unbeliebt nicht nur die Römer waren, sondern insbesondre er selbst.
Das Volk war vor ihm zurückgewichen und hatte sich zerstreut.
Kaum war er in der Festung verschwunden, flutete das Volk zurück und folgte Jeschua, und es ergab sich

so, daß Jeschua zur selben Stunde im Tempel ankam, in der Pilatus in die Festung einzog. Ich wurde vom Volk mitgerissen wie ein Stück Treibholz. So kam ich schließlich bis zur Halle Schelomos, weiter ging es nicht, aber das genügte auch, denn von dort aus hörte ich Jeschuas Stimme, wenn auch nur in Bruchstücken seiner Rede. Ich kam aber immer weiter nach vorne, so daß ich den Schluß Wort für Wort hörte.

»Wenn der Feigenbaum Knospen treibt, wißt ihr: der Sommer ist nahe. Wenn Zeichen sein werden an Sonne, Mond und Sternen, dann wißt ihr: das Ende der Zeit ist nahe. Das Meer wird toben, die Erde wird beben, die Menschen werden vor Furcht vergehen. Wenn ihr das seht, dann hebt eure Häupter und erkennt: die Befreiung ist nahe.«

Das Volk klatschte Beifall. Es war das Wort von der Befreiung, das es beklatschte. Es hörte, so schien mir, nur dies, denn dies war es, was es hören wollte, nichts andres. Sprach er nicht von großer Drangsal, vor der man in die Berge fliehen solle, und daß die Katastrophe wie ein Blitz komme und daß man bereit sein müsse? Hörten sie das nicht? Sie hörten nur, daß die Zeit der Drangsal plötzlich ein Ende haben werde.

Was aber sagte er eigentlich? Kein Wort von den Römern, kein Wort von Gewalt, kein Wort von der gegenwärtigen Lage. Er sprach von Zeichen an Sonne, Mond und Sternen. Er sprach von etwas, das weit oberhalb unsrer Erdenhändel stand und sich in einer ganz andern Wirklichkeit begab. So sprach er, als wäre er selbst schon in einer andern Wirklichkeit. Für kurze Zeit kamen auch mir unsre Erdenhändel so nichtig vor wie ein Staubwirbel inmitten der grenzenlosen, schweigenden Welt der Gestirne, und ich dachte: Diese unsre Wirklichkeit, gut oder schlecht oder beides zusammen: sie ist nur ein Traum. Auch Jeschua ist ein Traum. Unser Traum vom Befreier. Unser Traum vom Frieden. Er kam, er geht. So träumt die Menschheit vom Paradies bis zum Tag der Zerstörung. Ich dachte an meine Gespräche mit dem Griechen, lange her, doch unvergessen: unsre Wirklichkeit ist nichts als ein Schattenspiel auf der Höhlenwand. Schließ die Augen, und es ist verschwunden. Aber wie gibt es Schatten ohne Licht? Wenn aber das Licht erlischt?

Ich verließ den Tempel und ging hinunter in die Stadt. Ich brauchte jetzt Freunde. Ich ging zu Veronika, einer der Unsern seit langem. Da fand ich eine ganze Versammlung von Frauen, und auch Jeschuas Mutter war gekommen, ohne die Sippe. Mit Freunden aus Kefarnachum war sie gepilgert.

Mirjam, sag du es Jeschua, daß ich bereit bin.

Bereit wozu?

Schon wieder dieses Wort, dachte ich und erschrak.

Wozu bereit?

Er wird es verstehen.

Soll ich ihm sagen, er soll dich besuchen? Oder willst du lieber mit uns nach Bethania gehen, um ihn dort zu sehen?

Ich werde ihn sehen zur rechten Zeit.

Auch dieses Wort wieder: zur rechten Zeit.

Hier war kein Trost zu finden. So lief ich wieder zum

Tempel hinauf, aber die Predigt war zuende, das Volk strömte in die Stadt zurück. Wo aber war Jeschua? Hier und dort traf ich ein paar der Unsern, doch niemand wußte, wo er war. War das Gefürchtete schon eingetreten? Hatte ihn ein gedungener Mörder in der Menge heimlich umgebracht und weggeschafft? Hatte man ihn verhaftet? Ehe es dunkel wurde, ging ich nach Bethania. Und da fand ich ihn. Nichts Böses war ihm geschehen. Nur müde war er, und seine Füße schmerzten ihn. Ich hatte noch zwei jener Alabasterfläschchen mit dem kostbarsten aller Öle.

Wann, wenn nicht jetzt.

Rabbi, erlaube mir deine Füße zu waschen und zu salben.

Ich zerschlug mein Fläschchen, träufelte etwas davon auf sein Haar und goß den Rest über seine Füße.

Jehuda rief: Was tust du! Ein Vermögen schüttest du da aus!

Jeschua sagte: Sie salbt mich für mein Begräbnis.

Hörte Jehuda das nicht? Oder wofür nahm er das Wort?

Er sagte: Man hätte das Geld den Armen geben können oder besser . . .

Jeschua sagte: So oft man von mir und meinem Tod sprechen wird, nennt man auch diese Frau.

Ich ging hinaus, damit niemand sähe, wenn ich in Tränen ausbrechen würde. Aber mir kamen keine Tränen. Mein Schmerz war trocken. Ich nahm das Unabänderliche hin, als sei es schon geschehen, und ich dachte: Wenn doch alles vorüber wäre. Als ich später mit Jehuda zusammentraf, sagte ich: Nun, reut dich das Öl noch? Es war das Öl, mit dem man Könige salbt.

Er hielt mich am Arm fest: So glaubst du doch, daß er Jisraels König ist?
Wahnsinniger du. Daß du nichts begreifst. Drei Jahre mit ihm, und nichts verstanden, nichts.
Der Tag darauf war wie ein blinder Spiegel. Nichts bewegte sich. Alltag. Marta und ihre Schwester Mirjam begannen das Haus zu putzen für das Fest. Der Rabbi wird den Sederabend doch wohl bei uns verbringen.
Auch Veronika putzte ihr Haus. Er wird doch bei uns feiern, da seine Mutter hier ist.
Zwei Familien für den, der keine hat. Er selbst hatte noch kein Wort darüber gesagt.
Er rief einige von uns, damit wir ihn in die Stadt begleiteten.
Rabbi, bleib zuhause, ich bitte dich.
Er schob mich beiseite. Kommst du mit, oder nicht?
Ich lief mit. Wohin er auch gehen würde: ich würde wie ein Jagdhund seiner Spur folgen, und wie ein Hirtenhund ihn schützen. Ich Törin.
Er ging in den Tempel. Gerade dorthin. Das Lamm lief sehenden Auges dem Schlächter ins Messer.
Was wird er sagen, was keine Herausforderung für »die da oben« wäre. Lauerten sie nicht darauf, ihn einer Lästerung überführen zu können?
Nichts dergleichen. Er hatte schon oft vom Ende der Zeit geredet und von den Drangsalen, die da kommen würden. Jetzt fügte er etwas Neues hinzu: Niemand weiß, wann das Ende kommt; es wird sein wie in den Tagen des Noah: alles war wie immer, man aß und trank, heiratete und zeugte Kinder, man log und betrog und stritt, man raffte Geld und schlug Noahs Warnungen in

den Wind. Dann aber kam der große Regen, von einer Stunde zur andern stiegen die Wasser. Nur Noah wurde gerettet und mit ihm jene, die ihm in die Arche gefolgt waren, seinem Wort glaubend. So wird es wiederum geschehen von einer Stunde zur andern, doch wird nicht das Wasser die Vernichtung bringen, sondern der Feuersturm. Dann werden zwei auf dem Feld sein, der eine wird weggenommen, der andre bleibt; zwei werden auf einem Bett liegen, einer wird hinweggenommen, der andre zurückgelassen.

Dunkle Rede. Ich verstand ohnehin nur wenig. Ich war nicht fähig, Worte klar aufzunehmen. Ich hörte nur auf seine Stimme. Jeder Satz konnte sein letzter sein.

Ich schaute ihn an. Wie lange noch.

Schimon sagte: Da hinten, schau, da sind drei Schriftgelehrte. Wie sie scharf zuhören! Sadduzäer! Spitzel! Aber er sagt nichts, was ihnen in die Ohren sticht.

Der Tag verlief so ruhig, daß ich mich zu fragen begann, ob denn nicht alles nur unsre Einbildung sei, unser Angsttraum.

In der Nacht aber hörte ich Schritte vor dem Haus. Ich sprang auf. Holte man ihn? Es waren zwei Männer. Jeschua trat zu ihnen hinaus, und sie gingen zusammen in den Olivengarten. Sie wanderten hin und her, eine Stunde, zwei Stunden, dann gingen sie, und Jeschua kam ins Haus zurück.

Wer waren die beiden? Was war da geredet worden?

Jeschua zu fragen am nächsten Morgen, das verbot sich mir.

Der Tag verlief ruhig. Bleiern ruhig.

Aber der Abend brachte Bewegung.

Es war schon dunkel, als Jehuda kam. Er zog mich beiseite.
Mirjam, tu ein einziges Mal, worum ich dich bitte. Ich sage dir: es ist meine letzte Bitte an dich. Komm mit mir? Jetzt, gleich!
Wohin?
Du wirst sehen und wirst hören und begreifen. Komm!
Er führte mich durch den Olivengarten und weit hinaus und sagte kein Wort. Zuletzt zog er mich an der Hand, und seine Hand war heiß wie von Fieber. Schließlich kamen wir in ein Tal, dicht mit Gebüsch bewachsen. Ein Trampelpfad führte mitten hinein. Dann ließ er meine Hand los und bog Zweige zur Seite. Der Mond schien auf drei Leichen. Zwei Männer, eine Frau.
Gepfählte, sagte Jehuda, gefoltert, gepfählt, gemordet, warum, weil sie Jisrael mehr liebten als ihr Leben, weil sie mithalfen, Jisrael zu befreien aus den Händen der Heiden. Drei Opfer mehr. Wie viele noch? Sollen wir noch länger warten? Wie zahnlose Greise auf den gnädigen Tod warten? Glauben wir immer noch, die Lage könne sich ändern ohne daß wir unsre Hände blutig machen? Glaubt denn einer von uns, die Römer würden abziehen, so wie eine Büffelherde abzieht von einer Weide zur andern? Ich sage euch: wenn wir sie nicht vertreiben, so wird auf unserm Land kein Getreidehalm mehr wachsen, und auf den Hügeln werden statt fruchtbarer Bäume nur mehr Kreuze stehen, und der Ewige wird sich abwenden von seinem Volk, das ein Volk von hirnlosen Schafen wurde, von römischen Wölfen geführt, wohin sie nicht wollen, ein Volk von Feig-

lingen, das den Feinden die Hände und Füße leckt. Schande über uns! Nicht mehr lange, und sie werden unsern Tempel besetzen und ihren verfluchten Adler dort aufhängen, wie sies schon einmal taten, und ihren dreimal verfluchten Cäsar auf unsern heiligen Davidsthron setzen statt unsres rechtmäßigen jüdischen Königs. Auf, auf, ihr Leute! Seid bereit, schärft eure Dolche, kauft euch Schwerter, wartet auf das Zeichen. Nur mehr wenige Tage, und das Davidsreich wird wieder aufgerichtet. Im Namen dieser Toten, im Namen des Gesalbten: auf, auf!
Er ließ die Zweige wieder über die Leichen fallen, faßte nach meiner Hand und zog mich mit sich. Ich riß mich los und floh.
Er ist wahnsinnig geworden, dachte ich. Er, der Finster-Schweigsame: nur der Wahnsinn konnte ihm eine solche Rede entreißen. Aber war es denn Wahnsinn?
Er kam gleich nach mir in Bethania an, ich war noch nicht ins Haus gegangen. Wir waren beide atemlos und keuchten.
Da fiel er vor mir auf die Knie: Mirjam, sag ihm, was du gesehen hast! Sag ihm, er muß Jisrael retten. Jetzt, in diesen Tagen muß er sich entscheiden, und es gibt für ihn kein Zurück. Das Volk sieht ihn als König! Und du hast ihn gesalbt!
Steh auf, Jehuda, um alles: steh auf!
Nicht eher werde ich aufstehen, bis du deine Rolle erkennst. Heißt du nicht Mirjam? Nach wem bist du benannt: nach einer Sklavin oder nach Mirjam, Aharons Schwester, der Prophetin? Hat sie unsre Väter ermahnt zur Geduld mit Ägypten, oder hat sie getanzt und gesungen mit den Frauen, als der Ewige die Ägypter ersäufte im

Schilfmeer? Mirjam! Du sagst nichts? Du tust nichts? Verweigerst du die Rettung Jisraels?
Schrei nicht, Jehuda, sollen dich alle im Haus hören?
Ich schreie! Ich schreie, bis alle es hören, bis ER es hört – schrei auch du! Nein? Du willst nicht? Nein?
Er sprang auf.
Und dich hab ich geliebt, drei Jahre lang, die Eine Einzige warst du mir, und ich habs hinuntergewürgt und dich ihm überlassen. Alles ihm! Und er merkts nicht einmal!
Er schluchzte auf und verschwand in der Nacht.
Armer Jehuda. Vom Wahnsinn Befallener. Wohin lief er? Den ganzen nächsten Tag erschien er nicht in Bethania. Niemand wußte, wo er war.
Laßt ihn, sagte Jeschua, er tut, was er tun muß.
Rätselwort. Damals.
Was muß er tun? Hast du ihm einen Auftrag gegeben, Rabbi?
Nicht ich.
Wer denn?
Ihr werdet es später verstehen. Was geschehen muß, geschieht.
Der Tag war wie der vorhergehende. Eine Predigt im Tempel. Ich hörte kein Wort. Am Schluß seiner Predigt traten einige Männer auf ihn zu. Sie forderten ihn auf, ihnen zu folgen. Waren es Häscher? Er aber ging zwischen ihnen hindurch, als ginge er durch dürres Schilf, das man zur Seite biegt. Sie schauten ihm nach und waren ratlos. Das sah ich, und ich täuschte mich nicht.
Wohin aber war er gegangen? Keiner der Unsern sah ihn an diesem Tag.

Vielleicht war er zu seiner Mutter gegangen.
Nein, er ist nicht gekommen.
Sorgst du dich gar nicht um ihn, Veronika? Du putzt und putzt und weißt nicht, ob er kommt.
Was soll ich sonst tun als putzen? Es muß sein, und es beruhigt.
So putz du nur weiter.
Mirjam, höre! Vielleicht ist alles ganz anders. Vielleicht . . .
Aber ich war schon draußen.
Plötzlich sah ich Jehuda. Woher kam er, wohin lief er?
Da kam mir der schwarze Verdacht. Jehuda!
Doch er war schon in einem Tor verschwunden. Wessen Tor, wessen Haus?
Wer wohnt da? fragte ich den Türhüter.
Was gehts dich an? Geh weg du.
Es geht mich an. Ich suche einen Freund, der gerade eingetreten ist.
Wie heißt er?
Jehuda.
Aber du kannst jetzt nicht stören. Er hat eine wichtige Unterredung mit meinem Herrn.
Sag mir, wie der Hausherr heißt.
Kaifas.
Der Hohepriester?
Jetzt geh. Hier darf keiner herumstehen.
Ich ging. Jehuda bei Kaifas. Mein schwarzer Verdacht. Jehudas Wahnsinn. Das Gewitter braute sich zusammen. Was war aber mit Jehuda, was war überhaupt im Gange? Wen konnte ich fragen? Wen um alles? Wem konnte man vertrauen in diesen Tagen?

Einen gab es, aber ob mich der einließe?
Vor dem Haus stand ein Türhüter.
Sein Gesicht kam mir bekannt vor. War der nicht schon oft unter Jeschuas Hörern gewesen? In welcher Absicht? Hätte Nikodemus sich einen Feind zum Türhüter genommen?
Ich faßte Mut.
Kann ich zu deinem Herrn?
Mein Herr ist bei einer Sitzung.
Wo denn?
Bei Gericht. Im Sanhedrin. Was willst du, Galiläerin, ich kenne dich.
Er beugte sich zu mir und sagte mir ins Ohr: Geh heim du, geht alle heim in den Galil. Seid ihr dort, kann der Rabbi nicht vom Sanhedrin zitiert werden. Für dort ist Jeruschalajim nicht zuständig. Geht bald! Möglichst noch heute nacht. Seine Sache steht nicht gut. Sie beraten schon drei Tage. Mein Herr wagt viel, ihn zu retten. Jetzt aber geh. Mehr darf ich nicht sagen. Rettet euch, ehe es zu spät ist. Es ist schon sehr spät.
Ich ging, aber ich ging nur um die Ecke und verbarg mich dort. Ich war entschlossen, auf Nikodemus zu warten, und sollte es die ganze Nacht dauern. Was wollte ich von ihm? Klarheit wollte ich, weiter konnte er mir nichts geben, die aber mußte er mir geben.
Endlich kam er, doch war er nicht allein. Es war dunkel, und die Fackel, die vor dem Tor brannte, gab einen flakkernden Schein, so sah ich nicht genau, wer der war, der da mit ihm kam. Ich wartete weiter. Lang nach Mitternacht öffnete sich das Tor, und Nikodemus selbst begleitete den Nachtgast. Jetzt sah ich: es war Jehuda. Er

ging sehr rasch weg, und ich konnte Nikodemus gerade noch erreichen, ehe er das Tor schloß.
Ich bin Mirjam. Eine der Jüngerinnen dessen, den du kennst. Ich muß mit dir sprechen.
Komm herein.
Jehuda war bei dir. Was will er?
Mich überreden.
Wozu?
Ich soll den Zwist im Sanhedrin verschärfen.
Wozu das?
Um Zeit zu gewinnen.
Wofür?
Heute nacht ist Bar Abba verhaftet worden. Man sagt, wegen einer Messerstecherei in einer Schenke. Stimmt nicht. Man will die Sache vertuschen. Wir wissen, welche Rolle der Mann spielt.
Ich verstehe: das Netz ist gerissen. Jehuda aber ist keiner, der aufgibt. Er wirds flicken.
Und dazu braucht er Zeit. Er will das Rad anhalten. Aber gleichzeitig will er ihm einen mächtigen Stoß geben, damit es vorwärts rolle.
Wer kann das verstehen.
Jehuda hat die Geduld verloren. Er will die große Entscheidung herbeizwingen mit Gewalt. Wir im Hohen Rat sollen Jeschua verhaften und verhören. So in die Enge getrieben, müsse er sich endlich erklären. In aller Öffentlichkeit. Unter Eid.
Als der Messias. Und dann?
Einmal geoffenbart, müsse Jeschua die Rolle übernehmen.
Das heißt: er müsse sich an die Spitze der Aufständi-

schen stellen und gegen die Römer ziehen. Dazu also will er das Rad anstoßen. Das Rad aufhalten aber heißt: es soll Zeit gewonnen werden, das zerrissene Netz zu flicken und die Aufständischen, verwirrt durch die Verhaftung des Bar Abba, wieder zusammenzuholen. Und diese Zeit soll gewonnen werden, indem ihr im Sanhedrin streitet. Aber es ist doch ohnehin schon Zwietracht zwischen den Parteien.

Die will er auf die Spitze treiben.

Wie denn?

Er spielt ein Doppelspiel, gerissen und gewagt und vergeblich.

Vergeblich?

Darüber nachher. Das Spiel geht so: zu mir, also zu den Pharisäern, sagt er: Blind seid ihr und seht nicht, daß Jeschua der Messias ist. Treffen nicht alle Voraussagen der Propheten auf ihn zu? Macht er nicht Kranke gesund, Besessene frei, Tote lebendig? Es ist eine heilige Pflicht, sich auf seine Seite zu stellen, denn er ist der Retter Jisraels. Den Sadduzäern aber sagt er, Jeschua sei einer der Propheten, die das Volk verwirren und Unruhe stiften, er habe unter den Pharisäern mächtige Freunde.

Worauf zielt das, genau gesagt?

Denk selbst: wer fürchtet einen Aufstand? Der, der etwas dabei verliert. Ein Aufstand gegen die Römer ist auch ein Aufstand gegen alle Römerfreunde, also gegen die reichen Aristokraten. Wo sitzen sie im Sanhedrin? Auf der Seite der Sadduzäer. Wer also hat ein brennendes Interesse, den zu beseitigen, der den Aufstand auslösen und führen kann?

Ein politisches Spiel also.
Ein verlorenes Spiel, Mirjam. Aber der, der es verliert, wird nicht Jeschua sein.
So wird er gerettet? Sag doch! Sag!
Mirjam, Mirjam! So lange warst du seine Schülerin und redest jetzt so töricht! Weißt du nicht, daß geschehen wird, was geschehen muß?
So wird er sterben.
Und siegen!
Das ist nichts als eine Hoffnung. Das Sterben aber ist Gewißheit.
Mirjam!
Ja. Schon gut. Er wird also sterben. Aber wie? Wird man ihn aus dem Hinterhalt überfallen und umbringen?
O nein. Er wird einen großen öffentlichen Prozeß haben.
Dafür muß eine Anklage vorliegen.
Sie liegt vor. Worüber wir streiten seit Tagen, schon ehe Jehuda sich einmischte, das ist der Wortlaut der Anklage. Die Sache muß nämlich vors römische Gericht, denn wir haben keine Befugnis, ein Todesurteil auszusprechen und zu vollziehen. Für römische Gehirne muß die Anklage verständlich sein. Dem Pilatus können wir nicht mit unsern jüdischen Glaubensfragen kommen. Das sind in seinen Ohren Narreteien spitzfindiger Fanatiker. Damit sich die Römer für den Fall überhaupt interessieren, muß er politisch sein und Rom treffen, und wenn er zum Todesurteil führen soll, muß die Anklage lauten: Aufhetzung des Volks gegen die Besatzungsmacht, also Vorbereitung zum Hochverrat.

Aber das, das kann man Jeschua doch nicht vorwerfen! Nie hat er die Römer angegriffen. Zahlt dem Cäsar die Steuern, gebt ihm, was ihm gehört. Das Wort lief doch laut genug um unter Gegnern und unter Freunden der Römer. Wo ist ein Wort von ihm gegen die Römer?
So siehst du es. Aber hat er nicht das Volk glauben gemacht, er sei der Messias?
Nie hat er das gesagt. Und hätte ers gesagt: das ist doch eine Sache, die nur uns Juden angeht.
Es geht aber die Römer an, denn vom Messias ist gesagt, er wird Jisrael befreien. Das weiß man in Rom. Was aber heißt das: Jisrael befreien? Von wem befreien?
Aber wenn er es doch nie von sich gesagt hat!
Gesagt nicht. Aber es treffen zu viele Prophetenworte auf ihn zu, und zu viele Wunder tat er. Die Sache mit Lazarus, die fuhr ihnen in die Glieder.
Aber wieso? Wundertäter gab es immer in unserm Volk – haben nicht Elija und Elischa Tote auferweckt? Sind sie dafür bestraft worden? Und das andre: selbst wenn Jeschua von sich gesagt hätte, er sei der Messias, und wenn er es wirklich geglaubt hätte: wäre das ein Verbrechen vor jüdischem Gesetz? Ich habe in den letzten Jahren von mehr als einem Juden sagen hören, er sei der Messias, und man ließ sie alle reden. Und angenommen, Jeschua sei der Messias, warum nicht, und müßte nicht ganz Jisrael, Pharisäer wie Sadduzäer, jubeln, daß er endlich gekommen sei? Es ist doch nicht gesagt, daß er Jisrael mit Gewalttat befreie von den Feinden! Das ist doch anders gemeint, oder nicht? Höre, Nikodemus: da steckt doch etwas ganz andres dahinter. Was habt ihr denn wirklich gegen Jeschua?

Mirjam, wir sind ein altes Volk und ein sehr kleines Volk, ein Staubkorn zwischen den Großreichen. Seit unser Vater Avraham nach Ägypten zog und seit Adonai uns wieder hinausführte, bis wir dieses Land hier erreichten, und seit wir auf diesem Land sitzen, immerfort haben wir darum gekämpft, das jüdische Volk zu bleiben, verstehst du? Keine Spaltung, keine Vermischung mit Fremden. Darum die strengen Gesetze, die uns Tag für Tag zum Bewußtsein bringen, daß wir anders sind als die andern Völker. So haben wir überlebt, nur so: weil Einheit war, Absonderung, kluge Begrenzung. So kann, so will Jisrael weiter überleben. Und nun dieser! Die Gefahr für Jisraels Einheit!
Aber wieso? Hat er nicht alle Gesetze gehalten, wenn auch manche nicht ganz so streng, wie das Schabbatgebot, andre wieder viel strenger, wie das Ehegesetz, aber Auslegungen sind erlaubt. Auch ihr Gesetzeslehrer deutet hin und her, was hättet ihr sonst zu tun! Kein Jota soll verändert werden am Gesetz, hat Jeschua gesagt. Nun also? Oder ists, daß ihr meint, er habe einen Keil treiben wollen zwischen Volk und Priesterschaft? Den brauchte nicht er zu treiben. Das Volk weiß schon von selbst, daß es unter euch Gute gibt, aber viele Schlimme. Habt ihr nicht dem Volk zu hohe Steuern auferlegt zu denen hinzu, die Rom verlangt? Vor kurzem noch diese Steuer auf Gewürze wie Dill und Minze und Kümmel! Daß euch das Volk haßt, das ist eure Schuld. Also: warum wollt ihr Jeschuas Tod?
Du sagst, er habe die Gesetze erfüllt. Er sagte aber so: Ich bin gekommen, das Gesetz zu erfüllen. Hörst du den Unterschied? Etwas erfüllen, das heißt, so wie ers

sagte: etwas zuende bringen. Und etwas zuende bringen, das heißt: etwas Neues beginnen. Die Rede vom neuen Wein, den man nicht in alte Schläuche gießt. Und die Rede von den Toten, die ihre Toten begraben. Dies und anderes. Wir haben scharfe Ohren. Und dann jenes Wort vom Einssein des Sohnes mit dem Vater. Meinst du, wir, die wir nichts andres tun als dunkle Worte deuten, könnten das Gemeinte nicht verstehen?
Was ist das Gemeinte?
Du weißt es.
Und wenn es nun wirklich so ist?
Das eben ist es, was wir fürchten. Denn wenn er es ist, dann reißt der Vorhang vor dem Altar. Dann bebt die Erde unter unsern Füßen. Dann stürzt der Tempel ein. Dann beginnt das neue Zeitalter und bringt gewaltige Veränderung und verlangt vom Menschen, nicht nur und nicht besonders von uns Juden, die große Wandlung.
Aber hatte Jisrael nicht allezeit große Propheten, die diese Wandlung verlangten?
Mirjam: er ist mehr als ein Prophet. Du weißt es doch. Höre: wir Juden sind ein altes Volk mit einem Gott, dessen Namen wir nicht aussprechen durften unter Strafe. Jetzt aber sprach ER selbst ihn aus, und er heißt: Menschensohn. Als dieses Wort ausgesprochen war, da trat der Geist aus dem Unbegreiflichen, aus dem Raumlosen, dem Zeitlosen in unsre Geschichte ein und wurde Fleisch und erhielt den Namen Jeschua. Jetzt ist das Geheimnis gelüftet. Jetzt ist der Vorhang zwischen den zwei Wirklichkeiten zerrissen. Jetzt ist der Geist Mate-

rie geworden, damit die Materie Geist werde. Mit dem Tempelvorhang aber riß auch der Vorhang zwischen Jisrael und den übrigen Völkern. Nun ist nicht mehr nur Jisrael das auserwählte Volk, sondern alle Menschen sind Gottes auserwähltes Volk, der Bund zwischen Gott und Jisrael wird zum Bund zwischen dem Geist Gottes und allen Völkern, und der Gott Jisraels ist kein Stammesgott mehr, sondern der Gott aller Völker und aller Zeiten. Verstehst du, was da für Jisrael auf dem Spiele steht? Verlust, Verlust! Unsre Einheit in höchster Gefahr! Unser Überleben nicht mehr gesichert! Nicht mehr wissen, wer wir sind. Und all das kommt von diesem Einen. Begreifst du, daß wir ihn töten müssen, ehe das eintritt, was wir fürchten?
Aber du, Rabbi Nikodemus, der du das Spiel durchschaust, warum sagst du: WIR müssen ihn töten?
Weil es mein Schicksal ist, zu diesem Volk zu gehören. Jedoch, dein Rabbi hat mir gesagt, daß das Schicksal nicht zurückschlägt auf mich, denn ich bin, so sagt er, und er spricht Weisheitsworte, denn ich bin wiedergeboren aus dem Geist. Mirjam: ich bin Rabbi Jeschuas Jünger. Und es gibt mehr als einen unter uns Schriftgelehrten, der insgeheim auf eurer Seite ist.
Warum aber, wenn es so ist, warum rettet ihr ihn nicht? Weil ihr in der Minderheit seid?
Sollte sein Tod nicht sein, so bedürfte es nicht unsres Ja und nicht unsres Nein. Er und der, den er seinen Vater nennt, sind die große Mehrheit, die diesen Tod beschlossen hat. Wie könnte diese Mehrheit sich spalten, da sie die unspaltbare Einheit ist?
Rabbi Nikodemus: Jeschua hat mich gelehrt zu denken,

daß der Sohn nicht der Vater ist, sondern der Vater verwirkliche sich im Sohn. Dann ist die Einheit doch eine Zweiheit, und wenn da zwei sind, kann einer dem andern in den Arm fallen.

Mirjam, du marktest mit dem Ewigen! Geh jetzt heim. Es ist längst Mitternacht vorüber. Aber ich lasse dich nicht allein gehen. Mein Türhüter wird dich nach Bethania begleiten. Und sei stark. Erweise dich als die, die du bist, und die du ihm bist, den du liebst.

Da es so spät war, ging ich nicht nach Bethania, sondern zu Veronika, die nahe wohnte. Hier traf ich alle unsre Frauen und auch Jeschuas Mutter. Sie waren noch wach, denn sie hatten beschlossen, in dieser Nacht nicht zu schlafen. Als ich klopfte, erschraken sie sehr.

Ich bin Mirjam, macht auf.

Ist etwas geschehen? Bringst du schlechte Botschaft?

Sollte ich ihnen von der Unterredung mit Nikodemus erzählen, und wenn, was davon?

Ehe ich zu reden begann, sagte seine Mutter: Es ist alles längst entschieden.

Wie sie das sagte: nicht verzweifelt und nicht klagend; sie stellte etwas fest, das unabänderlich war.

Die Frauen begannen zu weinen. Sie aber sagte streng: Was weint ihr? Was geschieht, muß geschehen. Er geht, um wiederkommen zu können.

Was sagte sie da? Woher das plötzliche Wissen? War das die Witwe des Zimmermanns Josef, die so still durchs Leben gegangen war und ihren Sohn nicht verstanden hatte? Und jetzt diese Autorität in Rede und Haltung. Seid ihr nicht Jisraelitinnen? Nicht Nachkommen der Makkabäer? Sollten wir weniger Mut haben als jene

Makkabäerin, die klaglos und stolz zusah, als man ihr die sieben Söhne, einen nach dem andern, folterte und tötete? Hier in dieser Stadt, auf diesem Boden war es, unter dem König Antiochos, daß man sie zwingen wollte, vom jüdischen Glauben abzufallen und verbotene Speise zu essen. Es war ihr Ältester, der zum König sprach: Wir sind bereit, lieber zu sterben als unsre Gesetze zu übertreten. Für dieses Wort ließ ihm der König vor den Augen seiner Mutter die Zunge abschneiden, die Kopfhaut abziehen, die Glieder abhakken und den noch atmenden Leib in einen Kessel überm Feuer werfen. Dann führte man seinen Bruder vor den König, und auch er weigerte sich, und so alle andern, bis zum Jüngsten. Der erbarmte den König, er versprach ihm Leben und Reichtum und seine Freundschaft, wenn er abfiele. Da trat die Mutter zu ihm und sagte: Mein Sohn, ich weiß nicht, wie du und wie deine Brüder in meinem Schoß entstanden seid. Nicht ich war es, die euch Atem und Leben verlieh. Der, welcher euch Atem und Leben verlieh, wird euch wieder zum Leben erwecken, wenn ihr um seiner Gesetze willen euer Leben hingebt. Ich bitte dich, mein Kind, hab keine Angst vor diesem Henker, zeige dich deiner Brüder würdig, nimm den Tod auf dich, damit ich dich einst wiederfinde. Da rief der Sohn dem Henker zu: Worauf wartet ihr? Tut, was geschehen soll. Wir leiden um der Sünden Jisraels willen, und durch unsern Tod erwirken wir Versöhnung mit dem Höchsten. Bei mir möge der Zorn des Höchsten, der mit Recht über unser ganzes Geschlecht hereinbrach, zum Stillstand kommen. So rief er und übergab sich dem Henker. Nach ihm folterte und tötete man die Mutter.

Veronika rief: Dich werden sie nicht töten, dich schützen wir.

Veronika, es gibt mehr als eine Todesart, und es gibt Todesarten, vor denen niemand einen schützen kann.

Da begannen alle von neuem zu weinen. Sie aber sagte: Seid ihr Klageweiber? Schande über euch. Wenn mein Sohn euch so sähe! Statt zu weinen und zu klagen, wollen wir die Nacht mit dem Singen der Psalmen zubringen.

Und sie begann: »Zu den Bergen hebe ich meine Augen, Woher wird mir Hilfe kommen? Meine Hilfe ist von Ihm her, der Himmel und Erde gemacht hat.«

Mit Psalmensingen verbrachten wir die Nacht. Doch waren alle so müde, daß sie, trotz ihres Entschlusses in dieser Nacht zu wachen, einschliefen, eine nach der andern, bis nur mehr seine Mutter und ich wach waren. Es ging schon gegen Morgen.

Geh jetzt nach Bethania, Mirjam. Mein Sohn erwartet dich dort.

Du sagst: mein Sohn. Nie vor dem heutigen Tag hörte ich dich sagen: mein Sohn.

Nie vor dem heutigen Tag war ich seine Mutter.

Ehe ich ging, wachte Veronika auf: Du kommst doch zum Seder zu uns? Und der Rabbi doch auch, nicht wahr? Dann ist die Familie beisammen. Sag es dem Rabbi: wir erwarten ihn.

Obwohl noch so früh am Tag, war die Stadt schon belebt. Belebt auf eine Art, die mir Angst machte: zu viele Berittene zwischen den Pilgern. Doch kam ich unge-

schoren nach Bethania. Es war so, wie seine Mutter gesagt hatte: der Rabbi erwartete mich, er ging im Olivengarten hin und her.
Er empfing mich mit Worten, die ich wiedererkannte als Zeilen aus dem Lied der Lieder:
»Vorbei ist der Winter, der Regen verschwunden, vergangen. Der Feigenbaum treibt seine Frühfrucht, und die Weinstöcke duften. Auf auf, meine Freundin, komm. Meine Taube in Felsklüften, im Versteck der Steilwand, komm!«
Rabbi, das ist ein Frühlingslied. Du sprichst es wie ein Winterlied, ein Abschiedslied.
Du sagst es, Mirjam. Nie mehr werden wir allein sein auf dieser Erde in diesem Erdenzustand.
Rabbi, ich weiß es. Du siehst: ich weine nicht. Stark wie der Tod ist die Liebe.
Stärker, Mirjam, stärker. Und stark muß sie sein, daß sie nicht schwach werde bei dem, was kommt. Du wirst mich suchen und die Stadt durchirren, und wenn du mich findest am morgigen Tag, erkennt mich nur dein Herz, deine Augen erkennen mich nicht mehr, denn ich bin in die Kelter geworfen, und der Wein, der ausrinnt, ist mein Blut. Was immer du siehst: werde nicht irre. Ich bin, der ich immer war und immer sein werde. Nur kurze Zeit werden wir getrennt sein. Höre, was ich dir sage zum Abschied. Kennst du die Zeilen: »Du hast mich beherzt gemacht, Schwester Braut!« Stärke mich auch in der kommenden Nacht und am morgigen Tag. Ich werde dich stärken in den drei Tagen danach. Im Garten wirst du mich wiederfinden.
Er zog mich an sich, und zum ersten, einzigen, letzten

Mal legte er seine Lippen auf die meinen. Mehr ein Einhauchen seines Atems als ein Kuß. Dann schob er mich sanft von sich: Und nun stärke die andern in ihrer Schwäche. Sie bedürfen des Hirtenhunds, der die Herde zusammenhält. Ich zähle auf dich, Mirjam!
Rabbi, laß mich dir folgen!
Wohin ich gehe, kannst du mir noch nicht folgen.
Er hatte mich verstanden, und ich verstand ihn. Kein Wort weiter war nötig. Ehe er mich von sich schickte, verließ ich ihn, und ich ging mit hocherhobenem Haupt ins Haus und wandte mich nicht mehr um. Keine Tränen. Nur keine Tränen jetzt.
Die Unsern erwarteten mich mit Schelten. Wie haben wir uns um dich gesorgt! Wo warst du denn?
Bei Veronika und bei Jeschuas Mutter. Veronika läßt euch fragen, ob der Rabbi Seder bei euch feiert oder ob sie auf ihn zählen kann.
Nicht bei ihr, nicht bei uns wird er sein. Er hat es uns schon gesagt. Es sind schon einige unterwegs, um in der Stadt einen Saal zu mieten, einen großen. Er sagt, die Familie wird zahlreich sein. Er sagt, es werden zwanzig Gäste sein und der Gastgeber ist er.
Wer ist geladen?
Alle Jünger natürlich.
Jehuda auch?
Warum nicht? Was fragst du?
Nur so. Wer noch?
Seine Mutter und du und Lazarus, und einige, die wir nicht kennen.
Ihr zwei nicht?
Er hat uns gebeten, Veronika und alle unsre Frauen ein-

zuladen und einige Arme und Kinder. Ich habe schon alles vorbereitet.
Marta, ich bin todmüde, ich habe die ganze Nacht kein Auge zugetan.
So schlaf! Wir wecken dich zur rechten Zeit.
Ich schlief, doch ehe sie mich weckten, war ich schon wach. Ich wusch mich und zog frische Kleider an und richtete mich für den Sederabend. Ohne auf die andern zu warten, verließ ich das Haus.
Ich sage das jetzt so: ich verließ das Haus, so, als sei ich nur eben ausgegangen zu einem Besuch oder um einzukaufen. Ja, ich verließ das Haus. Aber in diesem Haus war Jeschua, und ich ging weg. Ich ging weg von ihm, um ihn zu finden. Ich ging aber nicht: ich lief, als könnte ich ihn umso eher finden, je weiter weg von ihm ich war.
Es ging gegen Abend.
Schon wurden die Widderhörner geblasen. Ankündigung des Festbeginns. Schon hörte ich vom Tempelberg her die Todesschreie der geschächteten Opfertiere, schon roch die Stadt nach frischem Blut, das vom Altar durch die Gräben ablief, zum Kidron hinunter, und widerlich lag in den Gassen der Gestank nach den Eingeweiden, die auf dem Altar verbrannt wurden. Schon ging der erste an mir vorbei, der sein Lamm im Arm trug, ausgeweidet, ausgeblutet, tot. Diese wüste Tempelschlächterei. Tausende von Lämmern starben an diesem Tag. Tod, überall Blut und Tod. Wie sollte ich ein Lamm essen an diesem Abend? Wie sollte ich in Zukunft jemals Fleisch getöteter Tiere essen? Jeder Todesschrei eines Tieres ist der seine, alles Blut ist das seine.

Wie aber sollte ich zum Sedermahl gehen, ohne vom Lamm zu essen? Es war Gesetz: das Lamm mußte gegessen werden, aufgegessen bis zum letzten Bissen. Erinnerung an das letzte Mahl, das unsre Vorväter aßen vor dem Auszug aus Ägypten, stehend, zur Reise gerüstet, in Eile. Und nichts vom Mahl durfte übrigbleiben. Pflicht war es seither, Gebot, strenges Gesetz: jeder Jisraelit muß am Sedermahl teilnehmen und muß von allem essen, was da auf dem Tisch steht. Auch vom Lamm, der gewöhnlichen Mahlzeit. Ich kann nicht. Aber man muß. Es ist Sünde, das Sedermahl nicht zu essen. Aber wieso Sünde? Hat der Rabbi nicht gesagt, daß nicht das, was zum Mund eingeht, den Menschen schuldig macht, sondern was aus ihm herauskommt an bösem Wort? Kann ich das Gesetz umdenken? Das Gesetz erfüllen, indem ich mich freimache davon? Es gibt nur ein einziges Gebot, hat der Rabbi gesagt.

Mein Entschluß also: ich gehe später zum Mahl, wenn das Lamm gegessen ist und die Knochen vom Tisch geräumt sind.

Die Sonne war rot untergegangen hinter dem Brandrauch, und der Mond stieg hoch, fast noch voll, und ich lief immer noch durch die Gassen wie eine, die keine Familie hat und von niemandem eingeladen wird zum Sedermahl.

Zweimal redeten Leute mich an, hielten mich für eine Familienlose oder eine Arme und wollten mich mit nach Hause nehmen, wie es Pflicht ist für jeden Juden: Heimatlose einzuladen zur Familie hinzu. Einmal sprachen mich zwei Männer an: Du, eine Jüdin, bist

nicht beim Mahl? Oder bist du keine Jüdin? Auf jeden Fall: schön bist du, komm, wir bezahlen dich gut.
Sie griffen nach mir, ich entkam, sie liefen mir nach, ich schlug mit Händen und Füßen um mich, sie schlugen wieder und rissen mir den Mantel vom Leib. Dann entkam ich ihnen. Mein Mantel blieb liegen. Da stieg mir die Erinnerung auf: »Es fanden mich die Wächter bei ihrer Runde durch die Stadt, sie schlugen und verwundeten mich, den Mantel nahmen mir weg die Mauerwächter.« Die Nacht war kalt. Ich fror. So lief ich zu Veronika, um mir einen Umhang zu erbitten.
Bist du verrückt, in dieser Nacht herumzulaufen? Wie siehst du aus? Komm herein, wir fangen gerade mit dem Hallel an.
Ich kann nicht, laß mich gehen.
Sie gab mir ein Tuch aus weicher Schafwolle, schön wärmend, aber weiß. Wir dachten beide nicht daran, daß dieses Weiß in der mondhellen Nacht wie ein Signal wirkte. Und wir konnten nicht ahnen, welches Rätsel dieser weiße Umhang später denen aufgeben werde, die mit auf dem Ölberg waren. Eine weiße Lichtgestalt, ein Engel mit einem Kelch voll himmlischer Tröstung. Zu hoch gegriffen.
Noch war es nicht soweit. Ich suchte mir eine dunkle Mauernische, von der aus ich die Tür des Hauses sehen konnte, in der die Unsern das Sedermahl halten würden. Ich hörte Schritte. Die seinen erkannte ich unter allen. Ehe er eintrat, wandte er sich um und schaute in die Richtung, in der ich war. Ich hielt den Atem an, bis die Tür hinter ihm und den andern zugefallen war. Da saß ich nun und starrte auf die Fenster, hinter denen

Licht war, und ich hörte die Lieder und Segenswünsche und wußte, was geschah: jetzt segnet der Hausherr den ersten Becher, jetzt waschen sie sich die Hände, jetzt tauchen sie das Grünkraut in das salzige Wasser und essen es, jetzt segnet der Hausherr die Mazza und legt ein Stück beiseite, jetzt beginnt der Hausherr die Geschichte vom Auszug aus Ägypten zu lesen, jetzt singen sie das Hallel . . .

Ich hörte die Worte nicht. Ich schaute zum Mond auf, der, im Abnehmen, trüb über dem Tempelberg stand, und dann sah ich eine Katze auf einer Mauer schleichen, auf eine Ritze zu, in der eine Taube saß. Da überfiel mich solch ein bitterer Zorn, daß ich ihr einen Stein nachwarf und rief: Du sollst nicht töten!

Ich traf sie nicht, sie sprang über die Mauer, die Taube flatterte auf. Mord, Mord überall.

Ich hörte mich mit den Zähnen knirschen, wie Jehuda es tat.

Jehuda: jetzt ist er mit bei Tisch, jetzt trinkt er vom Wein, jetzt ißt er von der geteilten Mazza, jetzt tunkt er das Bitterkraut in das rote Fruchtmus, jetzt ißt er das Bitterkraut zwischen den zwei Stücken Mazza, jetzt trinkt er vom zweiten Becher. Und immer zugleich mit Jeschua, immer unter Jeschuas Blick. Wie erträgt er das? Jetzt tragen sie das gebratene Lamm auf. Jetzt essen sie. Daß sie essen können an diesem Abend. Bleibt keinem der Bissen im Hals stecken? Erstickt keiner an einem Knöchelchen?

Dieser Bratengeruch. Mir wird übel. Ich laufe weg. Aber der Geruch ist überall. So viele tote Lämmer. Mord, Mord. Ich kehre wieder zurück in meinen Win-

kel. Sie sind fertig mit dem Essen. Sie singen das Schlußgebet. Jetzt trinken sie vom dritten Becher...
Da öffnete sich die Tür, und einer kam heraus, drückte sich in den Mauerschatten, blieb dort eine Weile stehen und lief dann davon, als jage ihn einer. Wohin lief er? Was blieb ihm denn noch zu tun?
Im Saal begannen sie den zweiten Teil des Hallel zu singen. Zeit für mich. Ich klopfte das verabredete Zeichen an die Tür, jemand ließ mich ein, ich stieg die Steinstufen hinauf, trat in den Saal und suchte meinen Platz am Tisch. Jeschua wies ihn mir an: am Ende der Tafel. Am andern Ende saß seine Mutter. Der Platz ihm gegenüber blieb frei. Er blieb frei für immer.
Niemand fragte mich, warum ich so spät komme. Hernach erzählte mir Jochanan, der Rabbi habe, als ich zu Beginn fehlte, gesagt: Fangen wir an, sie kommt zur rechten Zeit.
Das Mahl war zuende. Jeschua stand auf und begleitete die Gäste zur Tür. Uns andern gab er das Zeichen zu bleiben. Wir setzten uns wieder. Was sollte noch kommen? Jeschua ließ eine Schüssel bringen, eine Kanne mit Wasser und ein großes Leinentuch. Wozu denn, wir hatten unsre Hände ja schon gewaschen.
Es waren nicht die Hände, die gewaschen werden sollten. Jeschua ließ Schüssel und Kanne auf den Boden stellen, band sich sein Gewand hoch und kniete nieder vor dem, der ihm zur Rechten am nächsten saß: Schimon. Der sprang auf: Rabbi, was tust du! Steh auf, ich bitte dich!
Setz dich, Schimon, damit ich dir die Füße waschen kann.

Rabbi, nein, nie und nimmer. Du, von dem der große Täufer sagte: Ich bin nicht wert, ihm die Sandalen zu binden!
Jochanan sagte leise: So tun die heidnischen Römer bei ihren Saturnalien. Da tauschen Herr und Diener die Rolle.
Jeschua hörte das: Ja, aber ihr Rollentausch ist ein Scherz und gilt nur für einige Tage. Für uns aber ist es ein Zeichen des Neuen Bundes zwischen Gottheit und Menschheit, und also zwischen Mensch und Mensch. In meinem Reich gibt es nicht Diener noch Herren, nicht Reiche noch Arme, nicht Mächtige und Ohnmächtige. In meinem Reich ist einer der Diener des andern. Auf diesem Wort steht mein Reich und steht der Friede dieser Erde. Also, setz dich, Schimon!
Während er nun einem nach dem andern die Füße wusch und trocknete, sagte er: Wenn ich von euch gehe, und dies wird sehr bald sein, so gehe ich, um zu kommen. Wenn ich nicht gehen würde, könnte ich nicht wiederkommen.
Schimon rief: Nimm uns mit, Rabbi! Wohin du auch gehst: ich will dir folgen. Mein Leben will ich für dich geben.
Jeschua sagte: Freund Schimon, noch heute nacht wirst du leugnen, mich zu kennen. Ehe der Hahn kräht und der Morgen dämmert, hast du mich schon verleugnet.
Rabbi, was sagst du! Nie und nimmer wird das sein.
Es wird so sein, Schimon. Aber es wird auch so sein, wie du sagst: du wirst dein Leben um meinetwillen verlieren.

Wann, Rabbi, wann?
Ich sah, daß Jeschua lächelte, denn wie Schimon das sagte, hörte es sich nicht an wie Begierde danach, für den Rabbi zu sterben.
Jeschua sagte: Wenn ich von euch gegangen bin, werde ich euch den Geist der Erkenntnis senden und mit der Erkenntnis der Wahrheit auch die Kraft, für sie zu sterben. Nicht alle von euch werden eines gewaltsamen Todes sterben, aber keinem von euch bleibt es erspart, durch den Tod zu gehen. Ich rede nicht von jenem Tod, den jeder stirbt nach Ablauf seiner Erdenjahre. Ich rede von dem Tod, welcher der Wiedergeburt im Geist vorausgeht.
Einer von uns fragte: Rabbi, wie kann man sterben und wiedergeboren werden vor Ablauf der Erdenjahre?
Jeschua sagte: Wer sich nicht hingibt für Größeres als sein Ich, der erfährt die Wiedergeburt nie und nimmer. Wer sein eigenes Ich festhält, der verliert es, wer es dahingibt, der wird es haben. Nur wer sein Erden-Ich im Feuer der Liebe verbrennt, der wird in mein Reich eingehen und mich dort wiederfinden, und es wird keine Trennung mehr geben.
Als die Reihe an mich kam, sagte er: Mirjam, du hast meine Füße mit deinen Tränen gewaschen. Jetzt ist es an mir, dir diesen Dienst zu erweisen.
Dann blickte er auf und sagte: Lächle, Makkabäerin! Der Sieg ist uns gewiß. Doch zähle du nicht mehr in Jahren und Jahrzehnten. Zähl wie ich in Aionen.
Dann ging er um den Tisch und kam zu seiner Mutter, aber er wusch ihr die Füße nicht. Er sagte: Du bedarfst

keiner Waschung, du bist rein von Anbeginn und die große Dienende.
Und er umarmte sie.
Dann ließ er Schüssel, Kanne und Tücher wegtragen und setzte sich wieder an seinen Platz. Die Sederfeier war längst zuende. Von den Gassen her hörte man Schritte und Reden und Lachen. Die Leute, die irgendwo zu Gast gewesen waren, kehrten heim, satt und heiter, denn Pesach war ein Freudenfest: die Erinnerung daran, daß unsre Vorväter aus der ägyptischen Fron befreit worden waren durch Mosche und die Wasser des Schilfmeeres über den ägyptischen Soldaten zusammenschlugen und Mirjam mit ihren Frauen sang und tanzte.
Jeschua wartete, bis es draußen still wurde. Dann ließ er eine frische Mazza kommen und einen großen Becher Wein. Nun brach er die Mazza in kleine Stücke und sagte: So werde ich zerbrochen, so wird alles Lebende zerbrochen, denn noch steht alles unter dem Gesetz des Todes.
Dann tunkte er ein Stückchen Mazza in den Wein, und sagte: Und so wird alles wieder vereinigt, wenn ich die Erde mit meinem Blut tränke. Von da an gilt nicht mehr das Gesetz des Todes, sondern das des ewigen Lebens im Geiste.
Er aß den ersten Bissen, der mit Wein getränkt war. Dann stand er auf, ging von einem zum andern, reichte jedem ein Stückchen von der Mazza und ließ ihn dazu einen Schluck Wein trinken.
Zum Sedermahl gehören vier Becher Wein. Dieser fünfte nun: gehörte er doch noch dazu als ein Zeichen

des Überflusses? Oder war er schon der erste Becher eines neuen Mahles?
Aber da war keine Zeit zum Denken, denn es geschah etwas, das vom Denken nicht erreichbar war und das alle gleicherweise erlebten, wir bestätigten es uns hernach: der Raum war kein Raum mehr, er war hinausgeweitet ins Grenzenlose, und mit dem Raum waren wir selbst aufgezehrt von einem stillen weißen Licht. Uns schien, wir seien eine unermeßliche Zeit so gesessen im Nirgendwo. Aber als Jeschua zu reden begann, merkte ich, daß ich meinen Bissen noch im Mund hatte. Nicht mehr Zeit war vergangen als zwischen Kauen und Schlucken.
Jeschua sagte: Was ihr gegessen und getrunken habt, das bin ICH, und ICH bin das Leben, das den Tod nicht kennt. So oft ihr dieses Mahl wiederholt, eßt und trinkt ihr MICH.
Dann stand er auf und sagte zu Jochanan: Bring meine Mutter nach Hause und komm rasch nach. Für mich ist es Zeit zu gehen. Hört, was ich euch sage: Bei alledem, was ihr seht in den nächsten Stunden und Tagen, laßt euch nicht verwirren. Es muß geschehen. Bedenkt: es ist mein Wille von Ewigkeit her. Ich muß gehen, um wiederkommen zu können. Habt ihr das verstanden? Werdet ihr daran denken, wenn ihr mich seht als einen Wurm, getreten, geschlagen, angespuckt und am Kreuzpfahl hängend? Es ist nur Pesach: Vorübergang. Durchgang. Nun kommt, ich will diese Nacht, soviel von ihr mir noch bleibt, auf dem Ölberg verbringen.
Er sagte nicht: Kommt mit! wie er es sonst tat. Aber

wir folgten ihm alle. Wir gingen durch die Unterstadt und durchs Kidrontal. Dort mußten wir ein kleines Tor passieren. Es war schwer bewacht. Wieso ließen die Wachen uns durch? Jochanan, der uns nachgelaufen war, sagte ihnen leise etwas, woraufhin sie den Weg freigaben. Wußte er die Parole? Wer hatte sie ihm gesagt? Nikodemus? Oder hatte er andre Freunde unter denen vom Hohen Rat?

So kamen wir an die Wegbiegung, wo es rechts nach Bethania ging, links zu dem Olivenhain, der zum Landgut Gathschemane gehörte. Meine jähe Hoffnung: Jeschua biege nach rechts ab, ginge nach Bethania, schliefe dort in Sicherheit, und morgen würden wir das Land verlassen, und alles wäre gut. Und dann? Dann was? Es gab kein Dann und kein Anders. Er mußte nach links abbiegen, er mußte in den Hain eintreten, er mußte seinen Weg zuende gehen.

Ich ging mit. Ich wäre mit ihm in den Tod gegangen, hätte er es erlaubt.

Schimon aber sagte: Rabbi, ist es klug, hier zu bleiben? Die Torwächter haben dich erkannt. Sie können dich den Häschern verraten.

Schimon, mich hat bereits ein andrer verraten.

Rabbi, wer es auch ist: ich werde ihn aufspüren und erledigen. Er soll sich nur zeigen! Der wird etwas zu spüren bekommen! Hier! Das Ding da!

Und er schlug auf seine Gürteltasche, in der er den Dolch trug.

Schimon, Schimon! Geh weg von mir! Dein Verrat wäre genau so schlimm wie der desjenigen, den du erstechen willst.

Rabbi, ich rede ja nur aus Liebe zu dir und nicht wie jener.
Schimon, maße dir kein Urteil an. Es gibt viele Formen der Liebe. Rede nicht wie ein Knabe. Ich sage dir: nicht einmal in Gedanken sollst du töten.
Aber wenn dich jemand angreift, Rabbi...
Jeschua gab ihm keine Antwort, denn Schimon wußte sie.
Wir gingen weiter, bis Jeschua sagte: Bleibt ihr hier und wacht.
Sei sicher, daß wir wachen in dieser Nacht! Wir werden abwechselnd Wache stehen. Sei unbesorgt!
Er ging weiter. Es war dunkel unter den alten Ölbäumen. Ich setzte mich so, daß ich Jeschua sehen konnte, aber auch den Weg, der von der Stadt her hier heraufführte. Ich saß abseits von den andern. Wache wollten sie stehen? Einer nach dem andern setzte sich. Eine Weile hörte ich sie noch reden. Dem Tonfall nach sagten sie Gebete auf. Dann wurde es immer stiller: sie waren eingeschlafen.
Nach einer Weile hörte ich Jeschuas Schritt und Stimme: Ihr schlaft? Wolltet ihr nicht mit mir wachen?
Sie sprangen auf wie ertappte Kinder. Kaum war Jeschua wieder gegangen, schliefen sie von neuem ein, und wieder nach einer Weile kam Jeschua und fand sie schlafend, und so ein drittes Mal.
Beim dritten Mal sagte er: So schlaft denn. Die Nacht wird lang sein.
Warum dachte er nicht an mich? Mußte er nicht wissen, daß ich mit ihm wachte? Wer sonst als die, die er Makkabäerin nannte?
Aber nun schlich ich ihm nach, bis ich ihm nahe war. Ganz

gewiß hatte er meine Schritte gehört, und ganz gewiß fühlte er meine Nähe. Aber er wandte sich nicht um. War ich ihm eine Störung in dieser Stunde? Er konnte mich wegschicken. Er tat es nicht. Er duldete die Zeugin.

Er lag auf den Knien. Als der Mond weiterwanderte, fiel zwischen zwei Baumkronen ein wenig Licht auf ihn. Sein Gesicht war naß von Schweiß. Er sah aus wie einer, der aus einem Ringkampf kommt.

Rabbi! Ich bin da.

Ich weiß, Mirjam.

Soll ich gehen?

Bleib. Komm näher.

Rabbi, wie kalt deine Hände sind. Heute sind die meinen warm.

Mirjam, wenn wir uns wiedersehen, werde ich am Pfahl hängen, und du wirst darunter stehen, und unsre Augen werden sich ein letztes Mal begegnen. Aber unsre Trennung wird kurz sein. Sei also tapfer, meine Makkabäerin! Deine Tapferkeit stärkt mich.

Rabbi, nimm meine Kraft! Du leidest über alles Maß.

Es ist MEIN Maß, Mirjam. Dazu kam ich auf die Erde, um alles menschliche Leid zu leiden. Euer Leiden ist das meine. Alle Verwundungen dieser Erde treffen mich. Alle Verzweiflung fällt auf mich. Das Maß eurer Leiden muß ich aufwiegen mit den meinen. Fehlte auch nur ein wenig, die Waage käme aus dem Gleichgewicht. Geh jetzt, Mirjam! Auch dieser Trost ist mir jetzt verboten.

Keine Umarmung mehr. Er war mir schon entzogen. Aber ich war nicht fähig, ihn allein zu lassen. Ich verbarg mich hinter einem Baum. Auch ich mußte mein volles Maß leiden. Ihn so leiden zu sehen, war Übermaß.

Plötzlich sah ich Lichter zwischen den Ölbäumen. Sie bewegten sich in einer Reihe den Berg herauf. Freund oder Feind?

Jeschua mußte sie gesehen haben. Er stand auf und ging ihnen entgegen. Da wachten die Schlafenden auf. Sie scharten sich um Jeschua. Sie begriffen: Das waren Häscher, es war soweit.

Er schob die Jünger beiseite und ging dem Haufen der Häscher weiter entgegen.

Wen sucht ihr?

Jeschua, den Galiläer, den Rabbi aus Nazareth.

Ich bin es.

Was geschah denn da? Warum ergriffen sie ihn nicht? Warum wichen sie zurück? Für einige Augenblicke war es, als werde ein lebendes Bild zu Stein.

Was hatten diese wüsten Soldaten gehört?

ICH BIN ES.

Weiter nichts. Aber dies war DAS Wort.

Da löste sich einer aus der Erstarrung. Jehuda trat auf Jeschua zu: Schalom, Rabbi!

Und er küßte ihn.

Jeschua schaute ihm voll ins Gesicht. Ich stand sehr nahe. Ich sah Jeschuas Blick: er war voller Mitleid und voll von etwas, das ich Respekt nennen muß. Einen Augenblick standen sie sich gegenüber wie Brüder, gleich zu gleich, schicksalsbedingt alles, Jehudas Gesicht sah ich nicht, doch hörte ich Jeschua sagen: Freund, was tust du? So sanft sagte er es, daß man erwarten konnte, diese Sanftmut entwaffne Jehuda. Jedoch war es gerade diese Sanftmut, die Jehuda rasend machte. Hätte Jeschua in diesem Augenblick sich gewehrt, hätte er gerufen »Auf zum Kampf gegen die Römer« – Jehuda hätte ihn auf seinen Schultern getragen und die Häscher in Anhänger verkehrt.

Doch das eben geschah nicht. Jeschua streckte den Häschern seine Hände entgegen wie zum Gruß.

Sie fesselten ihn mit Stricken.

Da sprang Schimon wie ein Rasender auf und zog den Dolch.

Nein, nicht! So nicht! rief Jeschua.

Aber Schimon hatte schon losgeschlagen, blindwütig, und er traf einen der Häscher am Ohr. Dann aber bekam er Angst und floh. Statt seiner packte der Häscher mich, doch bekam er nur meinen weißen Umhang zu fassen, der blieb in seinen Händen. Dann floh auch ich.

Alle flohen wir, wenn auch nicht alle gleich weit. Heute denke ich: Was hätten wir tun können in dieser Stunde? In die Stadt rennen, die Aufständischen zusammenschreien, das Signal zum Großen Aufstand geben?

Die Jünger Jeschuas: Feiglinge. Später wurden sie Helden, und einige von ihnen starben große Tode für ihre Treue zu Jeschua.

In einigem Abstand folgten wir dem Zug der Häscher. Aber das Tor fiel hinter ihnen zu. Strafe für unsre Feigheit: der Ausschluß von der Teilnahme am Fortgang der großen Tragödie. Aber wieder wurde uns auf ein Wort des Jochanan geöffnet. Es gelang uns, den Häschern auf den Fersen zu bleiben.

Wohin brachten sie Jeschua?
Sie bogen vom Kidrontal bei der Unterstadt ab und stiegen den Treppenweg hinauf zum Haus des Hananja. Im Hof des Hauses endete der Weg.
Warum Hananja? Er war nicht Hohepriester in diesem Jahr, er war nur der Schwiegervater des damaligen Hohepriesters Kaifas.
Hananja war nicht zuständig für ein Verhör, aber vielleicht sollte es kein Gerichtsverhör sein, vielleicht hatte dieser erfahrene Alte seine Zweifel an allem, was man über diesen Jeschua sagte, im Bösen wie im Guten, vielleicht auch hatte er ein wirkliches Interesse, wer weiß.
Was ist der Inhalt deiner Lehre? In wessen Namen trittst du auf, in wessen Namen heilst du Kranke und treibst Dämonen aus?
Jeschua sagte: Ich habe öffentlich gelehrt, alle konnten mich hören, ich habe öffentlich geheilt, alle konnten mich sehen. Was fragst du also?
Da schlug ihn einer, der neben ihm stand, ins Gesicht: Du hast zu antworten, wenn du gefragt bist.
Jeschua sagte leise, aber man hörte ihn doch im ganzen Hof: Habe ich unrecht geredet, so beweise es mir; habe ich aber recht geredet, warum schlägst du mich?
Ich war nahe daran zu schreien: Ist es vom Gesetz erlaubt, einen zu schlagen, der noch gar nicht verurteilt ist?
Aber ich biß in meine eigene Hand und zwang mich zum Schweigen.
Offenbar dachte Hananja ebenfalls, daß man ungesetzlich handle, und so sagte er mürrisch, der Szene schon überdrüssig: Führt ihn ab.

Man tat es. Wir folgten ihm. Niemand hielt uns auf. Im Hof des Hauses, in dem Kaifas seinen Amtssitz hatte, ließ man Jeschua warten, gefesselt. Nicht einmal sich zu setzen erlaubte man ihm. In der Mitte des Hofes brannte ein Feuer. Ich hätte mich gerne gewärmt, die Nacht war kalt, doch wagte ich mich nicht ins Helle. Schimon wagte es. Eine Magd, die Holz nachlegte, schaute ihn mißtrauisch an: Du bist doch einer von den Anhängern des Angeklagten, du!

Ich?

Ja du!

Aber ich kenne diesen Mann nicht.

Du verrätst dich, du redest Galiläisch wie er.

Ich schwöre, ich kenne den da nicht.

Da krähte ein Hahn in die Morgendämmerung hinein.

»Ehe der Hahn kräht, Schimon ...«

Jeschua drehte sich nach Schimon um. Der lief davon. Man ließ ihn laufen.

Armer Schimon. So lang er lebte, beweinte er diesen Augenblick. Doch andrerseits: was hätte er tun können? Was er wollte, war ja nur dies: in der Nähe des Rabbi sein, so lange es möglich war.

So blieben nur Jochanan und ich, Jochanan mit irgendeiner geheimen Erlaubnis, die dann auch für mich galt. Jeschua mußte fühlen, daß wir nahe waren. Einmal drehte er sein Gesicht in die Richtung, in der ich saß. Ich flüsterte seinen Namen, doch glaube ich nicht, daß er mich hörte. Man ließ ihn warten.

Die Schergen langweilten sich. Sie verbanden ihm die Augen, schlugen ihn und sagten: Prophet, weissage, wer wars, der dich geschlagen hat?

Ein Kinderspiel.
Ich zitterte vor Zorn. Wenn ich aufspränge und riefe: Spielt das Spiel mit mir, schlagt mich, laßt diesen da in Ruhe!?
Unsinniger Gedanke. Wer hätte mich geschlagen, eine Frau, nicht angeklagt? Ein Gelächter hätte es gegeben, nichts sonst.
Bei jedem Schlag, den sie ihm versetzten, grub ich meine Fingernägel tiefer in meine Handflächen. Wenigstens das. Endlich wurde Jeschua abgeführt, weiterhin gefesselt. Diesmal galt Jochanans Wort nichts, man hielt uns zurück. Ich drückte einem der Polizisten ein Geldstück in die Hand. Er nahm es, aber er ließ uns nicht passieren.
Man führte Jeschua zum Hohepriester Kaifas.
Was dort geschah, erfuhren wir von Nikodemus zwischen der Verhandlung bei Kaifas und jener bei Pilatus. Jeschua bekam tatsächlich einen Prozeß, der gesetzlich war. Sogar Zeugen hatte man beigebracht und verhörte sie einzeln. Was hat er gesagt vom Tempel, von Zerstörung und Aufbau? Aber die Aussagen widersprachen sich. Wie auch hätten ein paar Leute das Prophetenwort im Gedächtnis behalten, da sie es nicht verstanden. Zuletzt brach die ganze Anklage zusammen. Dem Gericht blieb nichts in Händen.
Ratlosigkeit und große Erregung.
Blieb nur noch, den Angeklagten zum Eingeständnis zu bringen.
Aber Eingeständnis welcher Schuld?
Was sagst du selbst zu den Anklagen, die gegen dich vorgebracht wurden?

Jeschua, vor den Stufen, auf denen Kaifas stand, niedriger als er, schien dennoch größer, und er blickte auf den Hohepriester wie ein Starker ruhig auf einen kleinen Schwachen niederschaut, und Kaifas, so sagte Nikodemus, wurde sich dessen bewußt, und es verwirrte ihn, und die Verwirrung wuchs, als der Angeklagte schwieg.

Du hast zu antworten!

Schweigen.

Antworte!

Schweigen.

Da stieg Kaifas die Stufen herunter, trat dicht vor Jeschua, faßte ihn am Gewand und rief: Ich beschwöre dich beim Ewigen, daß du uns sagst: Bist du der Messias, der Sohn des Höchsten?

Das war, sagte Nikodemus, keine Frage in einem Gerichtsverhör, sondern die gewaltige und verzweifelte Frage Jisraels, vielmehr keine Frage mehr, sondern eine Beschwörung mit dem Gebrauch der höchsten und heiligsten Schwurformel, die Jisrael kennt, und auf die nicht oder falsch zu antworten Gotteslästerung ist.

Eine ungeheure Stille folgte.

Jeschua aber, gezwungen zu antworten, sagte, ohne die Stimme zu erheben, ganz einfach, so als antworte er auf eine gewöhnliche Frage: Du sagst es.

Da hatten sie nun, was sie wollten: die Gotteslästerung. Kaifas zerriß sein Gewand, ein wüster Tumult erfüllte den Gerichtshof: Er ist des Todes schuldig!

Aber, Rabbi Nikodemus, sagte ich, das ist doch falsch ausgelegt. Er hat nicht gesagt: ich bin der Messias und der Sohn des Höchsten, er hat gesagt: Das sagst du. Das hieß doch: Du behauptest das, nicht ich. Und noch etwas: daß er sich für den Messias ausgab, wie einige vor ihm straflos es taten, konnte man doch gar nicht im selben Atemzug sagen mit der andern Satzhälfte: der Sohn des Höchsten. Das waren doch zwei ganz verschiedene Anklagen, wovon die erste noch dazu keine war. Das stimmt doch alles nicht.

Mirjam, es stimmt alles und nichts. Was immer Jeschua antworten konnte: es wurde falsch gehört, weil es falsch gehört werden sollte, da es so bestimmt war von Ewigkeit her.

Das Urteil war also gesprochen: des Todes schuldig. Aber das jüdische Gericht konnte es nicht rechtskräftig machen. Dazu war nur der Vertreter Roms befugt: Pontius Pilatus.

Es war Morgen geworden, die Stadt war schon wach. Ein Ameisenhaufen. Man wurde gestoßen, geschoben, getreten. Die Pilger fürs Fest waren da, und es kamen immer noch mehr, ganze Familien, halbe Dörfer mit Eseln und Proviant für die ganze Woche, und jene, die keine Herberge fanden, gingen zurück zur Stadtmauer und suchten sich außerhalb Lagerstätten, Zeltplätze, Hütten, Höhlen. So flutete es hinaus und herein, und Jochanan und ich hatten Mühe, Seite an Seite zu bleiben.

Jochanan, diese da, sie haben keine Ahnung, was heute geschieht und daß in diesen Stunden ihr Geschick entschieden wird. Hör doch, wie sie schwatzen und lachen. Sie alle leben. Schau, wie sie leben. Alles darf leben: die Tauben, die Hunde, die Katzen, die Eidechsen, die Esel, und in der Erde lebts, und das Gras lebt und die Würmer in der Erde, die Sonne scheint auf all das Gewimmel von Leben. Er aber muß sterben, Jochanan. Er wird sterben! Ja ja, ich weiß schon, was du sagen willst. Sei still du. Was weißt du von meiner Liebe. Schweig, um alles, sag jetzt kein falsches Trostwort, keinen frommen Spruch, sonst schreie ich!

Er schaute mich entsetzt an, meine Haare hatten sich gelöst, ich muß ausgesehen haben wie eine Tollwütige.

Er schwieg also. Ich wußte, was er dachte: Als ob ich, Jochanan, den der Rabbi liebt, nicht auch litte! Was weißt hinwieder du von meiner Liebe.

So gingen wir eine Weile, geschoben und gestoßen, nebeneinander weiter, und ein jeder litt ein Übermaß an Trauer und Angst.

An einer Ecke prallte einer auf uns, der laut und furchtbar vor sich hinfluchte und sich im Laufen das Gewand zerriß. Ein Wahnsinniger.

Jehuda.

Er lief weiter, stolperte, fiel, stand wieder auf und verlor sich in der Menge.

Schließlich kamen wir auf dem großen Platz vor dem Prätorium an. Was wollten diese vielen Leute hier zu so früher Stunde? Und was für Leute waren das? Fromme Pilger nicht, die gingen zum Tempel. Brave Kaufleute und Feudalherren auch nicht. Solche Gesichter, mager und hart und entschlossen, sind Rebellengesichter.

Ich fragte einen der Männer: Was ist denn hier im Gange?

Nichts ist im Gange. Das siehst du doch.

Ein andrer sagte: Und weil nichts im Gang ist, darum sind wir hier.
Ich sagte: Es soll also wieder in Gang kommen?
Was schwätzt du? Dies hier ist kein Platz für Weiber.
Ich sagte leise: Euer Losungswort, wie heißt es: Jeschua von Nazareth oder Bar Abba?
Wer bist denn du?
Eine, die den Rabbi Jeschua gut kennt.
Dann kennst du einen Sack voller Wind.
Wie redest du von ihm, du!
Hoho, altes Mädchen. Hüte deine Zunge und deine Augen.
Der andre sagte: Der hat ausgespielt, den pfählen sie, da sei sicher.
Jochanan gab mir einen Fußtritt, damit ich schwiege. Ich schwieg aber nicht.
Was hat euch dieser Rabbi Jeschua Böses getan?
Hoffnung gemacht, und uns dann im Stich gelassen.
Ehe ich etwas sagen konnte, zog mich Jochanan weiter. Wir drängten uns nach vorn und standen schließlich dicht vor der Terrasse, auf der Pontius Pilatus erscheinen würde.
Wie wenn ein Bienenschwarm nach und nach sich niederlassend sein Brausen einstellt, so wurde es still auf dem Platz, denn es kam ein Zug von Hohepriestern und Schriftgelehrten und Polizisten, und in ihrer Mitte Jeschua, noch immer gefesselt. So still wurde es, daß man die Tauben gurren hörte. Dann kam Pilatus aus dem Gebäude. Das war erstaunlich. Sonst verhandelte er hinter geschlossenen Türen. Aber da es Juden verboten war, vor dem Pesachfest ein Gerichtsgebäude zu betre-

ten, mußte der Römer, um mit ihnen zu verhandeln, sich bequemen, herauszukommen.
Pilatus setzte sich.
Jeschua stand seitlich von ihm. Die beiden schauten sich an.
Dann gab Pilatus das Zeichen, die Priester mögen ihre Anklage vorbringen. Einer sprach:
Dieser Mann, Jeschua Ben Josef aus Nazareth in Galil, Rabbi, Wanderprediger, ist die Ursache großer Unruhen in unserm Volk. Er behauptet, der Messias und der König der Juden zu sein.
Pilatus kannte die Geschichte. Kaifas oder ein andrer aus dem Hohen Rat hatte sie ihm in den allerersten Morgenstunden bereits überbracht.
Wie er über den Fall dachte, erfuhr ich einige Stunden später von Veronika, die insgeheim über eine Freundin Verbindung mit Procula, der Frau des Pilatus, aufgenommen hatte.
Pilatus war also schon vor dem Besuch einer der Männer aus dem Hohen Rat im Bilde. Er wollte nichts mit dieser Sache zu tun haben, die so jüdisch war, daß er sie nicht verstand.
Was, bei Jupiter und allen Göttern, hatte dieser Jude Jeschua verbrochen? Das Volk aufgewiegelt? Das Volk war schon seit hundert Jahren in Unruhe, nicht erst seit drei Jahren, seit dem Auftreten dieses Galiläers. Verständlich, daß das Volk unzufrieden war. Welches besetzte Volk war je zufrieden. Im übrigen hatte dieser Jeschua nie etwas gegen die Römer gesagt, jedenfalls nicht direkt und vor zuverlässigen Zeugen. Es gab ganz andre Rebellen, und nie hatten die Juden deren Tod ver-

langt. Da war dieser Bar Abba, der war ein Rebell, ein Anführer, der saß ja nun im Kerker, und keiner vom Hohen Rat kümmerte sich um ihn. Was also war Besonderes mit diesem da?
Ich kann keine Schuld finden.
Großes Geschrei: Er hat sich zum Messias erklärt!
Pilatus sagte ärgerlich: Bei euch laufen genug Männer herum, die behaupten, sie seien der Messias. Das ist kein todeswürdiges Verbrechen. Im übrigen: ist er nicht Galiläer? Dann untersteht er dem Tetrarchen Herodes. Er ist zu euerm Fest in der Stadt. Man bringe diesen Mann hier zu ihm.
Das Volk murrte. Wozu diese Umstände? Wozu Verzögerung?
Man führte Jeschua, immer gefesselt, zum Hasmonäer-Palast, wo Herodes, der sonst in einem seiner andern Paläste, in Jericho oder Cäsarea lebte, in diesen Tagen hauste, denn auch er war ja Jude, wiewohl, so sagte man, nicht rein dem Blute, doch dem Glauben und der Beschneidung nach, und so war er also zum Fest in Jeruschalajim. Als Jude teilte er den Haß der Juden auf die Römer. Als einer der reichsten und mächtigsten Leute im Land haßte er aber auch das unruhige niedre Volk und alle Rebellen und alle neuen Ideen. Im Grunde haßte er alle und alles. Ein unglücklicher Mann. Seitdem er, angestiftet von seiner Frau und seiner Stieftochter, den Täufer hatte köpfen lassen, hatte er keine ruhige Stunde mehr. Man sagte, er irre nachts im Palast herum und sehe Gespenster, die ihm ihre Köpfe auf silbernen Platten präsentieren. Die Sache mit diesem Jeschua machte ihn aufs neue unruhig. War er nicht viel-

leicht doch der wiedergekehrte Täufer? Schon begannen Leute am Hof zu sagen, man müsse den Galiläer unschädlich machen. Aber gab es dafür einen Grund? Es gab keinen. Ihn einfach umbringen lassen? Ging auch nicht: zu viel Volk stand hinter diesem Rabbi.

Da kam nun die Gelegenheit zu einer glatten Erledigung dieser mißlichen Sache. Er und der Römer haßten sich, aber was machte das jetzt? Wenn der Römer diesen Jeschua umbringen ließ, ging das ihn, Herodes, rein gar nichts an. Das römische Gesetz bezog sich auf jeden, der in einer römischen Provinz wohnte und (hier lag freilich ein Haken) sich gegen Rom vergangen, das heißt die Staatssicherheit gefährdet hatte. Konnte man das diesem Galiläer nachsagen?

Man konnte: Er hat gesagt, er sei der Messias. Vom Messias aber ist gesagt, er werde der König der Juden sein, und was heißt das andres, als daß er Jisrael befreie von der Besatzungsmacht. Wenn das nicht gegen die Römer gesprochen ist!

Was hat er gesagt? Genau! Wo sind Zeugen?

Wir, der ganze Hohe Rat.

Gebt den Wortlaut!

Er hat auf die Frage des Hohepriesters, ob er der Messias und der Sohn des Höchsten sei, geantwortet, er sei es.

Das ist indirekt gesagt. Wie war die direkte Rede?

Er hat auf die Frage geantwortet: Du sagst es.

Zweideutig. Kann heißen: es ist, wie du sagst, es kann heißen: das sagst du, nicht ich.

Jüdische Rabulistik! Ob so oder so: mit einem klaren Nein hat er nicht geantwortet, und ein halbes Nein ist

ein halbes Ja, und ein halbes Ja ist schon ein Zugeständnis.
Nun, das kann man drehen und wenden. Aber meine Frage ist: was schadet das Rom, einer Weltmacht? Und hier dieser kleine Jude. Ein Hund, der den Mond anbellt. Laßt ihn laufen, den Narren.
So redete er, weil er Angst hatte. Seine Meinung war anders. Aber er sah wieder einmal in einer Art Nebel das abgeschlagene Haupt des Täufers, seine Haare stellten sich auf, und auf seine Stirn trat Schweiß.
Kleiner Jude, sagst du. Schon, schon. Aber es ist ihm immerhin gelungen, einen Haufen Anhänger zu gewinnen. Das Volk ist in Unruhe. Ob dieser Galiläer oder ein andrer: irgendeiner kann es zum Aufstand führen, da es nun schon, wieder einmal, aufgestört ist. Da muß ein Exempel gezeigt werden. Ließe man das hier so laufen, würde das den Aufständen Tür und Tor öffnen. Das würde Schule machen. Hier Erez Jisrael, dort Macedonia, dort Epirus, dort Mauretania, Aegyptus, Hispania, Gallia, Illyrium, Britannia, Raetia. Zieh einen Balken aus dem Bau, und er wackelt. Kolonialvölker brauchen eine Eisenfaust. Nun also: bist du Freund oder Feind Roms? Du weißt: Roms Feind zu sein, ist gefährlich, Roms Freund zu sein, einträglich.
Herodes versprach, sein Bestes zu tun im Sinne Roms.
Man führe ihn mir vor!
Dies alles wußten wir nur durch Berichte. Jochanan hatte überall Freunde, die ihm erzählten, was sonst verschwiegen wurde. So erfuhren wir auch, wie das Verhör, oder wie mans nennen soll, vor Herodes verlief.

Es war, als hätte es nicht stattgefunden, denn Jeschua schwieg.
Er würdigte Herodes keines einzigen Wortes.
Das verwirrte den Herodes. Dieses Schweigen war so männlich entschlossen, so endgültig, so würdevoll, daß es Respekt abnötigte. Herodes, ohnehin seit Jahren geisteskrank, wenn auch nur zeitweise, fürchtete sich vor diesem Schweigen. Vermutlich sah er das für immer schweigende Haupt des Täufers vor sich.
Bringt diesen Mann weg! schrie er, tut mit ihm, was ihr wollt. Mir aus den Augen!
War das nun eine klare Auskunft für Pilatus? Keineswegs. Aber Pilatus las daraus, was er lesen wollte: daß Herodes ihm nicht so und nicht so in den Rücken fallen werde. Aber was half ihm das eigentlich? Nun: Herodes hat diesen Jeschua nicht verurteilt. Damit konnte man operieren. Mal sehen, wie weit man damit bei denen kommt.
So verkündete er also öffentlich: Herodes hat den Angeklagten zurückgeschickt, ohne ihn zu verurteilen.
Mit dem Aufruhr, der sich jetzt erhob, hatte er nicht gerechnet. Er hielt sich die Ohren zu und ging ins Haus zurück. Dieses jüdische Tohuwabohu war gegen seinen Geschmack. Mögen die sich erst einmal austoben!
In diesem Augenblick muß es gewesen sein, daß ihm seine Frau die Botschaft schickte: Laß diesen Mann frei, er ist unschuldig, ich habe die ganze Nacht seinetwegen gelitten in Alpträumen und wachem Denken, zieh dich zurück aus dieser Sache, sie bringt dir Unglück.
Dies auch noch. Er war ungeheuer verwirrt. Procula hatte sicher recht: die Juden würden die ganze Schuld

am Tod eines der Ihren den Römern zuschieben. Ließ er aber diesen einen Juden leben, würde er von Rom als Judenfreund und Feigling und was sonst noch getadelt werden, mindestens das, wenn nichts Schlimmeres. Man sprach in Rom ohnehin schon zu oft von den Unruhen in Judaea und daß der Statthalter unfähig sei, Ruhe zu schaffen. Eins wie das andre: Unheil. Verwünschtes Judenpack, verwünschtes Land, verwünschter Adonai oder wie ihr Gott hieß.

Ließ er diesen Juden, der so viele Anhänger hatte, umbringen, konnte ein Aufruhr entstehen, ließ er ihn nicht umbringen, konnte auch ein Aufruhr entstehen. Dieses Volk war undurchschaubar. Religiöse Fanatiker. Fremd, sehr fremd, und sehr bedrohlich, weil unberechenbar.

Das Volk im Hof schrie: Pilatus, Pilatus!

Da trat er hinaus, und im Hinausgehen fiel ihm etwas ein: nicht das Todesurteil, das nicht, aber eine öffentliche Strafe, das wohl, eine Geißelung, das war üblich, dabei kann das Volk zuschauen, das wird genügen, das kochende Blut zu kühlen.

Er war erleichtert. Das war der rettende Einfall. So meinte er.

Er sagte: Der Angeklagte ist nach dem römischen Recht nicht der Aufwiegelung zum Aufstand für schuldig befunden. Die Todesstrafe kann nicht verhängt werden. Jedoch muß er bestraft werden...

Er stockte. Wofür eigentlich?

Das Volk brauchte keine Antwort. Es schrie: Wäre dieser da kein todeswürdiger Verbrecher, hätten wir ihn nicht vor dich gebracht!

Pilatus drohte, er werde den Hof des Prätoriums räumen lassen, wenn nicht Ruhe würde.
Es wurde Ruhe.
Zwei Folterer banden Jeschua an eine Säule, dann gab Pilatus das Zeichen zur Geißelung. Die Geißeln pfiffen. Sie waren nicht wie unsre jüdischen, die nur geflochtene Riemen waren. An die römischen waren Bleikugeln und spitze Gegenstände gebunden.
Ich stand so nahe, daß ich sehen konnte, wie Jeschuas Haut platzte. Ich betete: Adonai, laß ihn bewußtlos werden, laß ihn nichts spüren, schlag mich statt seiner.
Aber Jeschua wurde nicht bewußtlos. Kein Laut kam über seine Lippen. Er hielt die Augen geschlossen. Pilatus wandte sich ab.
Das Volk zählte die Geißelhiebe. Vierzig war die vorgeschriebene Zahl nach jüdischem Gesetz. Beim dreißigsten Schlag sank Jeschua zu Boden, soweit es die Stricke gestatteten.
Pilatus gab das Zeichen zum Einhalten. Er fürchtete, Jeschua sei tot. Ich wünschte es.
Aber die Folterer zogen ihn hoch und banden ihn los. Er stand aufrecht. Sein nackter Oberkörper war blutig zerschnitten und zerfetzt.
Ich schrie auf, ich schrie seinen Namen. Jochanan hielt mir den Mund zu. Jeschua hatte meinen Schrei gehört, er öffnete die Augen. Ob er mich sah, weiß ich nicht.
Und jetzt sagte Pilatus jene Worte, die nachher jeder gehört haben will und über deren Bedeutung man sich den Kopf zerbrach.
»Seht euch den Menschen an!«

Was wollte Pilatus damit sagen?
Vielleicht dies: Schaut euch den da an, das ist doch kein Messiaskönig. Das ist ein armer geschlagener Mensch.
Oder dies: Das ist doch nicht der Typ des harten Widerstandskämpfers, das ist ein Lamm, kein Tiger, was fürchtet ihr von so einem?
Oder: Schaut, mit welcher Würde er das alles erträgt. Respekt vor ihm.
Oder: Schaut, wie er zugerichtet ist. Genügt es euch jetzt?
Für mich hieß das: Seht, dieser da ist DER Mensch, der Beispielhafte, das Höchste, was diese Erde trägt.
Als Jeschua so zwischen Pilatus und dem Volk stand, rief eine einzelne Stimme: Er ist des Todes schuldig, ans Kreuz mit ihm!
Eine unbekannt gebliebene Stimme. Andre fielen ein, ein wüstes Geschrei und Gebrüll erhob sich.
Hier hatte der Fürst der Finsternis seine Hand im Spiel, und das Volk erlag seiner Verführung, ohne wirklich zu wissen, was es tat.
Pilatus selbst erkannte, daß dieser Haß wie eine Krankheit war, wie die Hundetollwut. Er wandte sich angewidert ab. So benahm sich nicht einmal der römische Mob.
Jetzt mußte Pilatus das endgültige Urteil sprechen. Aber er versuchte erneut einen Ausweg.
Wie kann ich, ein Römer, euren König hinrichten?
Unsern König? Dieser da? Wir haben keinen König außer dem römischen Kaiser.
Ich schämte mich für dieses mein Volk. Wie es jetzt kroch vor den Römern! Wie es ableugnete, überhaupt einen König haben zu können und zu wollen.

Wir haben nur einen Herrscher, den römischen Kaiser!
Das war eine offene Anerkennung der Besatzer. Das war die politische und geistige Kapitulation. Ich habe nie vorher und nie nachher geflucht. Jetzt tat ich es. Jochanan hielt mir den Mund zu.
Pilatus nahm zur Kenntnis, was er hörte, doch machte er noch einen allerletzten Versuch, diese mißliche, peinliche, gefährliche Sache aus der Welt zu schaffen.
Er trat wieder vor, gebot Ruhe und sagte: Ich habe die Pflicht, zum Pesachfest einen politischen Gefangenen freizugeben. So will ich diesen hier freigeben.
Die Antwort des Volkes war ein einziger Wutschrei: Nicht den da, sondern den Bar Abba gib frei!
Pilatus saß wiederum vor einer Falle: diesen Bar Abba freilassen hieß, dem Widerstand im Untergrund einen der Fähigsten zurückzugeben. Was wird Rom dazu sagen? Ihn nicht freigeben und statt dessen diesen einerseits harmlosen, andrerseits so unergründlich gehaßten Galiläer, das hieß sich mit diesen fanatischen Juden noch mehr verfeinden. Was tun?
Er schaute den Gefesselten und Zerschlagenen an. Der war erledigt, der hatte seine Lektion bekommen. Im Kerker aber saß der Starke, der Gewalttäter, der, freigelassen, zur selben Stunde die Widerstandskämpfer wieder in die Hand bekam.
Pilatus fürchtete sich, das sah man. Er schaute hierhin und dorthin, ob kein hilfreiches Zeichen erscheine, er schaute sogar Jeschua an: konnte dieser seltsame Angeklagte nicht ein Wort der Verteidigung sagen, ein Prophetenwort oder derlei?

Jeschua erwiderte seinen Blick. Ich sah es. Es war ein Blick, der den Pilatus verfolgte und ihn einige Jahre später in den Selbstmord trieb, wie man aus Rom berichtete, wohin er zurückberufen wurde seiner Unfähigkeit wegen. Unfähigkeit? Was sollte er tun? Konnte ein andrer es besser machen?

Der es besser machte, hieß Florus, der kam drei Jahrzehnte später. So gut machte er seine Sache, daß von Jeruschalajim kein Stein auf dem andern blieb und das Volk Gottes in langen Sklavenzügen abgeführt wurde nach Rom. Alle für einen, nicht: einer für alle, wie Kaifas im Hohen Rat gesagt hat: Besser, einer stirbt, als daß das Volk die Folgen des Aufstands zu tragen bekomme.

Jetzt fand der Austausch der Gefangenen statt: Bar Abba wurde aus dem Kerker geholt. Das Volk jubelte, es trug ihn auf den Schultern, der Hof leerte sich. Pilatus ging ins Praetorium zurück.

Einige Augenblicke stand Jeschua noch da. Ich rief seinen Namen. Jetzt sah er mich und Jochanan. Aber schon wurde er abgeführt, vielmehr hinweggetrieben mit Fußtritten, Püffen und Flüchen.

Wir konnten ihm nicht mehr folgen, denn er wurde durch eine hintere Pforte abgeführt, und wir verloren zunächst seine Spur, bis wir eine Gruppe von Frauen sahen: Veronika und all die Unsern, und Jeschuas Mutter in ihrer Mitte. Nur Frauen. Wo war Schimon, wo Andreas, Philippos, Mathaea, wo waren sie alle? Wie Wiesel verschwunden, wie Mäuse in Löcher geflohen.

Nur Jochanan und ich waren da. Wir beide waren uns jetzt ein fester Halt. Nach und nach schlossen sich uns andre an, viele, immer mehr, es wurde ein langer Zug, eine schweigende Demonstration. An einer Wegbiegung sahen wir, daß Jeschua einen schweren Balken über der Schulter trug. Seit wann mußten Verurteilte das Holz für ihr Kreuz selber zur Richtstätte tragen?

Jeschua fiel zu Boden. Wir benützten den Augenblick und drängten uns zu ihm hin.

Wir sahen, man hatte ihm eine Krone, aus Dornzweigen geflochten, aufgedrückt. Das Blut rann ihm aus den Wunden und verklebte seine Augen. Er war wie blind. Veronika gelang es, ihm mit ihrem Kopftuch Blut und Schweiß abzuwaschen. Da sah er uns, und er lächelte. Warum hat niemand, der über Jeschuas Kreuzweg schrieb, von diesem Lächeln berichtet? Es war das Lächeln dessen, der dies alles schon hinter sich hatte, auch das, was noch kam. Das war schon ein Widerschein aus dem Reich, das ihn erwartete mit offener Pforte.

Die Folterer rissen ihn hoch und zerrten ihn weiter. Aber er stürzte von neuem. Wir Frauen versuchten ihm zu helfen, aber man trieb uns mit Fußtritten weg. Da riefen sie einen herbei, der zufällig am Weg auftauchte. Er hieß Schimon und war aus Kyrene, sagte man, ein Ausländer aus der griechischen Kolonie in Nordafrika. Ich habe nicht gesehen, daß man ihn zwang, das Holz zu tragen, wie man später berichtete. Niemand hätte einen freien Mann, einen Ausländer, zu diesem schmachvollen Werk zwingen können. Schimon tat es aus freiem Willen. Ihn erbarmte dieser geschundene Jude. Er trug den schweren Balken so leicht, als sei es ein Schilfrohr. Wie ich ihn liebte um dieser Tat willen! Und er wußte nicht einmal, wer der war, dem er half ohne Überlegungen, ob dieser Mensch ein Verbrecher war oder nicht. Er sah einen Menschen leiden, und er half.

Der Weg vom Praetorium bis zur Stätte der Hinrichtung war nicht weit: am Mandelweiher entlang hinauf nach Golgotha.

Als wir ankamen, sprengten Berittene herbei und sperrten den Platz ab.

Da standen, schwer bewacht und gefesselt, bereits zwei andere, die hingerichtet werden sollten. Als sie nun Jeschua sahen, wandte sich der eine ab und fluchte, der andre ließ sich auf die Knie nieder und hob die Hand zum Gruß, und Jeschua erwiderte diesen Gruß. Wer war dieser Mann? Ein Namenloser, einer der vielen Widerstandskämpfer, ein Aufwiegler, der getötet hatte im Aufstand. Er sah in Jeschua den großen Führer, den Messiaskönig, und es muß ihm eine letzte Tröstung und höchste Ehre gewesen sein, neben dem großen Mann sterben zu dürfen, der groß war auch noch in der Niederlage. Er ließ sich, mit dem Blick auf Jeschua, heroisch stumm an den Balken binden. Der andre aber fluchte weiter.

Nun zog man erst den einen, dann den andern mit Stricken hoch, bis der Querbalken, an dem sie hingen, mit dem schon stehenden Pfahl fast die gleiche Höhe hatte und dort in eine Kerbe einrastete und somit ein Kreuz bildete. Die senkrechten Pfähle standen immer auf Golgotha, nur die Querbalken wurden bei jeder Hinrichtung erneuert.

Damit der Verurteilte nicht zu rasch durch Ersticken sterbe und sein Strafleiden gehörig lang dauere, hatte jeder Pfahl etwa einen Meter über dem Boden einen Holzklotz, auf den man die Füße der Gehängten stellte.

Über dem Kopf eines jeden Gehängten nagelte man eine Tafel an mit dem Namen und mit der Art seines Verbrechens.

Als dritter kam Jeschua an die Reihe. Als man ihn hochgezogen hatte, erhob sich ein Geschrei. Was stand da oben auf der Holztafel? In Latein: Jesus rex judaeorum. Und in Hebräisch:

JESCHUA MELECH HA-JEHUDIM

Herunter mit der Tafel! Der ist nicht unser König! Wer hat das geschrieben?

Der Statthalter hat es befohlen.

Das ist ein Hohn auf unser Volk! Das kann er sich nicht erlauben. Die Tafel muß weg.

Man schickte Reiter zu Pilatus. Sie sollten ihm sagen, da müsse stehen: Dieser hat gesagt, er sei König der Juden.

Die Reiter kamen zurück: Nichts zu machen, er bleibt stur. Was ich schreiben ließ, bleibt geschrieben.

Man fluchte auf diesen sturen Römer, aber keiner wagte die Tafel zu entfernen, denn es war unter den Wachen ein berittener Hauptmann, der immer wieder auftauchte und für Ordnung sorgte und nachschaute, ob die Gehängten noch lebten. Sie durften nämlich nicht über Nacht hängen. Starb einer nicht rechtzeitig, erschlug man ihn wie eine Ratte. Nur das nicht, Adonai, erspare ihm wenigstens das, laß ihn rasch sterben.

Der Platz war abgesperrt. Viel Volk war gekommen. Das waren nicht die üblichen Neugierigen, die sich keine Pfählung entgehen ließen. Es waren auch nicht jene, die sich bei Folterung und Sterben politischer Verbrecher die Hände rieben: recht so, was stören sie unsre Ruhe. Die da standen, schwiegen. Stumme, entsetzte Trauer. So viele Anhänger also! Und sie wagten es, zur Hinrichtung zu kommen. Ob Jeschua sie sah?
Plötzlich drängte sich jemand durch die Menge bis zu uns vor, wer war er, ich weiß es nicht: Jehuda hat sich erhängt mit einem Strick am Baum auf dem Blutacker!
Jehuda, armer Jehuda.
Jetzt weinte ich. Nicht über Jeschua weinte ich, sondern über Jehuda. Drei Jahre einer der Unsern. Und keiner hat Jeschua so glühend, so todeswütig verbissen geliebt wie er. Drei Jahre mit uns. Das löscht man nicht aus dem Gedächtnis. Das löscht man niemals aus.
Später hörten wir, er habe vom Hohen Rat viel Geld bekommen für seine Dienste. Er hat es genommen. Er konnte Geld nicht widerstehen. Es war ihm Symbol der Freiheit. Nicht für sich selber nahm er es, sondern für den Befreiungskampf. Man hat die Goldmünzen verstreut unter dem Baum gefunden, an dem er sich erhängt hatte.
Dem römischen Hauptmann war das Kommen des Boten aufgefallen. Was ist los?
Jochanan sagte es ihm, und dann fügte er bei: Es ist Sitte bei uns, daß die Angehörigen eines Gepfählten in der Todesstunde nahe bei ihm stehen dürfen.
Der Hauptmann ließ diejenigen durch die Sperre, auf

die Jochanan zeigte: Jeschuas Mutter, mich und ihn selbst. So standen wir denn unterm Kreuz. Wir standen! Es ist nicht wahr, was man später erzählte: Jeschuas Mutter sei ohnmächtig in Jochanans Arme gesunken, und ich sei, wahnsinnig vor Schmerz, unterm Kreuz gelegen, mir die Haare raufend, das Kleid zerreißend, in Tränen schwimmend. So hätte es sein können. Aber so war es nicht. Niemand hat uns schwach gesehen. Ich stand Aug in Auge mit Jeschua, keinen Blick ließ ich von ihm. Jetzt erst sah ich, wie sie ihn in der Folter zugerichtet hatten. Ganze Fetzen von Haut und Fleisch hatten sie ihm herausgerissen, und sein linkes Auge konnte er nicht mehr öffnen. Das andre war weit offen, bis es brach.

Es stimmt auch nicht, daß Jeschua noch eine Art Predigt hielt vom Kreuz herunter. Er versuchte zu sprechen, es fiel ihm schwer. Der eine der mit ihm Gepfählten sagte: Rabbi, denk an mich, wenn du in dein Reich kommst! Und Jeschua drehte ihm sein Gesicht zu: Ich sage dir, heute noch wirst du mit mir dort sein. Das hörte ich, und es war kurz vor seinem Tod.

Ich verfolgte sein Sterben von Augenblick zu Augenblick. Sein Atem wurde kürzer und rauher und kam in Stößen, die Rippen traten hervor, die Muskeln an Armen und Beinen zuckten, die Adern wurden dick, Finger und Zehen verkrampften sich, das Gesicht wurde blau, der Körper sackte nach unten.

Einmal kam jemand und brachte den Gehängten auf der Spitze eines Ysopstengels einen Schwamm, getränkt mit Myrrhenwein, der betäubte. Das war Sitte. Der letzte Dienst an Sterbenden, die doch auch als Verbrecher immer noch Kinder des Gottesvolks waren.

Jeschua nahm den Myrrhenwein nicht. Er schob den Schwamm mit einer Kopfbewegung beiseite. Das fiel auf, und der berittene Römer sagte: Was für ein Mann! Der Todeskampf dauerte nicht lange. Plötzlich ein lauter Schrei, dann war er tot.

Wer hat da geschrien? Ein Erstickender kann so laut nicht schreien. Leute sagten, es habe gedonnert. Eine schwarze Wolke bedeckte die Sonne, ein eiskalter Wind sprang auf und fegte über Golgotha hin, das Pferd des Hauptmanns bäumte sich auf, und der Hauptmann, römischer Heide, nahm den Helm ab.

Tiefe Stille. Jenen Schrei höre ich heute noch.

Dann setzte der Hauptmann den Helm wieder auf und gab den Befehl, den Gehenkten, sofern sie noch lebten, den Tod zu geben. Der eine der Mitgehängten war schon tot, der andre lebte noch. Da erschlugen sie ihn, und zur Vorsicht auch den andern.

Als sie zu Jeschua kamen, sahen sie, daß er tot war. Aber einer der Henker sagte: So schnell geht das doch nicht, sicher ist sicher, und gab ihm den Herzstich. Da floß Blut und Lymphe heraus. Die beiden Mitgehenkten wurden abgenommen und weggetragen wie geschlachtete Tiere. Jeschuas Leiche wurde ebenfalls abgenommen, aber mit großer Sorgfalt: es war Josef von Arimathaia, der (wir wissen nicht, ob mit viel Geld oder womit) sich das Recht erwirkt hatte, die Leiche zu bestatten.

Jochanan führte Jeschuas Mutter hinweg. Alle gingen nach Hause.

Es wurde schon Abend. So mußte alles sehr rasch geschehen. Josef hatte Leintücher mitgebracht, und Nikodemus Myrrhe und Aloe. Aber zur odentlichen Einbalsamierung blieb keine Zeit, nur eben so viel, daß wir Jeschuas Leiche in das Grab Josefs bringen konnten, das ganz in der Nähe lag, unterhalb Golgothas, in den Felsen gehauen, noch ganz neu. Da hinein also legten wir die Leiche, und die beiden Männer verschlossen das Grab mit dem schweren Rollstein.

Ich werde hierbleiben und wachen, sagte ich.

Was fällt dir ein, komm mit!

Ich setzte mich vor das Grab wie ein Hund, der seinen Herrn bewacht und nicht glaubt, daß der Herr tot ist. Jedoch man ließ mich nicht dort. Soldaten kamen und verjagten mich mit roher Strenge. Die Grabwächter. Wozu Wächter? Saß den Behörden der Schrecken über Lazarus' Wiederkehr noch in den Knochen? Aber damals in Bethania hatte dieser Rabbi Jeschua einen andern auferweckt, sich selber kann er ja nicht wohl auferwekken. Aber vielleicht hatte er es seine Jünger gelehrt, und sie würden ihn jetzt auferwecken. Oder aber: jenes Wort von der Tempelzerstörung und den drei Tagen bis zum Wiederaufbau, war es vielleicht doch nicht nur ein gotteslästerliches Gerede? Im engsten Kreis der Pharisäer, die ohnehin an die Auferstehung der Toten glaubten, wurde, so erzählte Nikodemus, diese Rede sehr ernst genommen. Man kann ja nicht wissen. So oder so: das Grab mußte streng bewacht werden.

Ich ging also weg. Wohin aber jetzt. ER war nirgendwo mehr, nicht in Bethania, nicht bei Veronika. Nirgendwo. Keine Heimat mehr.

Aber irgendwo mußte ich hingehen für die Nacht. So ging ich denn zu Veronika. Da saßen alle Frauen bei-

sammen, dazu Lazarus und Jochanan. Es gab nichts mehr zu reden.
Veronika sagte: Kalt ists, und essen müssen wir trotz allem. Sie machte Feuer und hängte den Wasserkessel auf.
Jemand sagte: Aber es ist schon Schabbat. Du darfst das nicht tun.
Jochanan sagte: Die Getreideähren, die Schaubrote! Mach uns heißen Wein, Veronika, und gib uns Mazzen.
Wir tranken den Wein, aber essen konnten wir nicht in dieser Nacht.
Der heiße Wein machte uns schläfrig, und gegen Morgen lagen wir alle in tiefem Schlaf.
Es war noch dämmerig, als es klopfte. Unser verabredetes Zeichen, drei Schläge in bestimmtem Abstand. Schimon. Aber wie sah er aus. Wie von Räubern überfallen, wie gefoltert. Er flüchtete sofort in die dunkelste Ecke und kauerte sich dort hin wie ein Tier, das ein Versteck sucht. Ich setzte mich zu ihm. Seine Hände waren eiskalt, und seine Zähne schlugen aufeinander. Ich brachte ihm Wein, doch er nahm ihn nicht. Bisweilen hörte er auf mit diesem schrecklichen Zähneklappern und flüsterte: Ich bin der schlechteste aller Menschen, ein elender Wurm, ein Feigling, zu feig, um mich selber zu richten.
Er fuhr hoch: Hörst du? Der Hahn.
Kein Hahn hatte gekräht.
Da sah ich, daß er einen Strick bei sich hatte. Er hielt ihn so fest, daß ich ihn nur mit Mühe seinen Händen entwand.

Er flüsterte weiter: Ich Feigling, ich elender Feigling. Jehuda hat es gewagt. Ich nicht.
Er schluchzte auf. Dann fuhr er wieder hoch: Der Hahn! Hörst du?
Unsinn, sagte ich, kein Hahn kräht. Schlaf jetzt.
Ich war nicht freundlich zu ihm, denn wirklich: er hatte sich feige benommen, nicht nur im Hof des Hananja. Wo war er, als Jeschua den Balken trug? Wo war er, als Jeschua gepfählt wurde?
Ich weiß nicht, warum ich dann doch sagte: Es stimmt, du warst feige, aber das wirst du wiedergutmachen, wir werden dich noch brauchen.
Im Augenblick war er ganz und gar unnütz.
Schlaf jetzt.
Ich kann nicht. Mit ihm wachen... Nicht einmal das... Nie mehr will ich schlafen.
Ich goß ihm fast mit Gewalt den Würzwein in den Mund. Dann schlief er ein.
Ich konnte keinen Schlaf mehr finden. Wenn ich wenigstens zum Grab gehen könnte. Aber die Wachsoldaten. Oder nach Golgotha, der Blutspur nach. Oder zu Josef, oder zu Nikodemus. Irgendwohin. Was tun mit dem ganzen langen Schabbat.
Ich saß so da und dachte nichts als: Er ist fort. Er ist tot. Fort und tot. So jung noch. Und schön. Und jetzt beginnt dann die Verwesung. Wenn ich doch mein letztes Fläschchen von dem Königsöl über ihn hätte ausgießen können, über sein Gesicht, das so blutig war, das eine Auge verletzt und verklebt, nie mehr werde ich dieses Gesicht sehen.
So versunken in meine Trauerqual war ich, daß es mir

kein Trost war zu denken: Er hat gesagt, drei Tage, dann das Wiedersehen.

Nein, nein, das hatte er nicht wörtlich gemeint. Drei Tage, wie lang war das für ihn? Zähl nicht nach Tagen, Mirjam, zähl wie ich in Aionen. Und das Wiedersehen: wo denn, wie denn. Nein, das war alles kein Balken, an dem ich mich halten konnte.

Nach und nach wachten alle auf. Veronika brachte uns das vorbereitete Schabbatmahl. Man aß aus Höflichkeit ein paar Bissen. Schimon schlief und war nicht zu wecken. Jeschuas Mutter sagte: Jochanan, bete alle Psalmen, die du im Gedächtnis hast.

So begann er von Anfang:

Selig der Mann, der nicht im Rat der Gottlosen wandelt...

Wenn er nicht mehr weiterwußte, sprang einer von uns ein. So beteten und beteten wir, und der Tag nahm kein Ende, und das Gebet war kein Trost. Ein Tag aus Blei.

Wieso sprach niemand unter uns von Wiedersehen und Wiederkommen? Niemand von Zukunft? Nicht vom morgigen Tag; nicht davon, was nun weiter aus uns würde? Die Zeit war mit dem Messer durchgeschnitten. Konnte überhaupt noch Zeit sein? Hat ER nicht alles mit sich genommen, was uns zu gehören schien? Auch das Licht war fort, es war gewittrig und dunkel.

Dieser Tag war schlimmer als der vorhergehende. Da war Aufregung gewesen, da geschah etwas, Schlimmes und Entsetzliches, aber es bewegte sich etwas. Jetzt aber: wir saßen wie Schatten in der Unterwelt, und als es draußen vollends dunkel wurde, schliefen wir wieder ein. Was sonst konnten wir tun. Später dachte ich im Zurückerinnern: so lebt man im Schattenreich, wo die Sonne nie scheint. Noch später dachte ich: so lebt man ohne ihn.

Ehe der Morgen dämmerte, war ich wach. Ich weckte Schulamit, die neben mir lag. Komm, gehen wir zum Grab!

Aber was tun?

Ich will zu ihm.

Zu ihm? Aber er ist doch tot. Und im Grab. Und vor dem Grab ist der Stein. Und da sind auch die Wachen. Mirjam, das ist ein Wahnsinnsplan.

Wieviel Geld hast du?

Sie zählte es.

Das wird, mit dem meinen zusammen, reichen.

Wozu denn, was hast du vor, um alles, sag doch!

Die Wachen bestechen. Kommst du mit oder nicht?

Es war noch fast dunkel. Die Stadt schlief noch.

So kamen wir zum Grab.

Da waren keine Wachen. Aber Helme und Spieße lagen verstreut auf dem Boden. Das sah nach eiliger Flucht aus. Aber welcher Soldat wirft seine Waffen weg? Wer hat sie entwaffnet?

Wer soll mir nun den Stein wegrollen?

Wir versuchten es. Er war viel zu schwer.

Da sah ich im Olivenhain, in dem das Grab lag, zwischen den Bäumen einen Mann. Schulamit floh. Aber der Mann war kein Soldat. Ein Waffenloser jedenfalls. Er kam näher. Ich dachte: wenn ich ihm Geld gebe, wird er mir helfen, den Stein wegzurollen. Als er noch etwas näher kam, hielt ich ihn für einen Arbeiter, einen Gärtner. Doch zu so früher Stunde?

Ich wurde unsicher. Hatte ich Angst? Mein Herz schlug heftig. Der Mann kam noch näher.

Mirjam!

Das war seine Stimme.

Da erkannte ich ihn. Rabbi!

Ich fiel ihm zu Füßen und lachte und weinte in einem und war außer mir vor Freude.

Aber als ich seine Knie umfassen wollte, wich er zurück. Nicht so, Mirjam, so nicht mehr und noch nicht. Bleib stehen, wo du stehst. Höre: ich gebe dir einen Auftrag. Hör genau zu!

Ich höre, Rabbi. Sprich!

Geh du zu den andern. Sag ihnen, daß du mich gesehen hast. Sag ihnen, ich gehe ihnen voran in den Galil. Du wirst mich wiedersehen, Mirjam.

Dann war die Stelle, an der er gestanden hatte, leer. Aber in mir brannte es. Ich lief ein paar Schritte. Vielleicht war er zwischen den Bäumen verborgen. Aber da war nichts. Und keine Spur im feuchten Gras. Kein Geräusch von Schritten, die sich entfernten.

Rabbi! Rabbi!

Nichts mehr.

Schulamit rief: Mit wem redest du? Wer war der Mann? Er hat dich beim Namen genannt.

So hast du's gehört? Sag: hast du's gehört?

Freilich.

Und hast du den Mann gesehen?

Ja. Dort stand er, wo du jetzt stehst.

Schulamit: das war ER!
Du bist wahnsinnig geworden, Mirjam, Arme. Komm, gehen wir weg von hier.
Aber du hast ihn doch selber gehört und gesehen!
Ich habe einen Mann gesehen und eine Stimme gehört, die deinen Namen sagte, das ist alles, und mehr hast auch du nicht gesehen und nicht gehört. Komm, komm! Vielleicht wars ein Gespenst. Man sagt, daß Tote in den ersten Tagen aus dem Grab kommen und herumstreichen. Komm, ich bitte dich.
Ich bin nicht wahnsinnig, und der Mann war kein Gespenst. Glaubs oder glaubs nicht: es war ER, und er gab mir den Auftrag, allen zu sagen, daß ich ihn gesehen habe und daß er zum Galil gehe, und wir sollen ihm dorthin folgen. Sagt das ein Gespenst?
Ich ließ sie stehen und lief und lief und stürzte fast über die Schwelle von Veronikas Haus.
Ich habe ihn gesehen, er lebt, ich schwöre euch beim Ewigen: ich habe ihn gesehen, und er lebt.
Schimon sprang auf und klatschte in die Hände und drehte sich um sich selbst. Er lebt, er lebt! Wo ist er?
Nicht mehr hier, Schimon. Er hat gesagt, wir sollen in den Galil gehen, dort werden wir ihn treffen.
Auf, auf! schrie Schimon.
Aber Schulamit sagte: Ihr glaubt das so. Aber das Grab war verschlossen! Der Stein lag davor. Wie sollte er da herausgekommen sein?
Jochanan sagte: Du Unbelehrte! Es war sein Geistleib, was Mirjam sah.
Schimon rief: Was soll das nun wieder heißen. War ers, oder war ers nicht? Geistleib oder nicht, machts einen

Unterschied? Und wenn er sagt, wir sollen in den Galil gehen, so gehen wir. Auf, auf!
Da mischte sich Thomas ein: Aber die Wachen! Ließen sie dich einfach so zum Grab?
Es waren keine Wachen mehr da. Die Spieße und Helme waren da, aber keine Soldaten! Sag selbst, Schulamit, war es so oder nicht?
Das stimmt. Das schon.
Schimon sagte: Also, wenn Mirjam so etwas sagt, muß mans ihr glauben. Die hat nie Gespenster gesehen und dachte immer nüchtern über das, was wir Wunder nannten.
Jeschuas Mutter, die im Obergemach schlief, kam herunter.
Ich rief: Jeschua lebt!
Sie sagte ruhig: Ich weiß.
Wir meinten, sie wisse es, weil sie uns hatte reden hören. Aber sie wußte es schon, ehe ich vom Grab zurückkam, das sagte sie mir später. Wie sie es erfahren hatte, darüber sprach sie nicht. Zum Grab ging sie nicht mit. Wozu denn? sagte sie.
Wir andern gingen. Was erwarteten wir?
Alles war wie vorher. Was tun. Das Grab öffnen? Wenn uns jemand sähe, würde man sagen: Die Seinen haben die Leiche gestohlen.
Vielleicht aber war sie schon gestohlen, nämlich vom Hohen Rat, damit sie sagen könnten: Was redet ihr vom Auferstandenen, die Leiche verwahren wir, und alles ist Lug und Trug.
Schimon sagte: Ob es dem Rabbi recht ist, wenn wir das Grab öffnen? Wenn er doch gesagt hat, er werde

nicht im Totenreich bleiben, und wenn Mirjam ihn gesehen hat, wozu noch nachschauen?

Jochanan sagte: Darum gehts nicht. Wir glauben es ja. Aber wir müssen doch wissen, wie die Sache sich verhält. Es könnte nämlich ganz anders sein. Komm, Schimon, rollen wir den Stein weg!

Sie taten es, und Jochanan trat mutig in die Grabkammer.

Als er wieder herauskam, trug er das Leintuch, in das der Leichnam gehüllt worden war, als Josef ihn vom Kreuz abnahm. Es zeigte Spuren von vertrocknetem Blut.

Jochanan hielt das Tuch hoch wie eine Fahne.

Es ist, wie ich dachte!

Da gingen auch wir in die Grabkammer: das Grab war leer. Wer hat die Leiche fortgebracht? Sollte es Josef gewesen sein, fragten wir uns. Das war denkbar, das war auch rasch feststellbar. Ich war es, die zu ihm lief.

Wäre ich nicht so eilig fortgelaufen, hätte ich das Grabtuch an mich genommen. Als ich wieder zurückkam, hatte es Jochanan schon zusammengefaltet unterm Mantel. Von da an habe ich es nie mehr gesehen. Später hörte ich, es sei gefunden worden und habe Abdrucke seines Gesichts bewahrt wie eine Zeichnung.

Obwohl noch so früh am Tag, war Josef schon auf, und er war nicht allein: Nikodemus war bei ihm.

Ich habe den Rabbi gesehen, er hat mit mir gesprochen! Aber das Grab ist leer. Habt ihr die Leiche geholt?

Wir? Nein, gewiß nicht.

Wer aber?

Nikodemus sagte: Du hast ihn gesehen, aber nicht mit diesen deinen Augen, sondern mit Geist-Augen, Mirjam!

Du willst sagen, ich habe geträumt?

O nein, du hast ihn wirklich gesehen. Wer aus dem Fleisch geboren ist und mit den Augen des Leibes schaut, vermag ihn nicht zu sehen. Wer aber wiedergeboren ist aus dem Geist, der sieht Geistiges mit Geist-Augen.

Aber wo ist die Leiche?

Daß du nicht begreifst: sie ist nicht mehr da. Der Erdenstoff hat sich ganz und gar verwandelt in Geistesstoff. Hört also auf, die Leiche zu suchen.

In diesem Augenblick fiel mir ein, daß ich mein drittes Fläschchen des königlichen Salböls noch bei mir trug. Dafür war nun keine Verwendung mehr. Das schien mir ein törichter Gedanke, und doch leuchtete mir darin die Erkenntnis auf, daß nun auch mein Salböl einer andern Wirklichkeit angehöre, und daß ich von nun an alles mit neuen Augen sehen würde. ER hatte mir den Weg in die andre Wirklichkeit gezeigt.

Josef sagte: Was werdet ihr jetzt tun?

Der Rabbi hat mir gesagt, wir sollen in den Galil gehen, er sei dort.

Tut das, geht bald, aber geht mit Vorsicht. Ich habe gehört, im Kidrontal sei ein Nest Bewaffneter ausgehoben worden. Vermutlich ist Bar Abba dabei, den Aufstand neu vorzubereiten.

Ich lief zum Grab zurück. Josef hat die Leiche nicht geholt, und Nikodemus sagt, wir sollten aufhören, sie zu suchen.

So ists, sagte Jochanan, es ist ganz gewiß so: es gibt keine Leiche mehr. Haben wir nicht auf dem Tabor gesehen, wie sein Leib sich verwandelte in Licht?
Schimon sagte: Was ihr alles redet, ihr beiden. Ihr seid doch immer die Gleichen. Immer dieses Denken. So nehmts doch wie es ist: ER lebt, was wollt ihr mehr? Kommt jetzt, kommt, ER wartet doch auf uns!
Ja, geht, sagte ich, geht, ich komme nach, ich muß es erst allen andern sagen, das hat mir der Rabbi aufgetragen. Jochanan, warte du bei Veronika auf mich.
Wo aber würde ich die Unsern finden? Schimon wußte es, denn auch er war bei ihnen gewesen, ehe Jehuda fortlief, um sich zu erhängen.
Sie waren gut versteckt. Obwohl sie mein Klopfsignal erkennen mußten, öffneten sie nicht sogleich. Ich klopfte und klopfte. Endlich Thomas' Stimme: Wer ist da?
Sie hockten in der hintern Kammer. Wie verschreckte Kaninchen hockten sie beisammen. Mir kam das Lachen.
Ihr Helden! sagte ich, da hockt ihr und zittert und fühlt euch als Waisen.
Wie redest du? Wie trittst du auf, als hättest du uns eine Nachricht zu bringen?
So ist es! ER lebt!
Du bist verrückt geworden.
Ich habe ihn gesehen!
Im Traum! Weibergeschwätz.
Weibergeschwätz? Wer war bei ihm unterm Kreuz? Wer? Ihr wart verschwunden wie Mäuse in ihren Löchern. Und jetzt: wer wagt es, zum Grab zu gehen?

Frauen. Und ihr hockt da und gebt Jeschuas Sache verloren. ER aber lebt! Glaubts oder glaubts nicht. Ich sage euch aber, was er mir auftrug: Sag es den Unsern, daß du mich gesehen hast, und sag ihnen, er wartet auf sie im Galil. Und jetzt tut, was ihr wollt. Meinetwegen bleibt ihr hier hocken.
Ich lief zu Veronikas Haus, um die Wanderung vorzubereiten.
Wenig später klopfte jemand das Signal. Andreas, Philippos, Thomas und alle andern, atemlos, außer sich: Wir haben ihn gesehen! Er kam durch die verschlossene Tür oder durch die Mauer, er stand mit einem Mal im Zimmer und sagte: Fürchtet euch nicht! Ich bin es.
Nun also! sagte ich. Glaubt ihr mir jetzt?
Jochanan, der ihn noch nicht gesehen hatte, sagte: Und wie sah er aus?
Wie vorher, und doch nicht. Er war es und war es nicht und war es doch. Und Thomas sagte zu der Erscheinung: Du hast sein Aussehen und seine Stimme gestohlen, Gespenst! Und da lächelte er, das war sein Lächeln, das kannten wir, und er sagte: Thomas, Thomas, du bist einer von denen, die nur glauben, was sie berühren können. So komm denn her und berühre mich, leg deine Finger in diese Wunde. Thomas hatte Angst, ihn graute vor der Berührung, aber er wagte sie doch.
Du bist es, Rabbi! rief er und fiel auf die Knie.
Erst nachher wunderte er sich über das alles, denn er hatte durch das Gewand hindurch die Brustwunde berührt, die auf dem nackten Leib war, und das Gewand war wie nicht da und die Wunde war verkrustet und

doch nicht hart und wie etwas, das wirklich war und doch nicht, es war alles wie aus einem andern Stoff und doch etwas Wirkliches. Thomas sagte: Wie ein festes Licht. Damit war nichts erklärt, doch eins war sicher: ein Gespenst war das nicht.
Ich dachte an das Wort des Nikodemus, und ich sagte: Mit Geistesaugen kann man einen Geistleib sehen, aber berühren?
Doch niemand hörte mir zu, sie waren viel zu sehr erregt über das Geschehene. Ich drängte zum Aufbruch. Ich war schon wieder ruhig, und so konnte ich denn unsre Heimkehr in den Galil vorbereiten. Jeschuas Mutter blieb bei Veronika in Jeruschalajim.
Am nächsten Morgen brachen wir auf. Jede Gruppe wählte einen andern Weg. Wir waren unauffällig: heimkehrende Pilger. Ich ging mit Schulamit, Thomas und Jochanan.
Natürlich sprachen wir, wenn kein fremdes Ohr nahe war, über das, was wir erlebt hatten, und wir versuchten, das Unbegreifliche ein wenig handlicher zu machen. Wir verglichen unsre Erfahrungen, die wir mit dem aus dem Totenreich Zurückgekehrten gemacht hatten, wir zogen unsre Wahrnehmungen in Zweifel, wir erwogen die Möglichkeit der Sinnestäuschung und kamen doch immer wieder auf den einen festen Punkt: wir haben ihn erlebt. Auf jeden Fall: er lebt. Ob gesehen oder gehört, das war eine Frage für sich. Haben wir ihn IN UNS gesehen oder AUSSERHALB unsrer? Haben wir sein Bild in uns nach außen verlegt, sozusagen? Oder war er tatsächlich eine Wirklichkeit außer uns? Haben wir ihn als ein Außer-Uns sehen können, weil er ein In-Uns war?

So redeten wir und begriffen nichts, und Schulamit sagte: So hört doch endlich auf, was zermartert ihr euch den Kopf, ist es denn so wichtig, wie das war, ist nicht viel wichtiger und einzig wichtig, wie unsre Sache jetzt weitergehen soll ohne ihn.

Ja eben, das ist unsre Frage: werden wir denn ohne ihn sein?

So kamen wir nach der ersten Tagesreise in ein Dorf an der nördlichen Grenze von Judäa. Dort hatte Schulamit Verwandte. Sie fragte um ein Obdach an. Sie kam zurück: Man will uns nicht aufnehmen. Warum nicht? Keine Erklärung. Die Tür zugeschlagen.

Fing das also schon an? Hatte es der Rabbi uns nicht vorausgesagt: Man wird euch hassen, verachten, verfolgen, töten um meinetwillen.

Nun gut, gehen wir weiter, gehen wir über die Grenze.

Im nächsten Ort gab es eine Herberge. Schon waren heimkehrende Pilger da. Worüber redeten sie? Von Leuten, die sie getroffen hatten. Von Geschäften. Vom Fest.

Ich fragte eine Frau: Was war denn Besonderes in der Stadt?

Was soll denn gewesen sein?

Ist da nicht einer gekreuzigt worden?

Drei waren es. Aufständische. Was weiß denn ich.

Nachher frag ich vor dem Haus einen. Er war ein Galiläer.

Hast du etwas gehört von diesem Rabbi, den sie gekreuzigt haben?

Ja, hab ich.

Was warfen sie ihm denn vor?
Volksaufwiegelung.
Stimmt das?
Es stimmt und stimmte nicht. Ich hab ihn ein paar Mal reden hören. Man hat ihn so oder so verstehen können.
Wie denn so oder so?
Also, wir haben ihn so verstanden, daß er auf der Seite der Landlosen und der Armen steht und gegen die Reichen und gegen die ganze feine Gesellschaft, die tun kann, was sie will, und Steuern erpressen und Land wegnehmen, und Leute, die nicht zahlen können, in den Schuldturm sperren. So hat er geredet, daß wir glauben mußten, er will den Aufstand. Und dann wieder: Nein, so nicht, keine Gewalt. Ja wie denn? Nicht Fisch, nicht Fleisch. Da lob ich mir den Jehuda.
Jehuda?
Ja, bei dem weiß man, woran man ist, der ist ganz eindeutig auf der Seite des Volks.
Weißt dus denn nicht?
Was?
Er hat sich umgebracht. Erhängt.
Was! Ja warum denn?
Weil er gedacht hat wie du.
Was meinst du?
Er hat gedacht, Frieden und Gerechtigkeit und Freiheit erkämpft man mit Waffen.
So ist es ja. Nur so gehts.
So gehts nicht, sagte der Rabbi Jeschua. Gewalt bringt nur neue Gewalt. Und weil der Rabbi gegen Gewalt war, hat Jehuda gewollt, daß man ihn umbringt. Kurz gesagt. Verstehst du?

Versteh ich. Und jetzt sind sie alle beide tot. Aber wie gehts jetzt weiter? Gehts überhaupt weiter? Also, rundheraus gesagt: ich habs satt. Ich hab jahrelang zu den Aufständischen gehört. Aber jetzt will ich meine Ruhe. Gepfählt will ich nicht werden. Was geht das überhaupt dich an. Das ist keine Weibersache.

Später kam noch eine Pilgergruppe. An ihrer Aussprache erkannte ich sie als Galiläer vom Kineret-See. Landsleute. Sie setzten sich abseits und machten im Hof ein Feuerchen. Ich begrüßte sie. Aber sie waren wortkarg.

Wir wissen nichts.

Einer sagte: Es ist ja alles vorbei.

Was denn?

Das Fest, was sonst.

Ich verstand. Sollte ich ihnen sagen: Nichts ist vorbei, unser Rabbi lebt!?

Mein Herz brannte, das Wort drängte sich mir auf die Zunge. Aber wie hätten sie mir glauben können. Sie mußten mich für eine Wahnsinnige halten.

Am frühen Morgen zogen wir weiter. Ein so schöner Morgen, und Frühling, und Jeschuas Wort im Ohr: Geht zum Galil, dort werde ich sein.

Aber natürlich immer wieder der Zweifel: es kann doch nicht wahr sein, daß einer aus dem Totenreich wiederkehrt, es kann nicht wahr sein, daß man ihn sehen und anrühren kann, das gibt es nicht, wir haben uns getäuscht, überreizt wie wir waren, wir machen uns da etwas vor zum eigenen Trost.

Aber warum dann doch meine Freudigkeit? Woher das Gefühl, als sei ER neben mir?

Es war in der Nähe von Sebaste, als uns ein Trupp Reiter begegnete. Eine ganze Kohorte war es. Römer. Sie ritten nach Süden. In großer Eile ritten sie. War denn etwas in Jeruschalajim, daß sie dorthin beordert waren? Waren denn Unruhen ausgebrochen? War es dem Bar Abba gelungen, den Aufstand zu machen?

Wenn jetzt der große Aufstand ausbräche? Wenn Jeschuas Tod das Signal wäre? Wenn aus dem Aufstand in Jeruschalajim der Aufstand ganz Jisraels würde?

Jochanan, erinnerst du dich an Jeschuas Wort: Ich werfe Feuer auf die Erde und wünsche nichts sehnlicher, als daß es brenne.

Aber doch nicht so! Nicht als Aufstand, nicht als Gewalt, nicht als Kampf zwischen den Völkern!

Ja schon. Aber du hast mir die Geschichte von jenem Prometheus erzählt, der den Göttern das Feuer raubte, um es den Menschen zu bringen, und dafür wurde er grausam bestraft.

So also denkst du? Wie schwer es dir und uns allen fällt, vom alten Bild uns zu lösen: Zeus, Jupiter, Adonai: gewaltige Herren, strenge Richter, harte Väter. Mirjam, Jeschua brauchte das Feuer nicht einem eifersüchtigen Gott zu rauben: er beraubte sich selbst, ER ist das Feuer, und dieses Feuer ist Geist, und wer es in sich brennen läßt, ist göttergleich.

An diesem Abend waren wir schon nah der Grenze vom Galil. Dort suchten wir eine Herberge. Da trafen wir Schimon und Andreas. Sie benahmen sich wie Halb-Irre. Seid ihr betrunken? Was redet ihr da? Man versteht kein Wort. Schimon, rede du.

Wir haben den Rabbi gesehen! Und er hat mit uns zu

Abend gegessen, hier, vor einer Stunde! Da steht noch der Becher, aus dem er getrunken hat, er ist noch halbvoll, und da, dieses halbe Stück Brot! Wir haben ihn unterwegs getroffen.
Der Reihe nach. Also unterwegs. Wo, wie?
Ja, wir gingen so vor uns hin, da war auf einmal, wir hatten keine Schritte gehört, einer neben uns, der fragt: Ihr seid bedrückt, Freunde, warum? Wir sagen: Ja warum: weil in Jeruschalajim etwas geschehen ist, was uns angeht. Was denn? fragt er. Das mit dem Rabbi Jeschua, den sie gekreuzigt haben. So? fragt er, und was weiter? Was weiter: er ist tot, verstehst du? Er schaut uns so sonderbar an: Ist er wirklich tot? Ich sage: Ja und nein. Er sagt: Was soll das heißen, ist er tot oder nicht? Ja, sag ich, das ist eben die Sache, mit der wir nicht fertig werden. Er sagt: Mit der Sache werdet ihr nie fertig, Freunde. Ich sage: Er ist gestorben, das ist sicher, aber dann war das Grab leer, und einige Frauen behaupten, sie hätten ihn gesehen, lebendig! Aber das ist Weibergerede im Trauerzustand.
Schimon! sagte ich.
Er schämte sich sogleich.
Ich hab doch dem Fremden nicht alles gleich sagen wollen.
Schon gut. Weiter.
Ja, also, mittlerweile wurde es Abend, und ich sagte: Wir gehen in die Herberge dort. Geh mit, Fremder! Mir war ganz sonderbar. Nicht um alles in der Welt hätte ich diesen Fremden weitergehen lassen. Er blieb, und wir bestellten zu essen und zu trinken. Er sagt: Habt ihr Geld, ich habe keines. Ja ja, wir haben. Da lä-

chelt er, und das Lächeln kommt uns bekannt vor, aber noch denken wir uns weiter nichts. Und dann fragt er: Wer war denn der Mann, den sie gekreuzigt haben, und warum? Warum, das ist eine lange Geschichte, und wer er eigentlich war, das wissen wir nicht. Aber sei uns nicht böse, wir möchten darüber nicht reden, es tut uns weh. Da lächelt er wieder, und jetzt stoße ich Andreas mit dem Fuß an und weise ihn auf das Gesicht hin, und wir starren es an, und der Mensch lächelt weiter, und uns wird heiß, aber meint ihr, die Augen seien uns aufgegangen? Nein. Das Essen wird aufgetragen, Fisch vom See, und Brot, und Wein, und der Fremde ißt und trinkt, warum nicht, warum soll ein Mensch nicht essen und trinken. Aber dann, jetzt kommts: dann nimmt er das Brot und bricht es in drei Teile, und tunkt ein Stück in den Wein und reicht es mir, und dann eins dem Andreas, und da fährts in uns, wie der Blitz fährts in uns, und im selben Augenblick ist er verschwunden. Einfach weg. Das Mädchen, das auftrug, sagte: Wohin ist denn der Dritte gegangen, ich hab ihn nicht hinausgehen sehen und war doch immer hier. Ja, seht, da ist sein Becher, halb voll, und sein Teil vom Brot. Teilen wirs! Machen wirs, wie er es gemacht hat.

Es war Schimon, der als erster das Mahl mit uns feierte, und uns allen kamen die Tränen.

Am nächsten Tag wanderten wir zusammen weiter, und ich schaute immer wieder hinter mich, ob denn nicht einer folge. Galt sein Versprechen vom Wiedersehen nicht auch mir? Oder hatte ich keins mehr zu erwarten nach jenem am Grab?

Da lag nun der See, blau und still, und die Wiesen waren noch frühlingsgrün, und die Fischerboote waren auf dem Wasser, und Jeruschalajim war weit, ein wüster Traum, ein unbegreiflicher, und gleich wird der Rabbi kommen und ins Boot steigen und predigen.

Nichts. Nur die große Stille.

Schimon brachte mich mit sich nach Hause. Frau und Schwiegermutter nahmen ihn mit Freude und Schelten auf: Nun hast du deine Erfahrung, wir habens schon gehört, jetzt weißt du, wie gut es zuhause ist, jetzt bleibst du.

Die Armen. Keine drei Wochen blieb er ihnen, und niemals kehrte er zurück.

Ich ging an den See. Die Fische sprangen, kein Windhauch bewegte das Wasser, das Wetter trübte sich ein. Meine Versuchung zu denken, der Sonnengott ist hinweggegangen, wie kann man leben ohne ihn? Nur wer mit ihm gelebt hat, weiß, wie es ist, ohne ihn zu sein.

Plötzlich streifte mich ein Windhauch, aber kein Blatt rührte sich und der Spiegel des Sees blieb glatt.

Ich griff in die Luft, doch da war nichts. Aber es war etwas vorübergegangen.

Mich wunderte nicht, als einer der Unsern gelaufen kam: Komm, komm, der Rabbi ist da!

Warum stürzte ich ihm nicht sofort nach? Glaubte ich es nicht?

Weil ichs glaubte, lief ich nicht. Nocheinmal ein geisterhaftes Wiedersehen, nocheinmal ein Abschied. Nein.

Ich folgte dem Boten langsam.

Du kommst zu spät, Mirjam.
Er ist fort. Da stand er, da saß er, hier am Feuer, wir hatten Fische auf dem Rost, er war plötzlich da und sagte: Gebt mir zu essen. Einfach so. Und wir gaben ihm einen Fisch. Er aß ihn. Schau, da liegt der Fischkopf, da sind die Gräten. Aber keine Fußspur im Sand.
Eine Katze kam und holte sich den Fischkopf.
Du, sagte ich, du weißt nicht, wessen Fisch du frißt.
Es fehlte nicht viel, und ich hätte ihn ihr entrissen.
Über die Gräten fielen die Ameisen her und nagten sie blank.
Ich habe seither keinen Fisch mehr gegessen.
Drei Wochen blieben wir im Galil, und es konnte scheinen, als sei alles wie drei Jahre zuvor: die Fischer waren draußen, warfen ihre Netze aus und brachten sie am Morgen herein, kein reicher Fischfang, nur das übliche. Die Frauen salzten die Fische ein oder hängten sie zum Lufttrocknen an die Leinen, die Kinder halfen sie in Körbe verpacken. Gerede hin, Gerede her, Gelächter, Friede, oder auch einmal ein kleiner Streit. Normales Leben. Wie lange? Immerfort bis zu unserm natürlichen Tod? Warum nicht. Die drei Jahre mit dem Rabbi hatten uns bis zum Alleräußersten angespannt. Drei Jahre zählten wie dreißig. Zum ersten Mal in meinem Leben dachte ich: eine Familie haben, Kinder, ein Haus, und Ruhe, und nichts wissen von diesem Rabbi und seiner Überforderung. Wozu auch. Wohin hats geführt?
Die große Versuchung. Auch die andern überkam sie. Wir verheimlichten einander unsre Gedanken, und doch wußte jeder die des andern.

Von Tag zu Tag wurde ich unruhiger.
Jochanan, Schimon, wollen wir hier klebenbleiben? Was ist mit unserm Auftrag?
Was willst du?
Nach Jeruschalajim will ich.
Schimon sagte: Warum gerade nach Jeruschalajim? Das ist doch genau der Ort, wo wir jetzt nicht hingehen können. Die Stadt ist voller Unruhe.
Ja eben: wo Unruhe ist, da ist die Stunde für Neues.
Man wird uns verhaften als Anhänger des Hingerichteten, als Römerfeinde, bedenke doch! Wir haben keine Freunde mehr dort.
Wie willst du das wissen? Veronika ist jedenfalls dort, und die Drei in Bethania, und Josef und Nikodemus – das Senfkorn, Schimon!
Ja, schon.
Wenn ihr nicht mitgeht, gehe ich allein. Mir sagte der Rabbi am Grab: Geh und verkünde allen, daß du mich gesehen hast und daß ich lebe. So sagte er, und so tu ich.
Ach Mirjam, du bist schon wie der Rabbi: eigensinnig das Unmögliche verlangen. Wie damals, als wir die ganze Nacht gefischt hatten, und kein Fisch kam, und da sagte er: Wirf dein Netz aus. Ich sage: Das hat keinen Sinn. Er sagt: Wirf dein Netz aus! Ich tat es. Und da kam der Fisch.
Nun also! Und du, Jochanan?
Ich gehe mit dir. Das Licht ist stärker als die Finsternis.
So gingen wir denn wieder einmal auf Wanderschaft, ohne den Rabbi und ohne Jehuda.

Ich sagte: Warum sind wir so flügellahm, Freunde? Was ist denn? Wir benehmen uns wie eine Herde von Schafen, denen der Hirt weggestorben ist und die nicht wissen, wohin. Unser Hirt lebt!

Ja, schon, schon, sagte Schimon. Aber was aus uns wird, das weiß keiner. Als er bei uns war, da sagte er: Gehen wir hierhin oder dorthin, tun wir dies tun wir das, es ist so oder so, und alles war klar. Aber jetzt.

Jetzt, sagte ich, müssen wir zeigen, was wir bei ihm gelernt haben. Jetzt müssen wir selber entscheiden.

Ich tat mutig, um den andern Mut zu machen, aber mein Mut war mühsam, jeder Windstoß machte ihn unsicher, und es gab viele und harte Stöße auf dieser Wanderung: auf einem Feld peitschte ein Aufseher einen Landarbeiter; ein Bauernhof brannte; eine verjagte, enteignete Familie, die ihre ganze Habe auf zwei Eseln mit sich führte; berittene Polizei und unberittene Spitzel, die sich an uns heranmachten: Wer seid ihr, wohin geht ihr, können wir uns ein Stück Wegs anschließen? Und die, als sie nicht auf ihre Rechnung kamen, sich unfreundlich entfernten; und auf einem Hügel zwei Kreuze mit frisch Gehenkten, von denen einer noch lebte: Politische, denn gewöhnliche Verbrecher kreuzigte man nicht, die steinigte man. Wächter verwehrten mir, näher zu kommen. Feuer- und Blutspur der Römer.

Plötzlich schrie ich, warf mich zu Boden und schlug meinen Kopf auf die Erde. Die andern erschraken. Sie glaubten mich vom Dämon befallen. Jedoch: ich war ganz klar. Überaus klar. Es war nur dies, daß ich in die-

sem Augenblick mein Volk war: Jisrael, das zum Himmel schrie. Der Schrei, der den Retter erreichen und ihn herbeiziehen sollte mit Gewalt.
Wo aber war er. Jeschua, er hatte Jisrael nicht gerettet. Der Traum ist ausgeträumt. Sollte man sich nicht doch an Bar Abba halten?
Ich stand auf und sagte: Keine Angst, es war nur dieser Anblick da, ihr versteht. Gehen wir weiter.
Jochanan sagte: Mirjam, Mirjam, du bist anfällig für Versuchungen aus dem Reich der Finsternis.
Und du, Freund, verstehst es meisterlich, dich herauszuhalten aus dem Leiden unsres Volks. Du hältst dein Gehirn so sauber wie deine Hände. Warum bist du nicht lieber gleich mit deinem Meister ins Licht hinein verschwunden?
Schimon sagte: Wenn man euch so hört, wird einem ganz wirr zumute. Ihr seid doch seine besten Schüler gewesen.
Eben darum! sagte ich. Seine Lehre war einfach, oder jedenfalls: man konnte sie für einfach nehmen, aber sie anzuwenden aufs Leben, Schimon! Wenn der Rabbi lehrt: Liebe deine Feinde, und du siehst das da auf dem Hügel und am Weg, dann! Und du selber, Freund, hast einem Soldaten das Ohr abgeschlagen, und wenn dir der Hieb auf den Hals gelungen wäre, was dann?
Dann wäre ich ein Mörder, sagte Schimon mit Herzenseinfalt.
Siehst du!
Aber ich wollte doch nur den Rabbi verteidigen.
Und die, die da hängen, die wollten Jisraels Freiheit und Würde verteidigen. Wo ist der Unterschied?

Schimon wußte keine Antwort. Seit er den Rabbi verleugnet hatte beim Hahnenschrei, war er ein Gebrochener. In seinen Augen stand immerfort die Bitte um Vergebung. Die Vergebung aber konnte nur er selber sich gewähren. Er tat es nie. Und wenn es so war, daß der Rabbi ihn als Leiter der ersten Gemeinde wünschte, dann um dieser Demut willen.

So kamen wir nach Jeruschalajim. Wieder stand ein Fest bevor, das Erntedankfest, fünfzig Tage nach Pesach zu feiern. Quartier nahmen wir in Bethania. Dort hörten wir, daß unsre Sache so schlecht nicht stand. Es gab eine treue Schar, über hundert; man traf sich bald hier, bald dort und hielt zusammen und feierte das Erinnerungsmahl und unterwies Kinder. Doch fehlte ein Hirte, es fehlte den Verwaisten ein Vater, eine Mutter.

Wir beschlossen, uns am Fest heimlich zu treffen und zwar in jenem Haus, in dem wir das Abschiedsmahl gefeiert hatten. Marta und Veronika übernahmen die Botengänge.

Unsre Männer wagten es noch nicht, sich in der Stadt zu zeigen. Wenn sie aus dem Haus gingen, dann nur durch die nahen Olivengärten.

Und da war es, daß einige, so sagten sie, den Rabbi noch einmal sahen, ein allerletztes Mal, er habe sich vor ihren Augen in pures Licht verwandelt und sei dann »aufgestiegen«, so schien es ihnen. Mag sein, dachte ich. Aber »aufgestiegen« wohin? Für ihn gibt es keine Richtung und keinen Ort, keinen außer in uns. Aufgestiegen nicht, sondern hineingestiegen, eingedrungen in uns. Das wohl, anders nicht. Wohin geht DAS Licht,

wenn es erlischt? Und wohin sollte das Licht gehen, da es doch ein unauslöschliches ist?
Ich selber aber war eine Feuerstelle, auf der die letzten Kohlen verglühten. Den Bericht von diesem Aufstieg nahm ich mit halbherzigem Glauben hin, in den sich Mißtrauen einschlich: wie, wenn uns ein Dämon narrte, der die Gestalt Jeschuas annahm? Aber warum das? Damit wir dazu verführt werden sollen, nur das zu glauben, was wir sehen, statt im reinen Vertrauen auf die Geistlehre zu leben? Schlimmer: daß wir Blendwerk von Wahrheit nicht unterscheiden könnten? Noch schlimmer: daß wir alles, was wir mit Jeschua erlebten, für Blendwerk halten sollten. Oder aber auch so, daß wir glauben sollten, dieser Jeschua sei nie ein wirklicher Mensch gewesen, sondern nur eine Geist-Erscheinung.
Dummes Gerede, sagte Schimon. Habt ihr ihn nicht leiden und sterben sehen, ganz wirklich? Meint ihr, das sei ein Gaukelspiel gewesen? Das war ein Menschentod, ein schrecklicher, und kein Betrug. Was seid ihr doch für Leute!
Schimon, so meine ichs nicht.
Wie denn?
Vielleicht ist Geist und Erdenstoff nichts Verschiedenes. Und vielleicht kann einer, der ins Geheimnis eingeweiht ist, abwechselnd in Geistgestalt und im Erdenleib erscheinen. Vielleicht kann die Erdenmaterie einmal feiner, einmal dichter erscheinen? Vielleicht ist alles ein und dasselbe, nämlich Licht, und kehrt wieder ins Licht zurück, aus dem es kam.
Ach Jochanan, du Erzgescheiter, sagte Schimon, du denkst dich noch zu Tode. Die Griechen, diese Heiden,

haben dir lauter solche Flöhe ins Ohr gesetzt. Genügts dir denn nicht zu wissen, daß er lebte und wir mit ihm lebten und daß er weiterlebt?

Glücklicher Schimon, sagte Jochanan. Aber Denken ist eine große Sache, und der Rabbi hat es uns nicht verboten, im Gegenteil, er hat uns immer neue Rätsel aufgegeben in den Gleichnissen und hat von uns erwartet, daß wir sie lösen.

Jeder, wie er kann, sagte Schimon. Ich bin kein Gelehrter, ich bin ein Fischer. Ich kann bei so hohen Gesprächen nicht mitreden.

Das sagte er kurz vor seinem ersten öffentlichen Auftreten, bei dem ihm die Zunge gelöst war und er die große Rede hielt, die so tiefe Veränderung bewirkte und uns so viele Freunde einbrachte, und so mächtige Feinde auch, und der mächtigste war jener, der zusah, als man den jungen Stephanos zu Tode steinigte: Schaulus, der sich später Paulus nannte.

Schwer fällt es mir, über ihn zu reden.

Nun: er war Jude, aber sei es durch Geburt, sei es durch freie Wahl römischer Staatsbürger und als Römer römischer Offizier und Besatzer Jisraels, stolz auf seine römische Staatsbürgerschaft, auf sie pochend noch, als er längst Anhänger Jeschuas war, besonders darauf pochend, als er später selbst verhaftet und zum Tod verurteilt war und also nicht gekreuzigt werden durfte wie andre Juden, wie Schimon-Petrus zum Beispiel, denn das Kreuzigen war ihm, ungeachtet des Kreuzigungstodes Jeschuas, zu dessen Apostel er sich selbst ernannt hatte, erspart, und so wurde er geköpft, in Rom. Ein Gerechter, und wie alle Gerechten hart gegen alle

Gesetzesbrecher. So stand er also da und schaute beim Steinigen zu.
Es blieb nicht bei dem einen Opfer. Die Verfolgung begann, und Schaulus wurde der wütendste Verfolger. Kein Haus blieb undurchsucht, keine Spur unverfolgt. Viele der Unsern flohen außer Landes, doch viele erreichten die Grenze nicht und wurden unterwegs ermordet. Wieviele Tote gehen auf Rechnung dieses Schaulus!
Wir Frauen waren zuerst in Bethania versteckt, dann aber hörten wir, daß Schaulus es besonders auf uns abgesehen hatte, denn, so sagte er, die Weiber seien die große Gefahr, sie seien die eifrigsten Anhänger dieses Jeschua, der ihnen Rang und Rechte gab, die ihnen nun einmal von Natur und Gotteswillen her nicht zustanden, und die das Gedächtnis dieses Rabbi hüteten wie Mütter ihre Kinder und die ihren Glauben mit Zähnen und Klauen verteidigten, vor allem diese Mirjam aus Magdala, die behauptete, den Auferstandenen gesehen zu haben, als erste sie, und die die Geschichte überall herumerzählt hatte. Wollte man das Neue ausrotten, mußte man diese Weiber ausrotten.
Eines Nachts brachten uns Nikodemus und Josef nach Jafo ans Meer, kauften uns ein altes Segelschiff, mieteten zwei phönizische Seeleute und überließen uns unserm Schicksal, das uns, so ungewiß es war, besser schien als der Tod unter diesem Schaulus.
Nicht bei uns war Mirjam, die Mutter Jeschuas, die hatte Jochanan mit sich genommen nach Ephesus, wo sie starb. Was mit den andern geworden ist, mit Andreas, Schimon, Philippos und den übrigen, das wußte ich lan-

ge nicht. Es war möglich, daß sie alle tot waren. Es war möglich, daß sie sich gerettet hatten durch Flucht nach Syrien oder in die Dekapolis, und daß sie dort predigten. Es war möglich, daß sie unter dem Druck der Verfolgung zum Alten zurückgekehrt waren, aus Angst, nicht aus Überzeugung.

Aber das, was wirklich geschah in unsrer alten Heimat, die wir nie wiedersahen, das rechneten wir nicht unter die Möglichkeiten: nicht die Unsern änderten ihr Leben, es war Schaulus, der sich zum Neuen bekehrte. Eine sonderbare Geschichte, die er überall erzählte und die nicht unglaubhaft war, obwohl zu bedenken ist, daß er ein Dichter war und eine feurige Einbildungskraft hatte. Was er erzählte, war dies: er sei, einige der Flüchtenden verfolgend, auf dem Weg nach Damaskus vom Blitz getroffen worden, vom Pferd gestürzt und drei Tage blind und bewußtlos gelegen, und dann als ein ganz und gar Bekehrter aufgestanden.

Einfach umgedreht die Münze, den Namen geändert in Paulus, und wieder aufs hohe Roß, selbsternannter Apostel ohne Rücksprache mit Schimon und Andreas, vorgebend, Jeschua sei ihm erschienen, in den Wolken, Jeschua der Auferstandene, und jetzt glaubte er an die Auferstehung, und er glaubte an sie so fanatisch, wie er sie vorher geleugnet hatte, und baute gerade und einzig darauf seine Lehre: Ist er nicht auferstanden, so ist meine Predigt sinnlos und sinnlos unser Glaube, und wir sind nicht erlöst, sondern immer noch in Sündenbanden.

Das erzählten mir Boten, die hin und wieder an unsre Küste kamen. Was soll ich dazu sagen, ich, die erste

Zeugin der Auferstehung, von Jeschua selbst beauftragt, sie zu verkünden! Kein Wort davon. Kein Wort von uns Frauen, die wir mit unserm Geld die junge Bewegung unterstützt hatten, die wir den Auferstandenen zuerst sahen, die wir ihn zur Kreuzigung begleiteten auf jede Gefahr hin und unterm Kreuz stehenblieben und aushielten bis zuletzt. Nichts davon. Später ist in seinen Briefen hin und wieder die Rede von Frauen, wenn sie Geld spendeten und niedrige Dienste brav erfüllten. Hat er denn nicht von uns gewußt? O doch! Aber er wollte es vergessen, er wollte uns der Vergessenheit preisgeben. Auch mit unsern Männern machte ers so: wie er umsprang mit ihnen, wie er Schimon und Andreas an den Rand drängte, diese ungebildeten Juden! Als sei alles, was vor Schaulus war, nichts, und als habe er die Sache erst ins rechte Rollen gebracht.
Ich bekam einige Abschriften seiner Briefe zu lesen, die er herumschickte und die auch zu Lazarus kamen, der nun Bischof unsrer Gegend war. Was für eine Sprache! Die eines großen Dichters, sicherlich. Wie er über die Liebe sprach! Warum nur ließ es mich kalt? Kannte er überhaupt Liebe? Und wie selbstgerecht er war. Ich-ich-ich. In einem Augenblick: ich bin der geringste unter den Aposteln, und dann: mehr als alle arbeite ich, mehr als alle leide ich. Man sagte, er habe eine Krankheit, die Fallsucht wohl. Ich weiß nichts Genaues darüber, und es hätte mich nicht gestört, wäre er krank. Was mich störte, vielmehr was mich tief verstörte, ist etwas andres: daß er, dem Kaiser Augustus gleich, ein Weltreich gründen wollte mit Jeschua als Kaiser, ein Gottesreich, vor dem die Feinde, die, als Ungetaufte

und nicht unter dem Gesetz stehend, allesamt Verlorene waren (so schrieb er). Weltherrschaft dessen, was man Christentum zu nennen begann, das wars, was er wollte. Und er, römischer Staatsbürger, insgeheim immer noch begeistert von der Größe Roms, tat alles, dieses Reich aufzurichten, und es geschah nach seinem Willen, wenn auch nicht zu seinen Lebzeiten: das Christentum wurde römische Staatsreligion, und der römische Kaiser Konstantinos trug an seinem Helm die Inschrift, die er im Traum am Himmel gesehen habe nebst einem Kreuz aus Licht: hoc vince, nämlich im Zeichen des Kreuzes, und dies und die Inschrift ließ er dann an allen Kampfschilden seiner Soldaten anbringen und auf der Fahne, die ihm vorangetragen wurde im Krieg. Im Zeichen des Kreuzes wirst du siegen über alle, die sich nicht zu Rom und zum Christentum bekennen wollen. Im Zeichen des Kreuzes, an dem Jeschua gestorben war auf Anordnung der Römer, nicht nur auf Wunsch der Juden. Ach, und in diesem Zeichen wurde dann getötet.
So also lief unsre Sache weiter. Dafür also bist du gestorben, Rabbi. Frieden wolltest du bringen. Krieg hast du gebracht. Gewaltloser du. In deinem Namen morden sie. Licht wolltest du bringen auf diese Erde. Die Schatten der Unterwelt haben sich wie schwarze Trauben an dich gehängt, daß dir der Wiederaufstieg nicht gelang. König der Unerlösten du.
Ich schrie. Ich schlug meinen Kopf an den Felsen und ersehnte den Tod. Worauf noch warten? Wieviel Zeit war vergangen seit Jeschuas Tod? Nicht mehr nach Jahren zu zählen. Und wieviel Zeit lag noch vor uns, ehe

Jeschua wiederkommen sollte, wie ers versprochen hatte?
Glaubte ich denn noch ans verheißene Friedensreich, oder hielt ich mich nur fest an diesem Glauben, weil ich ohne ihn ins Leere stürzen würde? Das Rad drehte sich und drehte sich und brachte nichts Neues und tauchte immer tiefer ins Dunkel, und keiner war da, das Drehen und Sinken aufzuhalten.
Da hörte ich eine Stimme: Mirjam!
Ich zog mich ins Höhlendunkel zurück. Ich kannte die Stimme. Ich wollte sie nicht hören.
Mirjam!
Die Höhle wurde hell, aber es war niemand da außer mir. Täuschung, Wunschtraum, Angsttraum.
Mirjam!
Zum dritten Mal. Jetzt endlich tat ich den Mund auf: Rabbi! und ich begann zu zittern.
Du willst mich verlassen, Gefährtin? Du willst abspringen vom Rad, hinein in die selige Leidlosigkeit, während ich das Gewicht der Erdenmaterie hinaufzuziehen mich abmühe? Du läßt mich allein? Du verläßt den Platz unterm Kreuz, an dem ich hänge? Was quälst du dich ab mit der Frage: Wo ist das Friedensreich. ICH BIN das Friedensreich!
Mag sein, sagte ich. Aber wir merken davon nichts. Wo ist der verheißene Friede?
Denkst du immer noch in Jahrhunderten? Denk in Jahrtausenden. Das Werk der Befreiung hat erst begonnen. Der Aufstieg der Menschheit dauert sehr lange, Mirjam!
Die Menschheit versucht ihn schon so lang, Rabbi!

Lang? Der Mensch ist jung auf dieser Erde.
Jung? Wir Juden sind ein altes Volk, ein uraltes.
Es gibt ältere. Und alle sind Kindervölker. Sie proben das Leben und den Aufstieg.
Ich sehe Abstieg, Rabbi.
Was du als Abstieg siehst, ist Durchgang.
Du bist geduldig, Rabbi.
Meine Liebe ist geduldig. Hochreißen möchte ich den Menschen, bis in die Sphäre des Höchsten möchte ich ihn ziehen mit der Macht meiner Liebe. Dorthin muß er gelangen, denn von dorther stammt er. Mirjam, du wirst den Aufstieg leisten, die Menschheit wird ihn leisten, und du wirst bleiben, bis er geleistet ist und das Friedensreich sich gründet.
Dann schwieg die Stimme, und das Licht erlosch. Langsam erlosch es, um mich nicht zu erschrecken mit plötzlicher Dunkelheit. Dies aber war das letzte Mal, daß mir vergönnt war, das Licht zu schauen und nicht nur die Schatten auf der Höhlenwand.
Karg hielt mich mein Geliebter, und streng nahm er mich beim Wort: Ich brauche keine Wunder und keine Gesichte, um an dich zu glauben, Rabbi!
Die Dunkelprobe, der Nachtweg, die Blindheit.
Doch wenn das Dunkel am schwärzesten ist und der Pfad sich verliert, dann ist er nahe, der Gott, doch wie beim irrenden Odysseus nimmt er die Gestalt eines Menschen an, denn nur als Mensch kann der Gott dem Menschen helfen.
So bleibe ich denn, und bin nichts mehr als das Warten auf das Friedensreich.